한국교회와 정치윤리

SFC

한국교회와 정치윤리

편 저자 / 이 상 원

SFC

편 저 자 서 문

　9월은 교회와 사회의 관심이 모두 정치문제에 집중된 달이다. 국내의 모든 중요한 교단들마다 교회정치의 꽃이라고 할 수 있는 총회를 개최하고 교단안팎의 정치현안들을 다룬다. 사회에서는 연말에 치루게 될 대통령 선거를 앞두고 기선을 잡기 위한 정치적 힘겨루기와 3김으로 대표되어 온 정치구도가 물러가고 새로운 정치구도를 구성하기 위한 암중모색이 치열하게 진행되고 있다. 이런 상황에서 삶의 모든 영역이 다 하나님의 주권 하에 있으며, 하나님이 제시한 규범의 비판적 반성의 대상이 되어야 한다고 확신하고 있는 기독교인들과 교회는 하나님이 원하시는 정치는 무엇이며, 한국의 정치는 과연 하나님이 원하시는 바른 모습을 보여주었는가에 대하여 윤리적 반성을 해야 하며, 한국의 교회와 기독교인들은 한국의 정치현실에 대하여 책임 있는 관심과 반성과 참여를 해 왔는가를 물어야 한다.
　최근 우리 나라의 TV 드라마를 연이어 장식해온 "용의 눈물", "여인천하", "태조왕권" 등에서 묘사된 바와 같이 수단과 방법을 가리지 않고 정적들을 제거하고 권력을 장악하며, 권력을 장악한 후에는 정치적 직분을 이용하여 이권과 재물을 거머쥐기 위하여 혈안이 되어 있는 모습이 정치의 본령인가? 아니면 국민들의 의사를 신중하게 집약하는 일에 힘쓰고, 각종 회의와 포럼을 통하여 다양한 이해관계를 가진 국민들의 의견들로부터 합의를 이끌어내기 위하여 힘쓰고, 사회의 각 영역들 사이에서 발생하는 갈등을 조정함으로써 사회의 안녕을 도모하고, 생계가 어려운 최하층의 생계문제를 제도적으로 해결하기 위한 복지제도의 확립을 위하여 노력하고, 국민들을 섬기는 것이 정치의 본령인가? 국가는 왜 존재하는가? 시민사회는 왜 존재하는가? 교회는 국가와 시민사회와의 관계에서 어떤 태도를 취해야 하는가? 우리는 이와 같은 일련의 기독교정치적 질문들에 대하여 진지하게 해답을 모색해야 한다.

 금번 한국복음주의신학회 윤리분과학회에서는 이와 같은 현실을 중시하면서 "한국교회와 정치윤리"라는 주제를 설정하고 신학과 기독교윤리학을 전공한 학자들과 기독교인으로서 정치학을 전공한 학자들을 중심으로 심포지움을 개최하고, 심포지움에서 발표할 내용들을 미리 책으로 엮어 내기로 결정했다. 통상적으로는 심포지움이 끝난 이후에 결과물을 책으로 엮어내는 것이 상례인데, 이처럼 심포지움이 있기 전에 책으로 엮어내는 이유는 독자들이 책의 내용을 미리 숙지함으로써 보다 활발하고 실질적인 토론이 이루어지기를 기대하기 때문이다.

 제1부는 독일, 네덜란드, 영국성공회, 미국 복음주의가 전개한 정치윤리적 반성과 실천의 전통을 소개함으로써 기독교 정치윤리의 근거를 제시하는 글들로 구성되어 있다.
 정종훈은 "민주주의를 지향하는 독일개신교회의 정치윤리와 정치참여"에서 독일 개신교회의 정치사상을 루터주의 전통의 두 지배론과 칼빈주의 전통의 왕적 주권론으로 제시한 뒤, 두 지배론은 교회가 정치문제에 깊숙이 개입하기보다는 정치 전문가들에게 맡기자는 입장을 견지한데 비하여, 왕적 주권론은 정치인들의 한계를 지적하면서 정치문제에 대한 교회의 대안을 구체적으로 제시하고자 했다고 말한다. 독일 개신교의 정치참여는 두 통로를 통하여 이루어지는데, 하나는 기독교정당이고 다른 하나는 교회의 날 행사다. 범기독교정당인 기독교민주연합(CDU)과 기독교사회연합(CSU)은 기독교윤리적인 원칙과 입장을 정치에 반영하고자 노력해 왔다. 신앙공동체인 개신교회는 기독교정당과 긴장과 간격을 유지하면서 구제, 전도, 변증을 중심으로 하는 교회의 날 행사를 통하여 정치에 참여했다. 독일개신교회는 인간존엄과 경제정의라는 기본가치, 권력분립과 시한부 지배라는 지배형식, 시민들의 자발적 수용이라는 삶의 형식, 상호승인과 관용이라는 덕목을 추구하는 민주주의의 이념을 수납하면서 민주정체를 지지했다. 독일개신교회는 교회와 국가의 상호독립성 속에서의 역동적 관계, 헌법규범과 현실의 긴장, 의인과 죄인이라는 종교개혁적 인간관, 법체제적인 연대를 추진했다. 정종훈은 결론적으로 한국정치가 대화와 협력보다는 당리당략, 지역주의, 권력추구에 몰두해 있다고 비판하면서, 한국의 개신교회는 국가적 사안에 대하여 무관심했던 과거로부터 돌이키고 기독교 정치윤리를 정립하며, 기독교 가치의 정치적 실현방법을 모색하고, 기독교 정치가들의 기독교적 정체성과 책임의식을 고취하고, 교회내의 정치구조를 민주화할 것을 역설한다.

이상원은 "네덜란드 개혁교회와 정치윤리"에서 100년이 넘는 연구와 실천의 역사를 가진 네덜란드 개혁교회의 정치윤리를 시대별로 중요한 사상가들의 사상을 중심으로 개관한다. 네덜란드 개혁교회의 정치윤리 사상은 영역주권론의 태동, 체계화, 발전적 수정의 과정을 중심으로 하여 전개된다. 이 사상은 두 가지 특징을 가진다. (1) 통치권의 원천을 국민에게 두는 자율적인 국민주권론을 비평하면서 통치권은 하나님의 절대주권으로부터 파생된 것이요, 따라서 하나님 법의 규범적 통제를 받아야 한다. (2) 국가와 다른 사회의 영역들은 각기 고유한 법과 책임을 지니고 있으므로 긴밀한 상관관계를 유지하면서도 영역들을 구분해야 한다.

흐룬 반 프린스터러는 다수의 원리에 근거한 국민주권론의 자율적 통치는 하나님 법의 규범적 통제를 받지 않는 한 소수의 권리를 억압하는 독재적 국가구조를 낳을 위험을 안고 있음을 지적한다. 그는 또한 고유한 법을 가진 국가가 아닌 다른 기관들의 존재가 정부권력의 절대화를 견제할 수 있다고 말함으로써 영역주권론의 초석을 놓았다. 카이퍼도 프린스터러를 따라서 민주주의가 국민의 권리를 보호하는 최선의 방식임을 인정하면서도 국민주권론이 독재화의 위험을 내포하고 있음을 비판했다. 카이퍼는 유기적 공동체인 사회와 기계적 공동체인 국가의 성격을 구분하면서 국가의 의무를 법적 성격을 지닌 악의 규제, 사회의 유지, 갈등의 조정, 국민생존의 보장에 있음을 밝혔다. 프린스터러와 카이퍼의 사상은 사보르닌 로만, 알더스, 도예베르트, 하웃즈바르트에 의해 계승되었고, 반혁명자유당, 기독교역사연합(CHU), 기독교민주당(CDA) 등으로 이어지는 기독교정당의 이념적 토대가 되었다.

도예베르트는 국민의 뜻을 절대화하는 인본주의 국가론에 대응하여 영역주권론에 입각한 국가론을 제시한다. 국가의 권력행사는 공적 정의의 한계 안에서 합법성을 부여받을 수 있으며, 법의 지도하에 국민일반의 이익을 도모할 수 있다. 한편 2차대전 후에는 영역주권론을 엄격한 도그마로 해석하여 국가와 사회를 분리시키고 국가를 최소화시키려는 경향(반 리센)에 대응하여 영역주권론을 일종의 규범적 원리로 탄력있게 해석하면서 각 영역들의 책임을 강조하는 경향(반 데이크, 하웃즈바르트)이 나타났다. 한편 국가와 사회의 관계에 있어서도 양자의 관계를 지나치게 획일적으로 분리시키는 것을 반대하면서 경제적 가치인 효율성이 사회의 각 영역들의 고유의 법을 억누르지 못하도록 국가를 감독

할 필요가 있다고 인식하였다. 이상원은 결론에서 영역주권론은 효율성의 원리가 사회전체를 지배하는 현대 한국정치의 폐해를 견제하고, 국민생존의 최소조건인 사회안전망의 확충을 뒷받침하는 규범적 지침으로 사용할 수 있음을 말한다. 동시에 이상원은 기독교인의 정치참여는 시민단체, 기독교정당을 통하여, 그리고 교회의 정치적 입장표명은 교단 등을 통하여 하는 것이 바람직하며, 교회는 예배공동체로서의 고유한 성격을 벗어나서는 안된다는 점을 지적한다.

알란 서게트(Alan M. Suggate)는 "영국성공회와 정치윤리 : 윌리엄 템플에서 로완 윌리엄스까지"에서 윌리엄 템플의 정치윤리를 소개한 후, 템플의 사상에 대한 수용과 비판의 과정을 거치면서 전개해 온 영국 성공회의 정치윤리를 개관한다. 템플은 인간의 존엄성과 사회적 존재성을 정치윤리의 원칙으로 제시한다. 인간의 타락성을 전제하고 수립된 민주주의는 기독교의 지원을 받을 수 있는 정체이지만, 도덕적 자원이 충분하지 않으면 다수의 독재로 전락할 수 있는 정체다. 보편적 계시의 담지자인 교회와 보편적 주권의 담지자 사이에는 긴장이 존재한다. 사랑은 정의를 초월하는 것으로서 그룹들 사이의 관계에서 정의가 적용되고 사랑은 정의수행의 원천으로 간접적으로 적용된다. 그러나 완벽한 정의의 실현은 불가능하며, 다만 새로운 생명에의 참여가 있을 뿐인데, 이 일은 경제적 · 정치적 투쟁이라는 일상적 압박에 노출되어 있는 사람들의 경험에 밀착할 때만이 가능하다.

일반적 원칙으로부터 구체적 프로그램으로 나아갔던 템플과는 달리 향후의 성공회 사회윤리는 사회문제에 대한 구체적이고 현실적인 쟁점을 깊이 파고 들어갔다. 그 중 두드러진 특징으로는 로완 윌리엄스가 공동체 안에서의 인격적 성숙을 강조한 점이다. 이민들의 유입으로 인한 다종교화된 사회 안에서 윌리암스는 템플의 전통을 따라서 기독교신앙의 특수성을 강조하면서도 전통들과의 대화와 협력을 아울러 강조한다.

신원하는 "현대 미국 복음주의 교회와 정치윤리"에서 1960년대 이후의 넓은 의미의 미국 복음주의 안에서 제시된 정치윤리사상과 실천을 보수, 진보, 급진좌파, 급진우파로 분류한 후, 네 유파의 논증과 특징을 소개하고 비평한다. (1) 칼 헨리에 의하여 대변되는 보수파는 사회적 책임의 핵심은 제도의 개선이 아닌 도덕성의 함양을 통한 조직과 관계의 변화을 의미한다고 주장한다. 정부는 악의 제어, 질서유지, 정의실현을 위하여 하나님이 세우신 제도로서, 야경국가적인 업무에 활동을 국한해야 하며 국민의 복지는 국가의 몫이 아닌 교회와 자선단체의 몫이라고 주장한다. 이 입장은 복음주의 교회들의 잠자는 사회적 책임의식을 깨워 주는 데는 공헌했으나, 구조악과 구조변혁의 필요성을 간과한 것은 결점이다. (2) 존 알렉산더, 존 요더를 중심으로 한 급진좌파는 공중의 권세잡은 자의 조종을 받는 현존하는 정치·경제체제는 성경의 가르침과 거리가 멀다는 점을 지적하면서, 근본적인 변화는 이 세상의 정치와 삶의 방식과는 철저하게 다른 새로운 제자들의 공동체를 통해서 가능하다고 주장한다. 그러나 이들의 시도가 현실 속에서 얼마나 성공을 거두었는가는 의문이다. (3) 제리 폴웰은 세속화와 인본주의가 미국사회를 타락시키고 있다고 진단하고 도덕적 다수운동을 통하여 개혁을 시도한다. 정부주도의 국민복지증진노력을 반대하고 자유주의와 자본주의를 성경적 제도라고 단언하고 공산주의와 사회주의를 비판한다. 이 입장의 문제점은 신학적 토대를 제시하지 않은 채 애국주의와 기독교운동을 혼동했으며, 미국사회의 다원성을 무시하고 일방적으로 기독교적 가치를 옹호한 데 있다. (4) 데이비드 모버그를 비롯하여 리챠드 마우, 니콜라스 월터스토르프, 스테판 몬스마, 제임스 스킬렌 등에 의하여 대표되는 진보파는 창조세계와 종말의 세계는 연속성이 있기 때문에 정치적 변혁활동은 의미가 있으며, 악은 개인적 차원 뿐만 아니라 구조적 차원에서도 보아야 한다고 주장한다. 정부는 국민의 복지증진을 위하여 적극적으로 노력할 의무가 있다. 신원하는 (4)의 입장을 지지하면서 한국교회는 교단의 정치관계에 대한 신학적 입장확립, 사회적 행동을 위한 행동지침 마련, 도덕적 가치의 입법화, 시민들에게 호소력 있는 정치적 수사와 공공철학을 개발할 것을 제안한다.

제2부에 게재된 논문들은 기독교 정치학자들이 한국의 정치현실을 분석하고 비평한 후에 기독교 관점에서 대안을 제시하고자 시도한 실천적인 글들이다. 고세훈은 "한국정치와 복지한국의 미래"에서 복지한국의 현황과 전망을 한국정치의 맥락에서 검토한다. 고세훈은 현대사회에서 복지에 대한 책임을 가장 효율적이고 실질적으로 수행할 수 있는 주체는 국가일 수밖에 없다고 전제하면서, 한국이 소득에서 세계 상위권에 위치해 있음에도 불구하고 복지수준은 OECD 국가 중 최하위에 머물러 있는 현실은 산업화가 아닌 정치적 민주화가 복지 실현의 관건임을 입증한다고 말한다. 한국의 근대정치사는 노동운동과 노동자들의 권익에 대한 탄압으로 일관해 왔다. 이 상황은 점진적으로 개선되어 왔으나, 아직까지도 노동자들의 노조가입율, 노동운동에 대한 편향적 시각, 노동의 정치참여에 있어서 선진국의 수준에 이르지 못하고 있으며, 이 같은 현실이 복지국가의 실현을 가로막고 있다. 정치적 민주화를 통한 노동의 협상력의 증가가 선행되어야만 복지의 실현을 기대할 수 있는 바, 기독교인들은 사회경제적 약자들에게 관심을 기울여야 한다는 윤리적 당위의 관점에서 민주화노력과 노동운동에 대하여 보다 전향적으로 사고할 필요가 있음을 지적한다.

박득훈은 "한국교회와 시민정치"에서 연고주의와 집단이기주의에 기대어서 치졸한 경쟁에 몰두하고 있는 정치권의 잘못을 바로잡는 길은 시민의 정치참여에 있다고 보고, 한국의 보수적인 교회들이 시민사회의 정치활동에 적극적으로 참여할 것을 제안한다. 정치와 경제를 천하게 여기는 왜곡된 이원론, 정교분리원칙을 종교를 향해 정치로부터 손을 뗄 것을 요구하는 원칙으로 곡해하는 것, 성경에 대한 자의적 해석, 교회의 사회적 신분상승, 신자유주의의 등장 등이 보수교회의 정치적 무관심을 조장했다고 본 박득훈은 정치·경제구조가 윤리적 판단과 삶에 심각한 영향을 미친다는 현실적 당위성, 정치·경제를 포함한 인간의 삶의 전 분야에 신앙이 스며들어야 함을 강조하는 기독교세계관, 의/ 하나님의 형상/ 그리스도/ 구원/ 교회의 개념에 대한 새로운 해석 등에 근거하여 시민의 정치참여의 당위성을 역설한다. 그러나 박득훈이 제시하고 있는 전통적 신학적 입장들에 대한 정치사회적 재해석이 정당한가에 대해서는 견해를 달리할 수도 있다. 이런 재해석을 받아들여야만 기독시민의 정치참여가 가능한 것은 아니며, 이와는 다른 신학적 입장을 견지하면서도 기독시민의 적극적인 정치참여를 말하는 것이 가능함을 지적해 두고 싶다.

백종국은 "한국의 천민자본주의와 기독교 : 1990년대 한국 체제의 윤리적 성격을 중심으로"에서 1997년에 발발한 외환위기의 원인에 대한 경제학적/윤리적 분석을 시도한다. 백종국에 의하면 경제학적으로 볼 때 외환위기는 1990년대를 특징짓는 천민자본주의체제에 기인한다고 분석한다. 정치·경제적 독점의 추구와 계층화, 독점을 통한 불로소득의 축적, 부정부패의 일상화, 과시적 소비와 사치향락의 만연 등과 같은 천민자본주의의 특징들이 외환위기의 원인이 되었다. 한편 이와 같은 천민자본주의를 윤리적으로 통제해야 할 교회가 오히려 천민자본주의 특징들을 본받아서 사제주의의 범람, 물량주의의 지배, 반지성주의의 득세 등에 지배당했다고 비판한다.

이상에 소개한 논문들이 방대한 기독교전통의 정치윤리사상과 한국 사회의 정치적 현실에서 제기되는 문제들을 모두 다루지는 못했다 하더라도, 윤리적 반성의 계기를 마련하고 기독교인들과 교회가 나아가야 할 방향이 무엇인가를 파악하는데는 적지 않은 도움이 될 것으로 확신한다. 바쁜 시간을 쪼개어 촉박한 기일 안에 성실하게 옥고를 준비해 주신 필자들에게 감사한 마음을 전한다. 특히 기독신문사에서는 이번 논문발표에 관한 계획을 듣고 발표된 논문내용을 신문지상에 게재할 뿐만 아니라 재정적인 지원까지도 아끼지 않았다. 기독신문사 노시환 사장님, 박에스더 편집국장님, 그리고 특히 기획과정에 조언을 아끼지 않았고 또한 실무적인 일들에 협조를 아끼지 않은 김은홍 기자에게 감사의 뜻을 전한다. 이와 더불어 SFC 출판부에서는 윤리분과학회가 요구하는 짧은 기일 안에 논문집을 출판하기로 흔쾌하게 허락해 주셨다. SFC 출판부 양영철 목사님께 심심한 감사를 드린다. 이 논문집의 구상과 논문발표회의 준비 등으로 많은 수고를 함께 했던 총무 신원하 교수님과 강인한 교수님에게도 감사의 뜻을 표한다.

2002년 9월 14일
이 상 원

차 례

♣ 편 저자의 글 5

제 1 부

♣ 민주주의를 지향하는 독일 개신교회의
　정치윤리와 정치참여 19
　　정 종 훈 (연세대학교)

♣ 네덜란드 개혁교회와 정치윤리 45
　　이 상 원 (총신대학교 신학대학원)

♣ 영국성공회와 정치윤리 :
　윌리엄 템플에서 로완 윌리엄스까지 75
　　알란 M. 서게트 (영국 덜햄 대학교)

♣ 현대 미국 복음주의 교회와 정치윤리 103
　　신 원 하 (고려신학대학원)

제 2 부

♣ 한국정치와 복지한국의 미래 135
　　고 세 훈 (고려대학교)

♣ 한국교회와 시민정치 167
　　박 득 훈 (기윤실)

♣ 한국의 천민자본주의와 기독교
　-1990년대 한국 체제의 윤리적 성격을 중심으로- 200
　　백 종 국 (경상대학교)

제 1 부

민주주의를 지향하는 독일 개신교회의
정치윤리와 정치참여
 / 정 종 훈

네덜란드 개혁교회와 정치윤리
 / 이 상 원

영국성공회와 정치윤리 :
윌리엄 템플에서 로완 윌리엄스까지
 / 알란 M. 서게트 (영국 덜햄 대학교)

현대 미국 복음주의 교회와 정치윤리
 / 신 원 하

민주주의를 지향하는 독일 개신교회의 정치윤리와 정치참여

정 종 훈 (연세대학교)

1. 문제제기 : 교회와 국가의 상관관계

오늘날 교회와 국가는 서로 적대적인 관계에 있어야 하는지, 호의적인 동반자 관계에 있어야 하는지, 아니면 각각의 고유한 영역 속에서 서로 무관한 관계로 있어야 하는지 명확하게 규정하기가 쉽지 않다.[1] 교회사를 살펴보면, 교회와 국가의 관계는 참으로 다양하다.

첫째는 교회가 국가에 대해 적대 관계에 있던 경우이다. 기독교 초창기의 교회는 예수 그리스도를 주로 고백하면서 로마제국의 황제숭배를 거부하고, 예수 그리스도의 가르침을 평화주의로 수용하면서 군대 복무를 회피하였다. 히틀러 치하에서 고백교회는 독일 국가사회주의의 전체성에 항거했고, 인종간의 평등을 주장하는 교회들은 백인의 우월함을

---

1) Vgl. Hans-Gernot Jung, Staat und Kirche, in : hg. v. Water Bernhardt und Gottfried Mehnert, Glaube und Politik. Die Bad Bramstedter Geäspräche, Münster 1987, 84-99.

승인하는 국가에 대하여 변혁을 시도했으며, 해방신학을 견지하는 남미의 바닥 공동체 교회들은 억압과 수탈의 제국주의로부터 해방을 추구하였다.

둘째는 국가가 교회에 대해 적대 관계에 있던 경우다. 프랑스 혁명의 주도 세력은 자유주의와 계몽주의에 근거해서 교회의 특권층과 함께 교회 자체를 부정하였고, 산업혁명이후 노동자들의 비참한 상황을 극복하고자 했던 마르크스주의의 사회주의 국가들은 교회를 민중의 아편이라 비난하였다. 민족사회주의의 독일은 처음에는 교회를 민족의 하부구조로 종속시키고자 했으나 그것이 여의치 않았을 때는 교회를 말살시키고자 했으며, 저항적인 민족주의의 입장에 있던 제 3세계의 국가들은 교회를 제국주의의 하수인으로 간주하기도 했다.

셋째는 교회와 국가가 서로에 대해 호의적인 동반자 관계에 있던 경우다. 로마의 콘스탄티누스 황제가 기독교를 공인한 이래로 교회와 국가는 기독교왕국에 도달하기나 한 것처럼 적당한 밀월관계 속에서 서로를 축복했다. 독일에서는 영주의 보호 아래 종교개혁에 도달한 종교개혁자들과 아욱스부륵 종교회의가 결정한 "영주의 종교를 백성의 종교로 한다"는 합의에 의해 종교적 수장이 된 영주들과의 사이에서 "왕좌와 제단의 평화로운 동맹"을 이루었다.

넷째는 교회와 국가가 각각의 고유한 영역 속에서 서로 무관한 관계에 있던 경우다. 임박한 종말을 기대했던 초대교회와 초대교회의 미비한 종교적 움직임에 별로 의미를 두지 않았던 로마제국은 서로에 대해 관심을 둘 여지가 없었다. 성과 속을 이분법적으로 나누었던 사회에서는 거룩한 교회와 세속적인 국가는 각각의 영역에 머물러야 한다고 이해했고, 성숙한 민주주의에 도달한 사회에서는 정교분리의 원칙 아래서 교회는 종교적인 영역을 관할해야 하고, 국가는 정치적인 영역을 관할해야 한다는 역할구분에 도달하고 있다.

다섯째는 교회가 국가에 대해 자신의 긍정적인 책임의 관계를 감당해야 한다고 이해했던 경우다. 제 1차 세계대전과 제 2차 세계대전을 경험하고 형성된 세계교회협의회(WCC)와 이 협의회를 중심으로 한 에큐메니칼 진영의 교회들은 자신이 속한 국가들에 대해서 책임사회, 정의와 평화의 사회, 창조질서를 보존함으로써 지탱 가능한 사회를 추구할 것을 제안해 오고 있다.

이처럼 교회와 국가의 상관관계는 시대적인 상황에 따라 끊임없이 변해 왔고, 동시대라고 할지라도 지역적인 상황에 따라 상이했다. 교회가 진리에 비추어 국가를 향해서 "아니오"를 말하는 것은 비교적 쉽다. 그러나 기독교적인 진리에 근거하여 국가를 향해 "아니오" 한 것의 대안까지 제시하기란 쉽지 않은 일이다. 반면 교회가 자신의 진리 위에 굳건히 서지 못할 때에는 국가에 의해 좌지우지될 뿐만 아니라, 나아가 악용할 위험도 있다. 그러므로 필자는 독일 개신교회의 정치윤리와 정치참여의 형태를 살펴보고, 성숙한 민주주의를 향해 부단히 노력하는 독일 개신교회를 추적함으로써, 오늘 한국의 개신교회가 어떤 정치적인 과제를 감당해야 할지를 논하고자 한다.

2. 독일 개신교회의 정치윤리

독일 개신교회는 루터신학에 기초를 둔 루터교회와 칼빈신학에 기초를 둔 개혁교회 그리고 이 두 교단을 일치시키려다가 실패했던 연합교회를 주요 구성원으로 하고 있다. 특별히 정치적인 사안들에 대한 교회의 입장은 루터교회의 '두 지배론'(Zwei-Regimente-Lehre)과 개혁교회의 '그리스도의 왕적 주권론'(Lehre der Königsherrschaft Christi)으로 대별되고 있다. 우리는 이 대별되는 두 입장을 독일 개신교회 정치윤

리의 근본적인 입장이라고 볼 수 있다.[2]

1) 두 지배론

먼저 루터교회의 두 지배론을 살펴보자. 루터교회의 정치적인 입장을 비판하는 사람들은 두 지배론을 두 왕국론(Zwei-Reiche-Lehre)으로 지칭하며 하나님 나라와 세상 나라를 이원론적인 대립과 갈등으로 이해하는 경향이 있으나, 그러한 비판으로부터 루터신학을 옹호하려는 사람들은 두 지배론으로 표현함으로써 차별화를 시도하고 있다. 두 지배론과 관련한 루터 자신의 진술을 보면 다음과 같다.[3] "우리는 아담의 모든 후손들을 두 부류로 분류해야 한다. 즉, 한 부류는 하나님의 왕국에 속하며, 다른 한 부류는 세상의 왕국에 속한다. 하나님의 왕국에 속하는 사람들은 모두 그리스도를 믿는 참된 신앙인이며, 그리스도와 복음에 종속되어 있다. 그리스도인이 아닌 모든 사람들은 세상의 왕국에 속해 있으며, 세상의 법 아래 있다. 믿는 이는 적고 그리스도인다운 생활을 하는 자는 더욱 적으며, 그들은 악에 견디지 못하고 그들 스스로 악을 행하지 않기 때문에 하나님께서는 비그리스도인들로 인하여 그리스도의 영역인 하나님의 왕국 외부에 다른 정부를 마련하셨고, 그들이 무력의 지배를 받게 하셨다. 이러한 이유로 두 왕국은 명백하게 구별되나, 둘 다 하나님께 종속되도록 한 것이 틀림없다. 즉 전자는 신앙을 맺게 하고, 후자는 외부의 평화를 초래하여 악한 행위를 막아낸다. 다른 한쪽이 결여된

---

[2] Vgl. Jürgen Moltmann, Politische Theologie-Politische Ethik, 조성노 역, 정치 신학, 정치윤리, 서울 1986, 161-199 ; Heinz-Horst Schrey, Einführung in die Evangelische Sozialehre, 손규태 역, 서울 1985, 73-93 ; Chong-Hun Jeong, Die deutsche evangelische Sozialethik und die Demokratie seit 1945, Frankfurt am Main 1997, 36-41, 특히 40.
[3] Martin Luther, Von weltlicher Obrigkeit : wie weit man ihr Gehorsam schuldig sei, 249f.

세계는 어느 쪽도 충분하지 않다." 루터는 이러한 자신의 입장을 통해서 하나님께서는 비록 상이한 목적(신앙과 평화)을 위해 상이한 수단으로 지배하실지라도 하나님의 왕국과 세상 왕국 모두를 통치하신다는 것, 모든 그리스도인들은 정의를 행하는 한에 있어서 복음의 왕국에 속하지만 죄악을 범하는 경우에는 법의 왕국에 동시에 속할 수밖에 없다는 것, 그리고 하나님의 복음의 왕국과 세상 법의 왕국은 분리되어도(세속주의자의 주장) 안되고, 어느 한 쪽으로 흡수되어도(교권주의자의 주장) 안된다는 것을 의도하였다.

두 지배론은 봉건 영주의 지배가 강력했던 반면에 교회의 힘은 대단히 미약했던 시대적 상황 속에서 그리고 중세교회의 타락을 철저히 직시함으로써 그 과오를 반복하지 않으려 했던 상황 속에서 형성되었다. 당시 교회는 세속정치를 대변하는 국가로부터 자신을 어느 정도 이격함으로써 국가적인 권력과 압제로부터 스스로를 보호할 필요가 있었다. 또한 교회가 신정론이나 사제정치의 형식으로 국가를 지배하는 것 역시 방지할 필요가 있었다. 이제 두 지배론을 요약해 보자 : 하나님은 구원을 주도하는 그리스도의 왕국과 삶을 보존하는 세상 왕국을 통해서 인간을 악마의 세력으로부터 보호하신다. 세상 왕국에서는 법, 선행, 이성이 도구가 되고, 그리스도의 왕국에서는 은혜, 의인, 믿음이 유효하다. 기독교인들은 그리스도의 왕국에서 복음과 은혜 가운데 살지만, 비기독교인들은 외적인 질서와 평화를 위해 하나님께서 배려하신 검과 세상의 권력을 통해서 산다. 그러므로 세상의 권력 역시 하나님이 지배하는 도구이며, 기독교인들은 이 세상의 권력에 복종할 의무를 갖는다.

두 지배론에 근거해서 본다면 교회에는 신앙의 사명을 부과하고 있고, 국가에는 죄많은 인간 앞에서 다른 인간을 보호하는 정치의 사명을 부과하고 있다. 그러나 두 지배론은 교회와 국가 각각의 고유한 사명을 너무 명확히 분리함으로써 교회와 국가를 이원론적인 분열에 이르도록 했다. 교회는 개인의 믿음이라는 사적인 영역에 머물러야지, 국가정치라는 공적인 영역에까지 개입한다면, 일종의 월권행위로 보게 했다. 그래서 독일의 루터교회는 두 지배론의 정치윤리에 서서 가능한 한 정치 · 경제 · 사회 · 문화적인 문제로부터 벗어나고자 했고, 교회가 각종 문제에 개입해서 어떤 직접적인 노력을 하기보다는 각각의 고유한 영역 안에서 자기법칙성에 따라 종사하는 전문가들에게 내어 맡기는 것이 좋다는 입장을 견지하고 있는 것이다.

2) 그리스도의 왕적 주권론

다음으로 개혁교회의 그리스도의 왕적 주권론을 살펴보자. 개혁교회는 칼빈의 후예이므로 개혁교회를 이해하기 위해서는 칼빈에 대한 이해가 무엇보다 필수적이다. 우리는 칼빈 역시도 루터와 마찬가지로 기독교 신앙이 정치에 의해 좌우되는 것이나, 또는 스스로 정치적이 되어 세상 권력에 집착하는 것을 원치 않았음을 알 수 있다. 그러나 루터가 두 영역을 너무 분명하게 구별함으로써 하나님의 사역이 서로 반대되고 상충되는 것처럼 오해하게 하였던 반면에, 칼빈은 복음과 율법을 긴밀하게 연결하였고, 이 세상 속에서 이루어지는 하나님의 활동을 계시를 통해 연속적으로 이해했다. 그러므로 칼빈에 의하면 교회는 설교와 성례전의 집례에서 뿐만 아니라 하나님의 말씀에 따라 자신의 삶을 영위하고 세속의 통제로부터 자신의 자유를 지킬 수 있어야 했다.[4]

이러한 칼빈의 입장을 따르는 개혁교회는 히틀러 민족사회주의의 전체주의로 인해서 교회의 본질까지 소멸될 뻔했던 상황에서 오늘날 자신의 정치적인 입장이라 할 수 있는 그리스도의 왕적 주권론을 형성했다.

---

4) Duncan B. Forrester, Theology and Politics, 김동건 옮김, 신학과 정치, 서울 1999, 56-59.

당시 교회는 전체주의적인 세속정치에 저항함으로써 국가의 오류를 제어하고 교회와 자신의 고유한 신앙을 보호할 필요가 있었다. 그리스도의 왕적 주권론에 의하면 만왕의 왕이요 만주의 주이신 그리스도께서는 인간 삶의 모든 부분을 다스리시며, 그 다스림에서 국가의 정치적인 영역 역시 예외일 수 없었다. 우리는 그리스도의 왕적 주권론과 관련한 설명을 누구보다도 바르트(Karl Barth)에게서 가장 명확하게 발견할 수 있다. 바르트는 교회와 국가를 기독교인 공동체와 시민 공동체로 지칭함으로써 '공동체'란 단어를 의도적으로 두 번 사용한다.[5]

이는 교회와 국가 사이에는 처음부터 긴밀한 관계가 있고, 그 구성원들은 공동적 과제를 수행해야 한다는 사실을 강조하려는 데서 비롯한다(3). 왜냐하면 기독교인들은 시민 공동체 안에서 비기독교인들과 함께 공존해야 하고(5), 이들은 서로 뗄 수 없는 관계에 있기 때문이다(6). 때문에 기독교인들은 시민 공동체 안에서 모든 사람들을 섬기고 도와야 한다(7). 바르트에 의하면 시민 공동체인 국가의 현존은 세상에서 죄로 인해 타락한 인간을 보호하고 유지하려는 하나님의 은혜의 질서다(10). 기독교인 공동체는 시민 공동체를 위해 특별한 책임을 수행해야 하는 담보자로서 이를 위해 늘 기도해야 한다(12). 그래서 그는 시민 공동체에 대한 무조건적인 부정 또는 긍정을 배제하고(14), 정치공동체의 최선의 형태(다른 말로 표현하면 보다 나은 국가)를 위해 기독교인들이 책임을 감당해야 할 것을 강조한다(15, 17, 18).

이처럼 독일의 개혁교회는 그리스도의 왕적 주권론의 정치윤리에 근거해서 가능한 한 정치·경제·사회·문화적인 문제들에 개입해서 교회가 직접적인 저항의 노력뿐만 아니라 구체적인 대안까지 마련할 만큼 적극적으로 개입해야 한다는 입장을 견지하고 있다. 그러나 개혁교회의

---

5) Karl Barth, Christengemeinde und Bürgergemeinde, Zollikon-Zürich 1946. 이하 본문의 괄호 안의 숫자는 이 책의 해당되는 면을 의미한다.

정치적인 입장인 그리스도의 왕적 주권론은 국가에 대한 교회의 책임을 너무 강조함으로써 국가와 교회의 고유한 역할에 있어서 혼란에 빠질 위험성이 있음을 간과할 수 없다.

3) 두 지배론과 그리스도의 왕적 주권론의 상보관계

1945년이래 독일의 루터교회와 개혁교회는 동서독의 분단과 냉전 이데올로기의 현실 속에서 정치적인 문제가 대두될 때마다 정치신학적 입장의 차이로 인해 치열하게 신학적인 논쟁을 하였고, 대응방식에 있어서도 차이를 보여 왔다. 루터교회는 정치적인 문제에 교회가 너무 깊숙이 개입하기보다는 정치인들의 고유한 역할을 인정하면서 그들에게 맡기자고 주장하였고, 개혁교회는 정치인들의 한계를 지적하며 정치문제에 대한 교회의 대안을 보다 구체적으로 제시하고자 했다.

우리는 독일개신교협의회가 발표한 평화사회백서에 대해서 독일개혁교회연맹이 어떻게 반응하였는가를 통해 루터교회와 개혁교회의 상이한 입장을 대별할 수 있다. 평화사회백서는 독일개신교협의회의 한 분과인 "공공책임을 위한 위원회"가 준비하여 1981년 10월에 발표하였던 문서이며, 루터교 신학자인 트루츠 렌토르프 (Trutz Rendtorff)가 위원장으로서 합의를 이끌어 내었던 문서다.[6] 이 평화사회백서는 준비작업에 참여한 개혁교회의 위원들도 합의해서 발표한 것이었는데, 그럼에도 불구하고 개혁교회는 자신들의 입장이 충분히 반영되지 못했다고 판단하면서 새로운 성명서를 발표했다.[7]

---

6) Frieden wahren, fördern und erneuem, hg. v. der Kirchenkanzlei der EKD, 2. Aufl., Gütersloh 1981.
7) Das Bekenntnis zu Jesus Christus und die Friedensverantwortung der Kirche. Eine Erklärung des Moderamens des reformierten Bundes, hg. v. Moderamen der reformierten Bundes, 2. Aufl., Gütersloh 1983.

당시 평화사회백서가 발표되기까지의 주요한 이슈는 핵무장과 평화의 역학관계였다. 루터교회의 입장이 많이 반영된 것으로 볼 수 있는 평화사회백서는 인간은 의로운 존재인 동시에 여전히 죄인이고, 하나님은 용서와 화해의 하나님이시며, 하나님의 선물로 주어졌으나 아직 위기 가운데 있는 평화는 보호의 대상으로서 전쟁방지를 위해서라도 핵무기의 위협은 아직 필요하다고 했다. 그러나 개혁교회는 자신의 성명서를 통해 인간은 의롭다 인정받고 소명받은 성화된 존재이고, 하나님은 모든 곳에 영향을 끼치는 편만하신 하나님이시며, 하나님의 선물로서 파괴될 수 없는 평화를 위해서 핵무기는 무조건적으로 폐기되어야 한다고 주장했다. 개혁교회연맹의 성명서가 출판되자 평화사회백서를 이끌었던 렌토르프는 개혁교회연맹의 입장에 대해 다음과 같이 비판했다 : "히틀러 정권 시절의 교회투쟁을 운운하면서 새로운 신앙고백의 상황(status confessionis)이라는 명목으로 정치상황(status politicus)의 구속력을 넘어뜨리려 하거나 그것이 기독교인들에게 효력없는 것이라고 선언하려는 유혹은 기독교회가 민주주의를 수행할 수 있는 능력이 없음을 드러낸다 … 나토의 이중결정의 영향을 반대하기 위해서 어떤 타협도 더 이상 용납하지 않고, 필요한 경우 예수 그리스도께서 십자가에서 돌아가신 것처럼 순교까지 불사하겠다는 신앙결정에 가치를 부여하는 것은 기독교인들이 민주적인 책임을 수행함에 있어서 구조적으로 무능력한 것이 아닌가 하는 문제를 제기하는 것이다."[8]

이처럼 독일 개신교회는 루터교회의 두 지배론과 개혁교회의 하나님의 왕적 주권론 사이에서 적당한 균형을 유지하며 정치적인 입장표명과 함께 정치참여를 실행해왔다. 필자의 이해에 의하면 민주주의가 성숙한 단계에 이른 상황에서 교회는 전통적인 종교의 역할만 감당해도 되기

---

8) Trutz Rendtorff, Demokratieunfähigkeit des Protestantismus? Über die Renaissance eines alten Problems, ZEE 27 (1983), 255f.

때문에 이 때는 두 지배론이 교회의 적절한 입장일 수 있다. 그러나 아직 민주주의가 미성숙해 국가권력이 하나님의 뜻을 반대하거나 왜곡하는 상황에서는 그리스도의 왕적 주권론이 교회가 견지해야 할 중요한 입장으로 된다. 그러므로 두 지배론과 그리스도의 왕적 주권론은 어느 한쪽이 더 우월하다거나, 아니면 양자택일해야 하는 입장으로 보기보다는 각각의 강점과 한계를 인식하고 상황에 따라 서로 보충해야 하는 상보관계로 보아야 할 것이다.

3. 독일 개신교회의 정치참여

독일 개신교회는 두 지배론과 그리스도의 왕적 주권론이라는 양면적인 정치윤리에 근거하여 적극적이든 소극적이든 나름대로 정치참여를 실천하고 있다. 이론으로서의 정치윤리는 실천으로서의 정치참여를 긍정적이든 부정적이든 표현하는 속성을 가지고 있기 때문이다. 필자는 독일 개신교회를 대변하는 독일개신교협의회(Evangelische Kirche in Deutschland)가 공식적으로 발표했던 문서들, 기독교민주연합(CDU)과 기독교사회연합(CSU)으로 대변되는 기독교 정당들, 그리고 독일 개신교회 평신도들이 주관하고 있는 교회의 날(Kirchentag) 행사를 독일 개신교회의 대표적인 정치참여 형태라고 보고 이를 살펴보고자 한다.

1) 독일개신교협의회(EKD)와 공식적인 문서들

독일 개신교회는 성명서나 사회백서 또는 연구서 등의 문서를 통해 정치참여를 실천하고 있다. 독일의 개신교회를 통합하고 있는 독일개신교협의회는 설립된 이래로 정치·경제·사회·문화의 주요 문제들에 대해 수시로 교회의 입장을 표명했다. 이러한 입장표명은 처음에는 담화문(Worte)과 성명서(Erklärung)의 형태로 나타났고, 1962년부터는 사회백서(Denkschrift)와 연구서(Studien)의 형태를 추가했다.

신앙과 교리의 편차가 적지 않은 신학자들과 교회들이 신앙적인 입장의 공통분모를 모아 한 목소리의 문서들을 만들어 내는 것은 쉬운 일이 아니었다. 신앙과 교리란 많은 공통점에 근거하여 연합하기보다는 자그마한 차이에도 서로 분리하려는 속성이 강하기 때문이다. 그러나 독일의 개신교회는 이 일을 해냈다. 이는 우연한 결실이 아니고, 그들의 철두철미한 신학적이고 이론적인 논쟁에 기인한다고 볼 수 있다. 그들은 서로의 차이를 정죄와 분리의 수단으로 삼기보다는 서로에 대한 도전과 상호보완의 기회로 삼아서 삶의 제반 문제들에 응답하였고, 지금도 응답하고 있는 것이다.

독일 개신교회가 정치·경제·사회·문화영역의 문제에 입장 표명을 하는 이유는 각종 문제를 신앙적인 입장에서 해명하고, 각종 문제에 대한 논점을 진지하게 수용함으로써 문제를 책임 있게 감당하려는 데 있다. 또한 특정문제를 공공토론에 내놓고 보다 나은 대안을 창출하여 기독교인 개개인의 신앙이 삶 가운데에 표출되도록 하는 데 있다. 그러나 공공영역의 문제에 대한 교회의 입장표명은 동시에 교회 밖의 세계에 대한 직접적인 제안이자 도전이기도 하다.[9] 독일의 정치인들은 독일개신교협의회가 내놓은 문서들을 외면하고는 정치를 할 수 없을 정도라고 한다면, 우리는 문서를 통한 독일 개신교회의 정치참여가 얼마나 효과적인 것인가를 가늠할 수 있다.

---

9) Aufgaben und Grenzen kirchlicher Äuβerungen zu gesellschaftlichen Fragen, in : DieDenkschriften der Evangelischen Kirche in Deutschland. Frieden, Vers hnung und Menschenrechte, Ed. 1/1, hg. v. der Kirchenkanzlei der EKD, Gütersloh 1978, 43-76.

2) 기독교 정당들

제 2차 세계대전의 종전과 함께 독일에는 기독교적이면서 초종파적이고 사회 각계 각층에 개방된 자세를 지닌 국민정당으로서 기독교민주연합(CDU)과 기독교사회연합(CSU)이 생겨났다. 이 정당들은 바이마르 공화국의 전통적인 정당들이 독일의 민주주의에 일조하지 못했다는 사실, 공산당과 사회민주당(SPD)에서 기독교는 정치적인 고향을 찾을 수 없다는 기독교 신앙의 현실적인 이해, 그리고 나치즘의 전체주의를 완전히 척결하고 민주주의를 정착해야 한다는 역사적 요청 등을 인식한 기독교인들에 의해 생겨났던 것이다.[10]

이 정당에 참여한 사람들은 새롭게 건설되는 국가가 법과 도덕규범을 따라야 한다는 것과 과도한 국가 권력으로부터 개인의 존엄성과 자유를 찾아야 한다는 것 그리고 이러한 과정에 기독교 윤리적인 원칙과 입장이 반영되어야 한다는 것을 견지했다. 사실 이 두 정당은 지역적 기반을 달리 할 뿐 하나의 정당으로 보아도 무리는 아니며, 그런 점에서 기민/기사 연합당(CDU/CSU)은 항상 함께 표현하고 있다. 우리는 기민/기사 연합당의 성격을 기독교적인 인간상과 도덕적 규범의 기본 가치를 유지하려 한다는 점에서 보수적인 정당으로 볼 수도 있고, 현재의 자유경험 및 미래의 자유를 추구한다는 점에서 자유주의적인 정당으로 볼 수도 있으며, 사회정의와 경제정의를 추구한다는 점에서 사회적인 정당으로 볼 수도 있다. 그러나 기민/기사 연합당은 카톨릭교도만의 정당이거나 개신교도만의 정당이 아니라 두 종파의 기독교적인 공통점을 통합하는 정

---

10) Günter Buchstab, Historical Development of the Christian-Democratic Movement and Christian-Democratic Party (CDU) in Germany, in : The Third International Seminar of The Institute of Christian Politics : Christianity and Democracy 자료집 (2002년 3월 22일 연세대학교 새천년관 대강당), 77-89.

당이며, 기독교적인 가치를 추구하는 정당이지만 그 가치에 동의하는 비기독교인들에게도 개방적인 자세를 취하고 있는 정당이다.

이처럼 독일의 기독교인들은 기독교정당을 통해서 정치참여를 어느 정도 구체화하였다고 볼 수 있다. 물론 개신교회가 집단적으로 기독교정당을 구성하고 있거나 기독교정당을 종용하고 있는 것은 아니다. 오히려 개신교회와 기독교정당은 일정 부분의 긴장과 간격을 유지하고 있다. 왜냐하면 교회에서는 정당프로그램이 아니라 신앙고백이 교회 자신의 핵심적인 사안이 되어야 하기 때문이다.[11]

그러나 독일의 기민/기사 연합당이 구조면에서나 형식면에서 개신교회와 완전히 분리되어 있는 정치정당이라고 할지라도, 아데나워 정권(Konrad Adenauer, 1949-1963), 에어하르트 정권(Ludwig Erhard, 1963-1966), 키싱어 정권(Kurt Georg Kiesinger, 1966-1969), 콜 정권(Helmut Kohl, 1982-1998) 등 기민/기사 연합당이 독일정치를 장기간 주도해 온 측면을 고려할 때, 우리는 기독교인들을 통한 독일 개신교회의 정치적인 영향력이 결코 작지 않았음을 알 수 있다.

3) 교회의 날 (Kirchentag)

독일 개신교회는 2년마다 개최되는 교회의 날 행사를 통해 정치참여를 실행해 왔다. 독일 개신교회의 역사에서 교회의 날 운동은 공산당 선언을 발표한 1848년에 공산주의 노동자 운동에 대한 교회의 응답으로 생겨났다. 가난한 자들을 돕고, 불신앙자들에게 전도하며, 무신론자들에게 학술적으로 대응하자고 역설한 빅혜른(Johann Hinrich Wichern)이 이 운동을 주도했다. 이 때부터 1872년까지 진행된 교회의 날 행사는

---

11) Joachim Mehlhausen, Parteien, in : TRE, Vol. 26, 34.

루터교회와 프러시아 교회 연맹 사이의 균열로 인해 중지되었다가, 1949년 다시 재건되었다.[12]

1949년 이후 1년마다 개최한 교회의 날 행사는 제도권 교회가 주도하는 행사라기보다는 오히려 기성교회의 무기력과 용기부족에 대항하는 평신도들에 의해서 평신도들을 위한 행사로 개최하고 있다. 독일 개신교회의 교회의 날은 법적으로나 조직적으로, 그리고 재정적으로 독일개신교협의회(EKD)와는 독립적으로 운영되고 있는데, 그 목적은 독일 개신교인들을 하나로 만들고, 교인들의 신앙을 강화시키며, 개교회 교인들의 책임을 강화하고, 세계사의 증인이 될 것을 강조하며, 세계 기독교 공동체의 일원이 되게 하는 것이다. 이 행사에 주도적이었던 평신도 인사들 가운데 하이네만(Gustav Heinemann)이나 바이제커(Richard von Weizaecker) 등은 훗날 서독 연방공화국의 대통령이 되었는데, 그만큼 교회의 날 행사는 독일의 정치·경제·사회·문화 전반에 대단한 영향력을 끼쳤다고 할 수 있다.

1954년 이래로 개신교회의 교회의 날 행사와 카톨릭교회의 교회의 날 행사는 서로 중복되지 않도록 격년으로 개최되고 있으며, 1981년 함부르크 교회의 날 행사 이래로 10만 이상의 개신교인들이 참석하는 대규모 행사로 되고 있고, 독일의 정치계 인사들이 행사 가운데 논의되는 사안들에 귀기울이며 민감하게 반응하지 않으면 안될 정도로 정치적인 공신력을 지니고 있다. 그동안 교회의 날 행사가 제기하였던 대량살상무기를 반대하고 비무장을 주장하는 평화, 재생휴지의 사용과 소비절약을 통한 창조질서의 보존, 제 3세계를 지원하고 그들의 부채탕감을 주장하는 가난한 자들과의 연대 등 주요 정치적 이슈들은 그것들이 구호의 수준에 머물지 않고 상당한 실천을 담보하였음을 보여준다.[13]

---

12) Klaus Reblin, Deutscher Evangelischer Kirchentag, in : EKL, Bd. 1, 842-844.
13) Peter Steinacker, Kirchentage, in : TRE, Vol. 19, 101-110.

4. 민주주의의 성숙을 향해 나아가는 독일 개신교회

히틀러의 전체주의 정권을 경험한 독일 개신교회는 바르멘 신학선언(Barmer Theologische Erklärung)과 고백교회(Bekennende Kirche)의 저항 전통 그리고 연합국에 의한 민주주의의 이식정책에 힘입어 민주주의를 지향하였다. 특별히 민주주의의 성숙을 위한 독일 개신교회의 노력은 1985년 10월에 발표한 민주주의 사회백서에서 꽃을 피웠다고 볼 수 있다. 그러므로 필자는 독일 개신교회가 민주주의를 어떻게 이해하고 있는가를 민주주의 사회백서를 통해서 살펴보고,[14] 이 문서가 어떤 공헌을 하였는지 짚어보려고 한다.[15]

1) 독일 개신교회의 민주주의의 이해

민주주의는 기본가치와 지배형식, 삶의 형식과 행동덕목으로 구성된 정치체제라고 할 수 있다. 민주주의의 기본가치는 지배형식과 삶의 형식에 방향을 제시하고, 민주주의의 지배형식은 기본가치와 삶의 형식을 구체적으로 실현하며, 민주주의의 삶의 형식은 기본가치와 지배형식을 끊임없이 도전한다. 또한 민주주의의 행동덕목은 기본가치를 지향하면서 지배형식과 삶의 형식을 조정하고 실행되게 한다. 이제 필자는 이 네 가지 측면에서 독일개신교협의회가 발표한 민주주의 사회백서를 분석해 보고자 한다.

첫째는 기본가치로서의 민주주의다. 민주주의는 기본가치의 인식으

---

14) Evangelische Kirche und freiheitliche Demokratie. Der Staat des Grundgesetzes als Angebot und Aufgabe, hg. v. der Kirchenkanzlei der EKD, Gütersloh 1985. 이하 본문의 괄호 안의 숫자는 이 책의 해당되는 면을 의미한다.
15) Chong-Hun Jeong, Die deutsche evangelische Sozialethik und die Demokratie seit 1945, 179-181.

로부터 출발한다. 왜냐하면 기본가치는 민주주의를 움직이는 목표이기 때문이다. 그러므로 민주주의는 기본가치에 대한 합의가 있을 때에만 작동한다. 동시에 민주주의는 이 기본가치를 확장하고 증진시키며 보호하기 위해 기능하는 정치체제다. 독일개신교협의회가 발표한 민주주의 사회백서는 민주주의의 기본가치를 "인간존엄의 존중, 자유와 평등의 승인 그리고 이로부터 뒤따르는 정치사회적 정의"(13)로 규정한다. 민주주의 사회백서는 그 중에서 무엇보다도 인간존엄의 존중을 비중 있게 다룬다 : 오늘날 민주주의의 헌법만이 인간의 존엄에 상응할 수 있다(14). 그리고 민주주의 사회백서는 인간존엄에서 모든 인간의 평등과 자유로운 정치참여의 근거를 찾는다 : 인간존엄에 비추어 볼 때, 어떤 인간도 어떤 집단도 차별할 수 없고, 정치적 지배로부터 배제할 수 없다(14). 이러한 인간의 존엄을 출신, 인종, 성별에 상관없이 다른 인간의 존엄성을 인정할 때 실현한다(35). 또한 민주주의 사회백서는 정치적 자유를 위해서 국가의 선전, 선동으로부터 독립된 자유로운 대중매체(20, 33f, 44)와 정부비판을 포함한 자유로운 정치 논쟁(21), 그리고 집회의 자유와 정치적 의사형성 과정에서의 자유로운 참여, 시위권(41) 등을 요구한다. 민주주의 사회백서는 사회적 평등을 위해 정의에 상응하는 법과 재판 그리고 법 앞에서의 평등 원리를 주장하고(19), 경제적 정의를 위해 민주적 법치국가뿐 아니라 사회국가를[16] 동시에 희망한다(18, 19).

둘째는 지배형식으로서의 민주주의다. 민주주의 사회백서는 지배형식을 국가적 행위와 정치적인 절차로 이해하고 있다(34). 민주주의의 기본가치는 지배형식을 통해 구체화된다. 민주주의 사회백서는 무엇보다 권력분립과 시한부지배를 민주주의의 실행을 위한 중요한 지배형식으로 이해한다 : 입법부, 사법부, 행정부의 과제를 분할하는 것은 국가권

---

16) 사회국가(Sozialstaat)는 국민의 경제적·사회적 복지를 책임지려는 국가이다. 사회주의 이념의 사회주의 국가(Sozialistischer Staat)와는 구별된다.

력의 통제를 위한 제도화다(27). 권력분립은 상호견제를 통해 권력남용의 위험을 방지하는데 목적이 있다(28). 대중매체와 이익집단들은 권력의 제한을 위해 작용할 수 있다(28, 39). 시민들은 선거를 통해 정치권력을 부여하고 또 박탈할 수 있다(20). 이 때 시한부 지배는 정치권력의 박탈을 위한 공식적 기회인 동시에, 제한된 신뢰와 합법적인 불신, 지배와 통제 사이에서 균형을 잡아주는 지배형식이다(28). 민주주의 사회백서는 권력의 출처를 국민으로 인식하고, 국민으로부터 권력을 위임받은 대의자들의 정치적 책임을 강조한다(29). 이 때 대의자들은 시민들에 의해 조직화된 이해관계를 대변해야 한다(29). 그러나 그들은 자신의 개별적인 이해관계와 공공 모두의 이익을 중재함으로써 대의제 원리가 손상되지 않도록 해야 한다(30). 동시에 민주주의 사회백서는 특정문제의 경우에 있어서는 대의제 원리의 한계를 보완하기 위해서 직접 민주주의 방식을 생동력 있고 발전능력 있는 민주주의의 기회로 보고 있다(41f). 민주주의 사회백서는 다수의 결정을 합법적이고 민주적인 결정으로 이해하나(30), 인권과 기본권을 다수결의 한계점으로 설정한다(31). 다수결이라 할지라도 소수의 인권과 기본권을 임의로 침해할 수는 없기 때문이다. 또한 다수결 원리의 타당성을 다수관계의 변화 가능성과 자유롭게 반대할 수 있는 권리에서 발견한다(31). 그러므로 결정의 결과가 해당주민들의 생활을 간섭하거나 광범위한 부수적 결과를 초래할 경우에는 주민들을 설득하거나 계몽할 것을 정치가들에게 충고한다(31f, 36). 민주주의 사회백서는 민주적인 과정에 있어 결정적인 요소로서 정당과 여론을 지적한다 : 민주주의는 정치권력을 장악하기 위해 싸우는 정당을 필요로 한다(20). 정당은 정치적 의사결정의 중심지다(33). 국민의 정치적 의견을 잘 수렴한 정당은 생명력이 있고, 집권당이 될 수 있다. 그러나 정당들이 시민들의 여론보다 경제적 힘의 소유자들, 거대한 단체들 또는 행정부에 유착될 때(33), 그리고 정당들이 다수표 획득의 관심으로 인해 인기 없는 장기적 관점보다 단기적 성공에 더 집착할 때 (38), 민주주의는 위기에 봉착할 수 있다. 때문에 민주주의는 정당의 영향력을 비판적으로 동반하고 제한하는 광범위하고도 정보가치 있는 여론의 광장을 필요로 한다(33).

  셋째는 삶의 형식으로서의 민주주의다. 민주주의의 완전한 지배형식은 세상에 존재할 수 없다. 설사 존재한다 하더라도, 시민들의 자발적인 수용의 과정이 결여된다면, 민주적 지배형식은 공허해지고 거기에는 다시 지배와 복종의 관계만 존재하게 된다. 자유, 평등, 박애의 축제는 사라지고, 민주주의의 얼굴을 한 독재가 또다시 생겨난다. 그러므로 민주주의는 시민들의 자발적인 수용과 일상생활에서의 구체적인 훈련을 필요로 한다. 이는 보다 나은 지배형식에 대한 시민들의 도전인 시민불복종을 전제한다. 완전한 지배형식을 죄된 인간의 손에서 기대할 수 없다 할지라도, 완전한 지배형식을 향한 인간의 노력은 현재보다 나은 민주주의의 미래를 개방할 수 있기 때문이다. 그러므로 지배형식으로서의 민주주의를 일상생활에서 수용하고 훈련하며 필요한 경우에는 도전하는 삶의 형식으로서의 민주주의는 절실한 과제다. 민주주의 사회백서는 삶의 형식으로서의 민주주의를 "인간존엄의 기본가치가 고려되고 적용되는 일상적인 삶"에서 발견하고, 삶의 형식으로서의 민주주의를 위해서 시민들에게 다음의 행동을 제안하고 있다 : 법과 법조문의 의미에 대해 추적하기, 비판과 인내를 통해 민주적 의사결정에 참여하기, 가능한 한 광범위한 사회영역에서 자유를 향유하고 실천하기, 정의를 추구하는 가운데 개인의 행동을 결정하기, 필요한 사안과 대상의 경우에는 실천적으로 연대하기, 시민들 스스로 기본권에 따라서 자신의 삶을 운용하기, 그리고 다른 사람의 존엄성을 삶의 자리에서 인정하기 등이 바로 그것이다(34, 35).

  넷째는 행동덕목으로서의 민주주의다. 민주주의 사회백서는 상호승인(Gegenseitige Anerkennung)과 관용(Toleranz)의 덕목을 담고 있다 : 동독의 기독교인들이 다른 사회체제와 국가형태 속에 살고 있음에도 불구하고, "그들은 자신들을 위한 하나의 독자적인 사회세력으로서 자신들의 교회 안에서 국민으로서의 길과 과제를 나름대로 설정하고 있다." (9)는 사실을 승인하고 있다. 이러한 승인을 통해서 기독교인들은 서로 상이한 상황에 있는 그들의 정치적인 실존으로부터 듣고 배울 수 있다(9). 기독교인들은 정치가들이 서로를 승인하면서 인간적으로 만나도록 기여해야 한다(24). 그리고 민주주의 사회백서는 다양한 인생관과 신념 그리고 다양한 삶의 스타일 가운데서 공동의 정치의사를 형성하고, 정치적으로 존재할 수 있는 근거를 관용의 덕목에서 찾는다(18). 우리가 다양한 차이를 관용으로 용납하지 않는다면, 기독교인들은 서로 협력하고 기여할 기회를 상실할 것이고, 다른 생각을 지닌 시민 또는 단체들의 참여의 기회를 배제하게 되기 때문이다(18). 민주주의 사회백서는 갈등의 능력(Kofliktfähigkeit)과 타협의 능력(KompromiBfähigkeit)을 민주주의의 또 다른 덕목으로 강조한다 : 정치적으로 올바른 길을 찾기 위한 논쟁은 민주주의에서 필연적이다(10). 정치논쟁은 언제나 상호대립과 갈등을 낳는다. 우리가 그것을 견뎌내려고 하지 않는다면, 우리는 정치적 반대파의 논증을 봉쇄하고, 자신의 입장을 국가 전체의 이익과 동일시하며, 자신과 다른 민주세력을 공동체에서 몰아내는 위험 앞에 직면할 수 있다(24). 우리는 논쟁에서 비롯된 갈등을 타협을 이루는 순간까지 참아야 하고, 타협에로 수렴할 수 없는 갈등은 그대로 남겨두어야 한다. 민주주의 사회백서는 사회백서 자체를 만들어내는 과정에서 이미 이러한 태도를 분명히 견지했다 : "민주주의 사회백서는 주장과 평가의 충분한 교환에 근거해서 만들어졌다. 그러나 여전히 좁혀지지 않는 차이는 뒤로 보류했다."(7) 민주주의 안에서는 한 목소리 내지는 획일성이 존재할 수 없고, 언제나 다양한 목소리와 다원성이 필요하다(32). 교회는 자신의 입장과 확신이 진리에 일치할 때, 국가 및 여론과의 갈등을 두려워할 필요가 없다(47). 민주주의 사회백서는 갈등의 능력과 타협 사이의 관계를 다음과 같이 적절하게 지적하고 있다 : "다원주의 사회 안에는 다양한 갈등을 야기하는 상이한 견해와 이해관계가 언제나 존재한다. 민주사회는 갈등을 견디내는 능력이 있어야 한다. 갈등을 말살하거나 억압해서는 안 된다. 그것을 공개적으로 중재해야 한다. 그러나 공개적인 갈등의 중재는 논쟁이 객관적으로 진행되는 것과, 갈등의 당사자들이 합의와 타협의 목적을 지향할 것을 요구한다."(44) 또한 민주주의 사회백서는 교정의 능력(Korrekturfähigkeit)과 개선의 능력(Verbesserungsfähigkeit)을 민주주의의 덕목으로서 요구한다 : 민주주의 사회백서는 처음부터 끝까지 교정의 능력과 개선의 능력을 전제하면서 민주주의의 계속된 발전을 주장한다(10, 13, 43, 47). 그리고 하나님의 정의와 관련해서 개선의 능력을 고려하고 있다 : "하나님의 정의의 빛에 비추어 볼 때, 모든 인간의 법률체계 및 국가질서는 잠정적이며 개선될 필요가 있다."(16) 이는 하나님의 나라가 도래할 때까지 민주주의는 정적인 질서로 존재하는 것이 아니라 하나님의 완전한 정의에 근사하도록 끊임없이 움직이는 과정적 질서임을 의미하는 것이다. 민주주의 사회백서에 의하면 민주주의의 다수결의 원리도 새로운 다수가 이전 다수의 결정을 개선할 수 있을 때, 또는 잘못된 다수결정을 교정할 수 있을 때, 생동력이 있고 가치가 있다고 본다(31, 39). 그러나 민주주의 사회백서는 극단적인 만족도, 극단적인 비판도 민주주의를 해롭게 하기 때문에, 기존 상황의 무조건적인 승인과 모든 것을 단번에 부정하는 순식간의 변화를 거부하면서 공동의 연대책임을 강조하고 있다(11, 17).

2) 민주주의 사회백서의 의미

우리는 독일 개신교회협의회가 발표한 민주주의 사회백서가 민주주의를 향한 독일 개신교회의 시작이 아니라 기독교회가 민주주의를 위해 노력해 온 40년 동안의 결산임을 인정하면서,[17] 이제 민주주의 사회백서의 공헌을 몇 가지로 짚어보고자 한다.

첫째로 민주주의 사회백서는 독일 개신교회로 하여금 무엇보다 루터 이래로 팽배한 왕좌와 제단의 연합 안에 있던 교회전통으로부터 결별하도록 했다. 왕좌에 종속되어 왕좌를 신적으로 재가해왔던 제단이 1945년 이래로 왕좌와 분리하고자 노력해 왔는데, 드디어 그 분리를 공공연하게 천명하였던 것이다. 이러한 천명과 함께 교회는 수동적인 "민주주의 시대 이전의 합법화 기능"으로부터 적극적인 "민주주의의 참여기능"으로 역할을 전환하였던 것이다. 국가와 사회의 자율성의 명목 아래 교회의 책임을 유보해 왔던 과거는 사라지고, 교회와 국가의 상호독립성 속에서 역동적인 책임의 관계를 시작하게 되었던 것이다.

둘째로 민주주의 사회백서는 헌법규범과 현실 사이의 긴장을 지적함으로써 당시의 서독국가를 향해 도전했다. 민주주의 사회백서가 출판되었을 때, 그것은 당시의 서독국가를 승인한 것이 아닌가 하는 의심을 받기도 했다. 그러나 사회백서는 민주주의의 목표와 기회를 긍정적으로 평가한 것이지, 기존의 구체적인 국가를 가치있는 것으로 평가한 것은 아니었다. 헬무트 시몬(Helmut Simon)은 이 점에 대해서 이미 오래 전에 적절하게 말한 바 있다 : "법치국가적, 사회국가적 민주주의는 상대적으로 더 나은 질서를 목표로 한다. 헌법의 조항과 헌법현실 사이의 끊임없는 간격을 은폐해서는 안 된다. 그 간격은 결코 끝이 없는 동시에 언

---

17) H. E. J. Kalinna, Art. "Demokratie", in : EvStL, Bd. 1, 3. Aufl., Stuttgart 1987, 473.

제나 위협받는 노력을 통해서만 연결할 수 있다."[18] 그러므로 민주주의 사회백서는 오늘도 여전히 헌법규범과 현실 사이의 긴장과 간격을 메꾸도록 도전하고 있다.

셋째로 민주주의 사회백서는 신학적인 인간관의 수용과 균형에 기여했다. 하나님의 형상으로서의 인간이해는 인간존엄을 요구할 수 있는 근거이자 인간존엄을 위한 능력이다. 죄인으로서의 인간은 인간의 존엄을 파괴할 가능성이자 인간존엄에 대한 무능력의 표현이다. 인간을 하나님의 형상으로만 이해할 때 인간은 하나님으로 격상할 위험이 있고, 인간을 죄인으로만 이해할 때 인간은 주체성을 상실한 물건으로 전락할 위험이 있다. 하나님의 형상이자 죄인으로서의 인간 이해만이 인간을 인간되도록 하는 신학적 통찰이다. 민주주의 사회백서는 하나님의 형상이자 죄인으로서의 구약적인 인간이해를 의인이자 죄인(simul justus et peccator)이라는 신약적이고 종교개혁적인 인간관과 연결시키고 있다. 구약적인 인간관이 인간을 하나님의 형상과 죄인 사이의 긴장 가운데서 이해하도록 한다면, 신약적 종교개혁적 인간관은 죄인이지만 의로워진 자로서 변증법적인 통합 가운데서 인간을 이해하도록 한다. 민주주의 사회백서는 구약적 인간관과 신약적 종교개혁적 인간관을 연결함으로써 시대를 넘어선 신학적 균형에도 공헌했던 것이다.

넷째로 민주주의 사회백서는 자본주의 체제 내의 민주주의를 대상으로 하고 있으나, 사회주의 체제 내에서의 민주주의와 그 안에서의 교회의 역할을 부정하지 않음으로써 체제를 넘어선 교회간의 연대를 모색하도록 했다. 민주주의 사회백서는 자신의 이러한 입장을 다음과 같이 진술하고 있다 : "우리는 교회라는 특별한 공동체 속에서 독일 민주주의 공화국(DDR)의 기독교인들과 연결되어 있다. 동독의 기독교인들은 다

---

18) Helmut Simon, Die rechts-und sozialstaatliche Demokratie, in : MaxüG de (Hg.), Zur Verfassung unserer Demokratie. Vier republikanische Reden, Hamburg 1978, 71.

른 사회체제 속에 그리고 다른 국가체제 아래 살고 있다. 우리가 이곳 독일 연방공화국(BRD)에서 하는 것과 마찬가지로, 그들은 자신들을 위한 하나의 독자적인 세력으로서 자신들의 교회에서 국민으로서의 자신들의 길과 과제를 설정하고 있다."(9) 이처럼 독일개신교협의회와 동독의 교회연합은 서로 다른 체제 속에서 최선의 국가를 건설하고자 고유의 책임을 다하고자 노력했고, 서로의 노력을 상호승인하면서 예수 그리스도의 교회로서 동일한 정체성 위에서 연대하고자 했다. 1990년 10월 3일 동서독 통일의 이면에는 동서독 교회가 큰 공헌을 하였는데, 이는 결코 우연이 아니었다.

5. 맺는 말 : 한국 개신교회의 과제

독일 개신교회는 제 2차 세계대전의 종전 이래로 지금까지 독일 국가와 사회에 민주주의가 정착되고 발전되도록 신앙에 기초한 이론적인 작업과 구체적인 실천을 아끼지 않았다. 왕좌와 제단의 연합을 거부하고 국가에 대한 책임 있는 입장을 견지했다. 교회의 각종 문서들을 통해 정치·경제·사회 문화적인 문제들에 대한 교회의 입장과 대안을 교인들과 공공사회에 제시했다. 기독교적인 세계관과 가치관의 실현을 위해서 기독교 정당을 구현하는 배경이 되었다. 또한 민주주의를 "기회이자 과제"로 선언하고 평신도의 지도력을 중심으로 하여 민주적인 훈련과 함께 민주주의의 발전에 직접적으로 기여했다. 한국의 개신교회 역시 같은 시기에 일본 제국주의로부터 해방된 한반도에서 민주주의를 위한 노력을 얼마든지 수행할 수 있었다. 그러나 한국의 개신교회는 건강한 정치참여와 이를 위한 정치윤리를 모색하는데 주저해 왔다. 많은 인적 지원과 물적 자원을 가진 한국의 개신교회가 기독교인 개개인의 신앙적 사명과 교회적인 역할을 정치적인 차원에서 올바로 제시하기만 한다면, 한국의 정치와 사회는 질적으로 달라질 수 있을 것이다.

오늘의 한국사회에서 국민은 정치인다운 정치인을 발견하기 어렵다. 한국의 정치는 보스 1인과 당리당략 그리고 지역주의 가운데 표류하고 있다. 도대체 대화와 협력의 정치를 발견하기가 어렵다. 올해는 지방선거와 대통령 선거로 한바탕 시끄러운 해이기도 하다. 하지만 대다수 국민들은 정치에 대해 더 이상 기대하지 않는다. 지난 지방선거와 보궐선거의 투표 참여율을 보라! 대부분의 정치인들은 언제나 국민을 위한다는 명분을 앞세우고 있지만, 사실은 뇌물수수와 검은 돈 그리고 무한 권력에 더 큰 관심을 두고 있다. 국민들은 정치인들로 인해서 국민 모두의 삶이 보다 좋아지고 있다고 긍정하지 않는다. 정치인들 가운데는 기독교인들도 있지만, 그들이 기독교인이라고 해서 무언가 다른 모습을 보여주고 있는 것도 아니다. 이러한 한국의 정치상황에서 개신교회는 민주주의를 향한 각오를 새로이 해야 할 것이다.

본 논제를 마감하면서 필자는 이미 살펴본 독일 개신교회의 정치윤리와 정치참여에 비추어 진정한 민주주의를 위해 한국의 개신교회가 감당해야 할 과제가 무엇인지를 몇 가지로 제시해 보고자 한다.

첫째로 한국 개신교회는 교회가 국가적인 사안에 대해 무책임하고 무기력하고 무관심했던 부끄러운 과거로부터 돌이켜야 하고, 국가와 교회의 바람직한 관계 유형으로부터 국가에 대한 교회의 책임에 이르기까지 기독교 정치윤리를 제대로 정립해서 교인들을 교육해야 한다.

둘째로 한국 개신교회는 교회와 기독교인들이 기독교적인 가치를 현실 정치에서 어떻게 실현해 낼 수 있을지 마땅한 대안을 찾기 위해 노력해야 하고, 그 대안을 구체적으로 실행하도록 선한 역량을 모아야 한다.

셋째로 한국의 개신교회는 이미 정치현장에 있는 기독교인 정치가들에게 기독교적 정체성을 자신의 정책에 진지하게 반영하도록 도전해야 하고, 정치를 지망하는 기독젊은이들에게 기독교인 정치가의 신앙적 비전과 정치적 책임을 고취하도록 노력해야 한다.

끝으로 한국의 개신교회는 민주주의에 기여해야 하는 교회와 기독교인들 스스로가 얼마나 민주적이었는가를 반성해야 하고, 교회 내의 각종 선거와 정치구조들이 세상 정치에 모범이 되도록 개혁해야 한다.

네덜란드 개혁교회와 정치윤리

이 상 원 (총신대학교 신학대학원)

I. 서 론

2002년의 한국사회는 네덜란드 열풍이 강하게 불었던 한 해로 역사에 남을 것이다. 네덜란드 출신 축구감독인 거스 히딩크가 한국 대표팀을 맡은 후 반세기동안 월드컵에서 1승도 거두지 못한 한국축구를 월드컵 준결승까지 올려놓은 사건은 나라 전체를 흥분의 도가니 속에 빠뜨리고 세계를 놀라게 하기에 부족함이 없었다. 특히 변덕스러운 여론의 평가에 아랑곳하지 않고 장기적인 안목으로 기초부터 철저하게 선수들을 훈련시키는 훈련법, 선수들로 하여금 자기에게 주어진 한가지 임무만을 기계적으로 수행하게 하지 않고 경기 전체를 읽으면서 여러 가지 역할을 동시에 수행할 수 있도록 하는 전법, 직무상 상하를 구별하지 않는 평등한 관계구조 등이 집중적인 주목과 연구의 대상이 된 바 있다. 히딩크 축구로부터 정치 및 경제 공동체 운영의 원리를 찾아내는 일이 가능한 이유는 히딩크 축구 그 자체 안에 네덜란드의 정치·경제·사회의 특징들이 깊이 반영되어 있기 때문이다.

그런데 올해 우리나라에서는 축구열기가 나라 전역을 뒤덮기 전에도 네덜란드가 이미 주목의 대상이 된 바 있다. 한국의 언론은 올해 들어와서 두 가지 중요한 네덜란드 관련보도를 내보냈다. 하나는 네덜란드 경제를 심층 취재한 세 번에 걸친 특집TV방송이었다. 이 방송에서는 이른 바 "협의형 경제"(overlegeconomie)로 요약되는 네덜란드 경제의 견실한 구조를 소개하는 데 중점을 두었다. 네덜란드의 경제는 정부와 자본가를 포함하는 경영자들과 노동자들의 철저한 삼자협의를 통하여 갈등과 문제를 해결하는 것을 특징으로 한다. 삼자협의는 해결책이 나올 때까지 며칠동안 밤을 새우는 것도 마다하지 않고 대화를 한다. 우리나라의 노사정 위원회가 서로의 입장을 내세우다가 툭 하면 결렬되어 버리는 것과는 매우 대조적인 모습이다. 그런데 삼자협의가 신뢰관계 안에서 성공적으로 잘 진행되는 것은 네덜란드의 정치문화의 도덕적 바탕이 잘 다져져 있기 때문이다. 네덜란드는 입헌군주제를 유지하고 있는 나라이면서도 어느 나라보다도 빈부의 격차가 크지 않고 거의 모든 국민이 학력, 신분, 직업, 남녀의 차이와 상관없이 평등한 권리를 누릴 수 있는 나라다. 인기스타나 세계적인 능력을 가진 CEO라고 해서 특별히 더 대우해 주지도 않고, 벽돌공이라고 해서 무시하는 일도 없다. 이와 같은 네덜란드의 정치·경제·문화의 형성에는 100년 간의 역사적 전통을 보유하고 있는 네덜란드 개혁주의 정치경제사상이 중심적인 역할을 담당했다.

또 하나의 언론보도는 네덜란드 정치상황의 변동에 관한 것이다. 노동당에게 정권을 빼앗기고 제 2당으로 내려앉았던 기독교민주당이 1998년에 독실한 개혁교회 기독교인이자 자유대학 경제학교수인 소장학자 예 페 발케넨데(J.P. Balkenende)가 당권을 장악한 후 당내의 내분을 수습하고 치룬 2002년의 선거에서 제 1당으로 부상하여 정권을 잡았다는 소식이다. 발케넨데 총리는 아브라함 카이퍼(Abraham Kuyper), 아 에스 탈마 (A.S. Talma), 쎄 스메인크(C. Smeenk), 헤르만 도예베르트(Herman Dooyeweerd), 예 란서(J. Lanser), 밥 하웃즈바르트(Bob Goudzwaard) 등으로 이어지는 개혁주의 사회사상을 충실하게 계승하고 있는 학자이며 정치가이다. 오늘날 한국사회에서 많은 기독교윤리운동가들이나 사회사상가들이 한국이 종교다원주의 사회라는 점과 부패한 한국정치현실 때문에 기독교정당의 설립에 대하여 매우 비판적인 태도를 보이고 있지만, 개신교, 카톨릭, 이슬람교가 공존하고 있는 종교다원주의 사회인 네덜란드에서 기독교정당이 국민들의 지지 속에 정권을 다시 잡았다는 소식은 기독교정당의 설립이 반드시 부정적으로만 볼 문제는 아니라는 점을 시사한다.

네덜란드 개혁교회의 정치사상은 영역주권론(sphere sovereignty, souvereiniteit in eigen kring)으로 집약된다. 영역주권론은 개신교회의 영역 안에서 등장한 정치철학 가운데 가장 포괄적이고 체계적이며 개혁주의 세계관의 전통을 충실하게 반영하고 있는 기독교정치철학이다. 100년 간에 걸쳐 전개된 네덜란드 개혁교회 진영의 정치윤리논의는 영역주권론의 형성과 이를 둘러싼 논쟁과 재해석으로 구성되어 있다. 이 논문은 영역주권론을 중심축으로 하는 네덜란드 개혁주의 정치철학이 형성되고 발전해 온 과정을 역사적으로 추적해 봄과 동시에 이 발전과정에서 중요한 역할을 담당했던 네덜란드 개혁교회의 정치사상가들의 정치사상의 틀을 소개함으로써, 오늘날 한국의 기독교인들이 정치구조 문제를 윤리적으로 분석하고 평가할 수 있는 사상적 토대를 제시하려는 데 그 목적이 있다.

네덜란드의 개혁교회 정치사회사상은 즉시 네덜란드 정치현실과 네덜란드 사회 전체에 영향력을 끼쳐 왔다. 따라서 네덜란드의 개혁주의 정치철학 논의는 활력과 생명력이 있다. 다시 말해서 네덜란드는 개혁주의 정치철학이 적용될 수 있는 무대가 있어왔다는 것이다. 이 점에 있어서 네덜란드 개혁주의 정치사회사상은 미국이나 캐나다의 개혁주의 전통의 정치사회사상과는 차이가 있다. 후자의 경우는 사회 안에서 극소수의 입장을 벗어나지 못하고 있고 따라서 주류정치사회에 대하여 거의 영향력을 끼치지 못한다. 곧 미국이나 캐나다는 개혁주의 정치사상이 적용될 수 있는 지평이 매우 좁다. 바로 이 점이 한국의 개혁주의 전통에 속한 교회와 사회사상가들이 네덜란드의 개혁주의 정치사회사상에 주목해야 하는 이유다. 아무래도 우리나라는 개혁주의 전통의 교회의 규모와 사회의 크기 면에서 볼 때 미국보다는 네덜란드에 더 가깝다고 볼 수 있기 때문이다.

1. 영역주권론의 발아(發芽) : 흐룬 반 프린스터러

네덜란드 근대 개혁주의 정치철학의 초석을 놓은 사상가는 흐룬 반 프린스터러(Groen van Prinsterer)였다. 반 프린스터러의 정치사상은 그의 주저 [불신앙과 혁명] *Ongeloof en revolutie*에 제시되었다. [불신앙과 혁명]은 국민주권론에 대한 비판서이다. 국민주권론을 집대성한 정치사상가는 장 쟝크 루소(J.J. Rousseau)였다. 루소의 사상은 국가의 주권을 정당화하기 위하여 국민은 사회계약을 통하여 정치적 관계를 맺는다는 가정에서부터 출발한다. 따라서 계약은 국민의 의지의 결과다. 국민은 스스로를 다스리며, 이와 같은 자기통치 안에서 스스로 주권적이다. 통치자는 국민의 뜻을 집행한다.

반 프린스터러는 이와 같은 루소의 사상이 국가독재의 길을 여는 결과를 초래한다고 비판한다. 반 프린스터러에 의하면 비록 민주적인 방식으로 도달한 결정이라 하더라도 그 자체만으로는 정당성을 부여받을 수 없다. 결정의 정당성 여부는 국민의 뜻 보다 높은 어떤 권위에 의하여 결정된다. 국민도, 국가도 아닌 이 법이 주권이다. 국민의 뜻은 항상 이

법과 일치하는 것은 아니다. 이 법으로부터 이탈할 때 국가는 그 고유한 한계를 넘어서게 된다. 반 프린스터러는 이렇게 말한다.

> "자유, 평등, 사회계약, 국가의 통일성이 일반의지의 전능성에 기초를 둔다고 (루소는, 필자 보완) 말한다. 그러면 일반의지는 어떻게 형성되고 확립되는가? 국민주권은 아래로부터 올라와 중간지점 어딘가에서 형체를 갖춘다. 형체를 갖춘 국가의 권위는 전능한 권위로서, 모든 저항을 분쇄하기 위하여 국민의 이름으로 국민에게 법을 제시한다. 결과적으로 전능의 힘을 지닌 국가가 등장하게 된다" (Van Prinsterer 1976, 178).

반 프린스터러는 국민이 결정과정에 참여하는 것을 반대하지 않는다. 그가 반대한 것은 사회계약사상이 제시하는 자율적 통치(zelfbestuur)이념이다. 반 프린스터러는 역사적으로 자라난 제도인 왕정이 가지는 고유한 소명과 과제와 책임이 변덕스러운 국민의 의지에 종속되는 것을 원하지 않았다. 사회계약론에 의하여 형성되는 사회는 규범이 없는 중심에 의하여 통치되는 사회인데, 이 사회에서는 필연적으로 국민의 기본권과 자유가 위협 당한다는 것이 반 프린스터러가 말하고자 하는 논점이다. "모든 시민은 공동통치자다. 모든 국민은 국민주권의 통전적 일부를 구성한다. 이 점이 존중되어야 한다. 그런데 국민들은 소수의 입장에 있게 될 때가 많은데, 이때 시민의 권리는 약화될 수 밖에 없다. 자유가 희박해질 때 다수의 독재가 등장한다"(*Ibid.*, 185). 소수의 권리는 정의상 다수의 의지에 의존할 수밖에 없는데, 이때 다수가 소수의 권리를 빠른 속도로 억압한다. 소수는 다수를 억압하며, 특히 소수가 다른 소수와 결탁하여 다른 소수를 억압한다. 이때 국가 권력은 제약이 없어지고 만다. 직접민주주의는 폭정의 행사를 충분히 통제하지 못한다.

절대군주제를 비판하려는 의도를 가지고 시작된 프랑스혁명은 국가권력을 강화시키는 결과만을 초래했다고 반 프린스터러는 비판한다. 구제도(ancien régime)가 지배하던 시대에는 통치자의 권력이 조합, 신분, 도시 및 지방자치 등에 의하여 견제되었으나, 혁명으로 인하여 폭정에 대항하여 싸울 수 있는 특별한 조직들이 와해되었고, 가족, 조합, 국민에게 속해 있던 특권들은 정부로 귀속되었다(Ibid., 186).

반 프린스터러에 의하면 교회, 학교, 가족은 정부가 담당할 수 없는 기능들을 수행하는데, 이를 위해서는 이 기관들 안에 정부로부터 독립된, 이 기관들 안에만 고유한 법이 적용될 수 있어야 한다. 이 기관들이 정부권력의 절대화를 견제하는 완충지대역할을 할 수 있다. 이 기관들에 고유하게 적용되는 법 - 시민의 자유는 여기에 뿌리를 내리고 있다 - 을 정부는 공격해서는 안 된다. 이 고유의 법은 곧 하나님의 법이다. 통치자의 법도 마땅히 하나님의 법으로부터 나온다.

그러면 하나님의 법은 무엇인가? 이 법은 낯선 혹은 특별한 법이 아니다. 이 법은 일반적 진리 안에서 자연적으로 적용되는 것으로서, 어떤 특권 같은 것이 아니고, 사회전체의 구조를 확립시켜 주는 것이다(Ibid., 50). 통치자, 국가는 자기의 영역 안에 있는 주인일 뿐이다. 통치자는 시민들의 권리와 기관들을 존중해야 한다. 그러나 혁명당은 "국가는 곧 나다"라고 말한다. 계약이론들은 국가란 나누어질 수 없다는 사상으로 집약된다. 계약이론들 안에는 사회의 각 부분들의 다양성이 전체 안으로 해소되어 버리기 때문에 국가와는 독립적으로 존재하고 국가에 대항할 수 있는 기구가 없다. 각 기관들은 수동적이 되고, 이 기관들이 속한 영역들의 자율적 통치는 실종된다. 존재하는 것이라고는 중앙의 통치를 단순화시키기 위하여 구획화된 선거구, 행정분소 정도뿐이다(Ibid., 78).

국가는 정당한 권위가 행사되는 범위 안에서 자체의 활동을 지도

하는 지침으로서의 법을 가진다. 이 법을 통하여 통치자는 하나님의 말씀이 정치적 삶에 대하여 제시하는 함의들을 찾아내는 시도를 하게 된다. 반 프린스터러는 교회와 국가를 구분하기를 원했다. 교회와 국가는 각기 고유한 소명과 과제를 인식한다. 정부가 교회들과 종교적 유파들 간의 "영적인 경쟁"에서 어느 한 입장을 선택한다면 정부는 그 한계를 넘어서게 된다. 정부는 고유한 방식으로 입법자이신 하나님과 관계하는 바, 이 입법가의 명령은 헌법이론이나 인간의 규정에 종속되지 않는다(*Ibid.*, 48). "교회와 국가는 서로 구분되어야 한다. 각각은 자기의 영역 안에서 일을 해야 한다"(Prinsterer 1860, 8).

이와 같은 반 프린스터러의 정치철학은 1858년 학교법(de Schoolwet)의 제정을 계기로 형성되기 시작했다. 학교법의 핵심은 국립학교는 종교가 다른 학생들의 종교적 이념과 배치되는 내용을 가르치거나, 행하거나, 허용해서는 안 된다는 것이다. 학교법이 등장하기 이전에 네덜란드는 이른바 종교국가(de gezindheidpolitiek)로서 국가가 국민에게 주일성수를 요구하고, 국립학교는 개신교학교가 되어야만 했다. 반 프린스터러는 초기에는 이같은 종교국가이념을 지지했으나, 1858년 이후에는 중립적이고, 어느 한 편에 서지 않으면서도 하나님의 법과 관련을 맺고 있는 국가를 지지했다. 반 프린스터러는 국가 권력의 간섭을 받지 않는 자유학교(de vrije school)를 지원하면서 그 근거로서 국가는 고유한 법의 영역 안에서 주인이라는 사상을 제시했다. 이 사상은 반혁명당 (de Anti-Revolutionaire Partij)과 기독교역사연합(de Christelijke Historische Unie)의 사상적 토대가 되었다 (Wetenschappelijk Instituut voor het CDA 1990, 63).

2. 영역주권론의 발전 : 아브라함 카이퍼

카이퍼도 반 프린스터러와 같이 국민주권의 원리를 거부했다. 두 사람이 국민주권의 원리를 거부했다는 말은 두 사람이 정부형태로서의 민주주의정체를 거부했다는 뜻은 아니다. 카이퍼는 국가의 업무에 참여할 다수의 사람들을 선거를 통하여 선출해야 한다는 점을 분명히 했다. 선거를 통한 선출을 강조한 이유는 범죄한 인간이 가진 권력욕은 아주 빠른 속도로 독재정치로 귀결되기 마련이기 때문이다(Kuyper 1890, 84). 민주정치는 국민의 권리를 보호하는 데는 최선의 방식이다. 의회는 국민의 권리를 보호하기 위하여 정부를 통제해야 한다. 카이퍼는 납세실적에 따라서 선거권을 부여한다는 생각(het census-kiesrecht)을 반대했다. 그가 이 제도를 반대한 이유는 이 제도가 국민의 참정권을 침해하는 것이었기 때문이다. 카이퍼에 따르면 이 제도는 선거권의 근거를 인간에게 두지 않고 인간이 소유한 외투에 두는 것과도 같은 것이었다(Kuyper 1906, 48). 국민대중은 어느 사회의 영역이든 그 영역의 법의 대표자들과 함께 정치적으로 공동책임을 담당해야 한다고 카이퍼는 말한다. 아직 참정권이 보편화되어 있지 않던 당시에 카이퍼가 보편적 참정권을 주장한 이유는 정부가 관여하는 업무가 시민들의 양심 및 세밀한 권리에까지도 폭넓게 관계된 일들을 다루고 있었기 때문이다(*Ibid*., 62).

카이퍼는 영역주권사상 토대 위에서 국가와 사회의 관계에 대한 논의를 전개했다. 사회의 각 영역들은 그 영역들에 고유한 주권을 가지고 있으며, 이 주권들은 하나님으로부터 주어진다. 사회의 각 영역들은 정부로부터가 아닌 창조주로부터 존재와 소명을 받았으며, '자기의 영역 안에 있는 권위'에 복종한다(Op.cit., 82). 가족, 학교, 교회는 그 영역들에 고유한 삶의 법에 순종한다. 서구역사를 살펴보면, 이 영역들 안에 속한 기관들은 국민들에 의하여 자발적으로 형성되었다. 이 기관들은 그 기관들에 고유한 힘, 특징, 양식을 가진다. 이 기관들이 제대로 작동하려면 이 기관들 안에서 적용되는 특별한 행동지침(gedragsregel)이 필요하다. 목사는 교회법, 중산층은 상거래법, 그리고 노조는 노동법을 요청한다(Kuyper 1956, 33). 이처럼 영역주권은 사회생활의 근본적인 구조적 원리다. 이 원리의 토대 위에서 카이퍼는 '구조적 사회비평'을 전개한다.[1]

카이퍼의 비평은 지나친 개인주의를 수반하는 정치적 자유주의와 시장구조에 대한 맹목적인 신뢰에 초점에 맞추어졌다. 카이퍼는 프랑스혁명이 '소유를 위하여 몸부림치는 열정'에 지나지 않음을 지적하면서 이 혁명은 유기적인 사회적 관계를 부수어뜨린 후에 기계부속들을 짜맞추듯이 짜맞추어진 원자론적인 사회로 전락시켜 놓았다고 비판했다. 이와 동시에 카이퍼는 사회주의에 대해서도 비판을 가하는 것을 잊지 않았다. 사회주의는 '하나님도 주인도 없이'(ni Dieu, ni matre)라는 강령을 내세우면서, 하나님의 법으로부터 해방된 상태에서 인간 자신의 머리에서 구상되고 국가 권력의 도움을 받아 형성되는 사회질서를 창출하기를 원한다. 사회주의는 단체주의와 절대주의로 전락할 위험을 안고 있다(Wetenschappelijk Instituut voor het CDA 1990, 85).

카이퍼에게 있어서 사회는 식물처럼 자라나는 유기적인 공동체다. 사회의 영역들은 창조로부터 직접 싹터 나온다. 정부는 사회의 영역들과는 대조적으로 부자연스러운 어떤 것인데, 왜냐하면 정부는 인간이 타락한 이후에 하나님에 의하여 제정된 것이기 때문이다. 국가의 과제는

---

[1] 사회구조에 대한 비평과 미래의 대안적 구조에 대한 반성이라는 의미의 기독교 사회윤리가 네덜란드에서 시작된 것은 1891년 네덜란드 전국 기독교사회회의의 기조연설에서 카이퍼가 사회문제란 현존하는 사회의 구조가 과연 유지될 만한 가치가 있는 것인가를 따지는 구조비평과 새로운 사회구조의 구성을 위한 건실한 토대를 제시하는 구성작업이 전개될 때 비로소 시작된다고 제안하기 시작하면서부터였다(Kuyper 1990, 25).

죄와 악을 통제하는 것이다. 그런데 정부가 악을 견제하는 작업은 영역주권의 원리의 규범적 지도를 받아야 한다. 이 말의 의미는 법적 성격을 가진 악만이 정부의 통제대상이 된다는 뜻이다. 이와 같은 규범적 통제가 없으면 정부는 가족, 교회, 경제의 영역에 직접 전방위적으로 개입할 수 있게 될 것이다. 예컨대, 기독교적 관점에서 보았을 때 불신앙은 악이다. 그러나 국가는 비기독교적 종교들을 뿌리뽑으려 하거나 대항하여 싸워서는 안 된다. 왜냐하면 신앙의 문제는 정부의 영역을 넘어서는 사안이기 때문이다. "정부가 수행할 수 있는 최고의 과제는 언제나 법으로 귀결된다"(Kuyper 1890, 85).

정부는 사회의 각 영역들의 고유한 법과 주권을 보호해야 하는데, 그 이유는 각각의 특별한 삶의 영역은 구주로부터 유래된 존귀를 인식하기 때문이다. 정부는 (1) 독립적인 사회적 기관들이 바르게 기능을 발휘하는데 필요한 조건들을 창출해내고, (2) 사회의 각 영역들이 충돌하지 않도록 보호하고, (3) 모든 시민들의 최소한의 생존차원을 보장해 주는 역할을 한다(Kuyper 1956, 107). 이와 같은 카이퍼의 사상을 노동문제에 적용해 보자. 정부는 노동자들을 법적인 차원에서 도와야 한다. 노동자들은 자발적으로 조직을 결성하고 자신들의 권리를 주장할 수 있어야 한다. 노동자들에게는 스스로 조직을 결성하는데 필요한 조건들을 국가에 요청할 권리가 있다. 약자를 보호할 의무를 가진 정부는 필요한 경우에는 노동자들을 재정적으로 지원해야 한다. 그러나 이 재정지원은 한시적인 것이어야 한다. 왜냐하면 노동조합이 제 발을 딛고 서는 데 필요했던 국가의 도움은 노동계급을 무력화시키고 자연적인 탄력성을 깨뜨릴 수도 있기 때문이다. 가장 안전한 길은 언제나 스스로 주도권을 행사하는 것이다(*Ibid.*, 116).

3. 사보르닌 로만의 엄격한 영역주권론

반 프린스터러와 카이퍼의 영역주권론은 사보르닌 로만(A.F. de Savornin Lohman)에 의하여 충실하게 계승되었다. 로만의 관심은 국가도 융성하고 국민의 자유도 진작시킬 수 있는 원리가 무엇인가에 집중되었다(Lohman 1875, 18). 반 프린스터러와 카이퍼의 입장을 받아들이면서 로만도 루소의 정치사상이 부정적인 폐해를 확산시켰다고 비판했다. 이성에 근거한 사회계약의 원리는 시민의 자유를 보장해 주지 못한다. 시민의 자유의 확립을 위해서는 다른 원리와 기초가 필요하다. 정치사를 살펴보면, 인간의 입법은 이전의 상태로부터 점차적으로 발전해 왔는데, 여기서 말하는 이전의 상태란 입법자들 자신이 창출한 것이 아니고, 단지 발견한 것이다(Lohman 1920, 38).

역사 안에서 인간은 탐험가와도 같이 주변환경에 떠밀린 채 더듬거리면서 바른 길을 찾고, 경험을 통해 지식을 얻는다. 그 결정체가 법이며, 따라서 법은 역사적 성격을 가진다. 그런데 정치에 있어서 가장 중요하다고 할 수 있는 통치능력은 통치자가 믿는 원리가 무엇인가에 따라 결정된다(Op.cit., 18). 이에 대하여 사회계약은 다수의 원리를 제시할 뿐이다. 다수의 원리에서 다수가 옳다고 인정되는 이유는 다만 다수이기 때문이다. 다수의 원리에서는 법에 대하여 논의할 여지가 없어지고 만다. '수'라는 표준만으로 어느 것이 바른 결정인지 알 수가 없다.

로만은 국가가 고유한 법의 영역의 주인으로서 고유한 업무에 충실하는 한 다른 영역들의 주권은 보장된다고 말한다. 국가는 중립적인 고등한 권력으로서, 법을 수단으로 하여 시민들과 사회내의 각 기관들 사이에서 상충되는 이권다툼을 서로 조화시키는 기구다. 로만은 시민들의 자발적인 연합을 통하여 형성된 기관들과 자발적인 입회가 없어도 구성원이 되는 기관을 구분한다. 자발적으로 형성된 기관들은 협동작업이 없이는 실현이 불가능한 어떤 뚜렷한 목적을 이루기 위하여 세워진다. 이 기관들의 목적, 결정과정, 책임 등은 정관을 통하여 정해진다. 기관의 운영자들의 권한도 정관을 통하여 정의되고 명시된다. 정관이 규정한 방식으로 구성원들은 기관을 떠나기도 하고, 직책으로부터 임면되기도 한다. 구성원들은 정관의 구속력이 실질적인 자유를 제한한다고 말하지 않는다.

한편 모든 사람들은 세상에 태어날 때부터 자동적으로, 그리고 인간의 사회적 존재성 때문에 소속될 수밖에 없는 기관들이 있다. 이를 넓은 의미에서 사회라고 부른다. "이 사회의 형성원인은 합의도 아니고, 강제도 아니다"(Ibid., 115). 다른 사람들과 함께 존재하고자 하는 의지는 생득적으로 주어진 인간의 본질이다. 국가의 궁극적인 목표는 함께 존재하는 것을 가능하게 하는 것이다. 함께 살 수 있기 위하여 통일된 행동을 요청할 때, 시민들과 기관들의 다양한 이익은 중립적인 방식으로 조화를 이루어야 한다. 정부는 강권적으로 서로 충돌을 일으키는 이익들을 조화시켜야 한다. 정부는 함께 사는 삶의 연속성을 유지하기 위하여 정의를 시행해야 한다. 정부가 이 일을 하는 이유는 인간이 사회적 존재로서 함께 사는 삶의 연속성이 없이는 생존 그 자체가 불가능하기 때문이다. 정부가 어느 특정한 한 편을 지지하는 입장에 서는 것은 악한 행동인데, 왜냐하면 정부는 모든 국민의 이익을 도모해야 하기 때문이다. 사회적 상황, 국가제도, 물리적 권력이 국민들로부터 실질적으로 권리를 박탈하는 이유는 모든 국민들이 권리를 평등하게 누리도록 하기 위한 것이다(Ibid., 180). 이 말을 할 때 로만은 노동자들이 공장주에 의하여 노동기계로 전락되는 고통스러운 상황을 생각하고 있었다. 노동자들은 "자신들이 하는 노동이 자신들의 삶의 목표를 충분히 충족시키는 것을 방해하는 것은 아닌지에 대하여 생각해 볼 겨를도 없이"(Ibid., 181) 온 힘을 다해 오직 일에 몰두해야 했다. 공장주들이란 시장에서의 경쟁에만 몰두한 나머지 노동자에 대한 착취를 자발적으로 포기할 사람들이 아니기 때문에 정부는 법적 강제력을 통하여 기업가들에게 일정한 행동을 요구함으로써 약자들을 보호해야 한다.

로만은 정부가 국민의 일반이익을 지원해야 한다는 견해에 반대한다. 보다 구체적으로 말해서 국가는 어린이 교육, 도덕의 함양, 농지개간, 신앙증진에 관여해서는 안 된다. 양심이나 신앙을 강요해서는 안 되는 근거들을 정부차원에서 선한 도덕의 증진을 강요해서는 안 되는 근거들로도 적용한다. 강요한 신앙이 무의미한 것처럼 강요한 도덕성도 잘못된 것이다. 국가가 신앙과 도덕에 대한 관여를 가능한 한 줄일 때 어느 한 나라의 도덕은 가장 높은 단계에 올라설 수 있다. 선한 도덕으로부터 법이 나오는 것이지, 법으로부터 도덕이 나오는 것은 아니다(Ibid., 168).

4. 급진적 신정론자들(후데마커와 반 룰러)과 영역주권론자들(로만과 알더스)의 논쟁

1903년 로만의 지도를 받는 반혁명자유당(de vrije antirevolutionairen)과 드 비서(J. Th. de Visser)가 이끄는 기독교역사선거인연합(de CH-kiezersbond)이 기독교역사당(de CH-partij)으로 통합되었다. 기독교역사당은 1908년 프리스란트의 기독교역사당원들과 함께 힘을 규합하여 기독교역사연합(de Christelijke-Historische Unie)을 결성하였다. 급진주의자들이 많았던 프리스란트지부는 '온 교회가 곧 온 국민'이라는 구호를 내세웠던 예 후데마커(Ph.J. Hoedemaker)의 사상에 영향을 깊이 받았다. 후데마커는 '하나의 국민교회'라는 신정적 개념을 정립하고자 했다. 따라서 그는 삶의 모든 영역을 규정하는 힘을 발휘하는 신앙을 의미하는 유기체로서의 교회와 제도로서의 교회를 구분한 카이퍼의 사상을 거부했다. 네덜란드 국가의 교회적 성격을 회복할 때 중요한 것은 교회의 이익이 아니라 '온 국민을 포괄하는 국가이익'이었다 (Woldring and Kuiper 1980, 186).

후데마커는 영역주권론을 비판하면서 네덜란드 역사상 국가와 교회가 대립적 관계에 들어가 본 일이 없다고 단언한다. 국교회(de Hervormde kerk)의 역사적 법들과 프로테스탄트적 성격은 확고하게 뿌리를 내렸다. 교회는 계시의 빛의 담지자이고, 국가는 이 빛 안에서 행동해야 한다. 후데마커는 영역주권론을 이렇게 비판한다. "국가는 중립이라는 원리를 빌미삼아 진리를 존중하기를 거부하고 공공기관들을 불신앙의 둥지로 만든다 … 국가는 진리를 변호하는 자들로 하여금 진리를 특수한 기관들 안에 은닉하도록 강요함으로써 국가적 통일성을 깨뜨린다"(Hoedemaker 1904, 44). 국가의 통일성은 네덜란드의 프로테스탄트적 성격에 뿌리를 두고 있었다. 후데마커의 정치사상은 1918년 예 하 케르스텐(J.H. Kersten)에 의하여 설립된 '정치적 개혁주의 정당'(Staatkundig Gereformeerde Partij)의 이념적 근거가 되었다.

이와 같은 급진성 때문에 프리스란트의 기독교역사연합소속 회원들이 반혁명자유당의 지도자였던 로만이 주도하는 1903년의 통합에서 배제되었다. 특히 로만은 교회가 정치의 영역에 개입하는 것을 반대하였다. 로만은 국가가 학교와 교회를 지배하는 것과 더불어 교회성직계급의 국가지배도 반대하는 반국가지배와 반성직지배의 입장을 분명히 했으며, 대회(de synode)나 교회기구가 현실정치에 참여하는 것도 반대했다. 로만은 심지어 교회와 국가를 구분하면서 교회의 영역과 현실정치의 영역에서 칼빈주의의 교리를 구현하려는 카이퍼의 시도조차도 거부했는데, 그 이유는 이 시도가 정치적 목표를 교회의 이름과 통합시킨다는 우려 때문이었다. 그러나 로만이 네덜란드 국민의 통합을 반대했던 것은 아니다. 로만의 구호는 '교회는 나누고, 복음은 통합한다' 는 말로 요약된다. 곧 후데마커가 네덜란드 국교회의 도움을 빌려서 국민통합을 시도했다면 로만은 정치생활과 성직생활을 구분함으로써 국민통합을 시도했다고 할 수 있다(Wetenschappelijk Instituut voor het CDA 1990, 69). 후데마커의 입장은 반 룰러(A.A. van Ruler)가 계승하였고, 로만의 입장은 헤렛손(C. Gerretson)과 알더스(W. Aalders)가 계승하였다.

우트레히트 대학교 교수였던 반 룰러는 "네덜란드 국민을 위한 하나님의 언약, 은총과 자연의 통합, 전 국민을 위한 설교, 교회의 국가적 성격"을 강조했다(Woldring and Kuiper 1980, 228). 그는 교회와 교회의 고백으로부터 나오는 신정(神政)이 "이 땅 위에, 인간 존재 안에, 정치적 질서 안에, 국가의 법 안에 점차 확장되어 가면서 형태를 갖추어 가야" 한다고 주장했다(Ibid., 228). 교회는 이 땅 위에 실현되어야 할 구속사의 중심점이다. 따라서 교회는 정치적인 문제들에 대하여 발언해야 하고, 이 임무를 정당과 같은 다른 기관들에게 양도해 주어서는 안 된다. 이 기관들은 교회의 대행기관이 될 수 없다 (Van Ruler 1947, 27). 신정 하에서의 국가는 "하나님을 섬기기 위한 자리인 동시에 국가 그 자체가 모든 행동과 표현에 있어서 계시의 하나님을 섬기는" 기관이다(Ibid., 26). 정당은 기독교적인 정치적 과제를 불법적으로 탈취해 간 기관이다 (Woldring and Kuiper 1980, 231).

반 프린스터러와 로만의 사상을 계승한 알더스에 의하면 하나님의 나라는 자연적이고 우주적인 외형적 세계와 관계하지 않는다. 루터가 잘 본 것처럼 세상의 진영과 영적인 진영 곧 국가와 교회는 같은 종류의 진영이 아니다. 성경이 말하는 해방, 화해, 거룩한 삶의 일차적인 의미는 세계 내적인 구원에 있지 않다. 정의를 향한 질문과 요청은 결코 역사의 틀 안에서는 답변이 될 수 없다. 인간이 역사를 큰 확신을 가지고, 더 열렬하게, 그리고 더 총체적으로 구원의 과정으로 이끌고자 하면 할수록,

그의 작업은 더 깊고, 더 어두우며, 더 철저하게 파탄에 직면하게 된다 (Wetenschappelijk Instituut voor het CDA 1990, 70). 역사를 구원하고자 하는 자들은 상대적인 것들을 절대화하며 자동적으로 세속화로 나아가게 되는데, 그 이유는 영원한 것을 시간화하기 때문이다. 정치활동의 결과가 상대적이고 불완전하다는 사실을 인식할 때 - 정치활동의 결과는 궤멸과 부패로 귀결되는 경향이 있다 - 창조의 목적에 대한 비이념적이고 다양한 관점을 수용할 수 있는 여지가 마련된다. 이때 이념적이고 천년왕국적인 부담을 갖지 않으면서도 이 땅 위에 정의와 연대성에 헌신하고자 하는 성령의 감동을 받은 기독교운동의 가능성이 열린다 (*Ibid.*, 71).

5. 영역주권론의 체계화 : 도예베르트의 신칼빈주의적 영역주권론

프린스터러와 카이퍼는 영역주권의 구조적 원리를 제시했으나, 자신들의 사상을 체계적이고 조직적인 방식으로 수립하지는 않았다. 영역주권론을 철학적으로 체계화한 사람은 헤르만 도예베르트였다. 도예베르트는 신칼빈주의 사상의 철학적 기초를 놓았다.

도예베르트의 사상은 서구사회의 뿌리에 대한 분석에서 시작된다. 도예베르트에 의하면, 현대사회는 딜레마에 봉착해 있는데, 이 딜레마의 뿌리는 고전적인 인본주의에서 발견된다. 매우 많은 분야에서 인지되고 있는 고전적 인본주의는 서로 결합되어 있으면서도 동시에 서로 투쟁적이고 적대적인 관계 안에 있는 가치들 사이에서 진자처럼 흔들리고 있다. 여기서 말하는 두 개의 가치란 해방의 동기와 지배의 동기를 말한다 (Dooyeweerd 1978, 150).

르네상스는 자유로운 인간의 자율성을 선언했다. 인간 자신이 윤리, 도덕, 법의 근원으로 간주되었다. 무엇보다도 경험적 자연과학의 등장이 해방의 노력에 동력을 부여했다. 자연을 구성하는 부분들이 드러나고 분석되었다. 학문은 인간에게 사회를 포함하여 창조세계를 지배하는 도구를 제공했다. 그런데 해방은 지배에 의존한다. 이 때문에 인본주의의 내적인 갈등이 시작된다. 인간은 모든 권위로부터 해방되기를 갈구하고, 이를 위하여 인과의 사슬로써 현 실태를 파악하는 학문을 이용한다(*Ibid*., 152). 그런데 '원인-결과' 라는 사유는 결과적으로 인간의 자유를 구속한다. 인간은 결정론적이고, 학문적으로 분석가능한 세계 안에 있는 하나의 연결고리에 지나지 않는다.

인본주의의 이와 같은 내적인 갈등은 헤아릴 수 없이 많은 삶의 영역들 안에 나타난다. 심리학, 사회학, 인류학과 같은 인간학들은 인간의 자유를 내적인 충동, 결정론적인 사회경제적 생산관계 혹은 교환관계 등에 종속시켰다. 정치학의 영역에서도 예외는 아니었다. 개인의 절대적 자유로부터 출발하는 자들은 무정부상태로 귀결되든지 아니면 군집화된 국민의 뜻을 수행하는 정부를 제시했다. 이들에게 있어서 국민의 뜻은 어떤 규범적 제약도 받지 않는 절대적인 기준이었다. 사회계약은 인간의 교류와 구상의 산물로만 파악된다. 이 계약은 어떤 고유한 정체성도, 의무적인 소명도 인정하지 않는다. 국가는 기업, 학교, 노조와 다를 것이 없다. 국가와 다른 기관들과의 차이는 국가가 실질적인 권력을 가지고 있다는 점에서 발견될 뿐이다(Dooyeweerd 1931, 28,80). 인본주의적인 국가론에는 정부의 행동에 대한 내적인 제약이나 지도적인 능력이 결여되어 있다.

도예베르트는 인본주의적인 국가론에 대응하여 자기 자신의 독특한 사회관계이론을 제시한다. 하나님은 모든 것들을 각각 그 종류대로 창조하셨다. 만물을 그 종류대로 창조하였다는 사실이 영역주권론의 근거로 제시된다. 특별한 종류에 따라 창조된 현실태 안에는 공간적 양상, 수리적 양상, 생물학적 양상, 역사적 양상, 사회적 양상, 경제적 양상, 윤리적 양상, 법적 양상, 도덕적 양상, 신앙적 양상 등과 같은 다양한 양상들이 존재한다. 사회적 관계들은 이 양상들 사이에서 독특한 관계를 인지한다. 다양한 양상들 사이의 관계에서 형성되는 사회적 제도들 또는 기관들은 언제나 그 기관들 그 자체에 독특한 기능 곧 이 관계의 토대를 형성하고, 이 관계를 지도하는(혹은 목적을 결정하는) 기능을 가진다. 가족을 예로 들어보자. 가족은 생물학적 혈연관계에 근거하고 있다. 가족의 목적은 부모와 자식간에 도덕적 사랑의 관계를 맺는 데 있다. 가족관계 안에서와 가족관계로부터 이루어지는 모든 다양한 행동들은 사랑이라는 특징을 지닌다. 모든 사회의 영역들은 어느 정도 배타적이고 예외적인 성격을 인지한다. 배타성은 영역의 주권을 보장한다. "영역주권론은 사회의 영역들의 다양성으로부터 영역들간의 예리한 경계선 설정의 근거를 발견하며 또한 그 힘을 얻는다"(Dooyeweerd 1963, 209). 모든 영역들은 그 영역에 고유한 소명을 가지고 있기 때문에 한 영역을 다른 영역 위에 정위시켜서는 안된다.

지금까지 논의한 것처럼 도예베르트는 창조질서에 근거하여 영역이론을 전개한다. 역사가 진행됨에 따라 사회는 분화되어 왔고, 분화된 사회 안에서 각각의 영역들이 서로 철저하게 다른 특성을 지니고 있다는 사실이 점차 명확해졌다. 예컨대, 중세시대의 길드조직은 아직 분화되지 않은 사회관계였다. 길드조직은 우애의 단체, 회사, 교회공동체, 정치공동체, 친목단체로 기능했다. 길드조직은 국가에 대하여 상당한 정도의 자율성을 확보했다. 이 자율성은 전통적인 관습에 기반을 둔 특권과 권리들을 그 내용으로 하고 있었다. 도예베르트는 이와 같은 자율성의 형식들에 대응하여 영역들의 주권을 제안했다. 영역주권은 역사적으로 획득한 법으로 돌아가는 주권이 아니라 영역들마다 질적으로 다른 삶의 법에 근거한다. 사회적 관계들의 독립성은 관계들의 본질적 차이에 근거하는 것이 아니라 관계들이 보다 구체적으로 형태를 갖추는 것 또는 탈중앙화에 근거한다(Wetenschappelijk Instituut voor het CDA 1980, 73-74).

국가는 권력을 독점한다. 국가기능의 토대가 되는 권력의 양상은 공적이고 정의로운 사회관계라는 지도적 기능과 결합하여 국가의 본질을 규정한다. 그러나 권력의 독점만으로는 국가의 특징을 규정하기에는 미흡하다. 테러분자들도 권력을 사용한다. 독점된 권력이 정의실현의 도구가 되는 때에만 정부의 권력행사는 합법성을 획득한다. 공적 정의의 한계를 넘어서게 되면 정부의 결정은 합법성을 상실하고 국가 자체가 권위를 잃게 된다. 국가의 본질은 법적으로 규정된다. 다시 말해서 법은 국가의 간섭을 규범적으로 제어하는 지도적 기능을 담당한다. 도예베르트는 정의의 규범을 실현하기 위해 노력했다. 도예베르트에 의하면 정부는 서로 충돌하고 갈등을 일으키는 이익들 사이에서 균형 있는 조화를 도모함으로써 일반이익(국민 전체의 복리)를 증진시켜야 한다 (로만). 이때 정부는 비국가적인 사회의 영역들의 주권을 존중해야 한다(카이퍼) (Dooyeweerd 1936, 401).

일반이익을 증진시키는 정부의 활동은 법의 지도하에 이루어져야 한다. "일반이익은 국가의 고유한 본질을 고려에 넣을 때 내적인 제약을 받는다. 일반이익은 법적 원리로 요약되어야 한다" (*Ibid.*, 393, 400). 일반이익은 '공법의 기본원리로서, 비국가적 삶의 영역들의 내적인 주권을 침해하는 것과 혼동되어서는 안 된다' (Dooyeweerd 1963, 211). 이처럼 일반이익의 증진은 법의 기능을 통하여 이루어져야 한다. 예컨대 정부가 일방적인 경제적 원리에 근거하여 일반이익을 옹호한다면, 경제성장의 극대화와 복지수준의 증가가 국가 공유의 과제가 될 것이다. 이때 효율성이 정부의 정책심의에 있어서 결정적인 요인이 될 수밖에 없다. 그러나 이와 같은 국가활동은 헌법에 위배되는 것일 수도 있다 (Dooyeweerd 1931, 9).

예컨대, 다형적이고 비용이 많이 드는 의무교육체계가 비용과 이익분석에 근거하여 이득이 없는 것으로 간주될 수도 있다. 이때 교육자유화법이 등장한다. 비국가적 기관들의 기능과 사법적 교류를 보호하는 것은 정부의 과제와 긴밀하게 관련되어 있다. 다양한 삶의 영역들 안에서 이루어지는 사법(私法)의 형성은 고유한 특성을 가진다. 예컨대 교회법은 회사법이나 국가의 법과는 다른 질서에 속해 있다. 교회법의 본질은 교회기관이 지닌 목적에 의하여 규정된다. 교회법은 정부와 시민의 관계를 규정하고 있는 공법과는 원리적으로 다르다. 국가의 법에 의해서는 문제가 되지 않는 사안도 교회법에서는 문제가 될 수 있다. 교회법은 교회나 종교단체에 해당하는 세계관에 근거하고 있다. 예컨대, 교회회원들이 교회법을 어기면 수찬정지를 당할 수도 있다. 교회는 네덜란드 법이 허용하고 있는 혼전동거를 죄라고 판정할 수도 있다. 교회법상의 규율들은 내용상으로 신앙적 관점과 관련되어 있다(Wetenschappelijk Instituut voor het CDA 1980, 74-75).

어떤 영역들이 다른 영역들에 대하여 제시하는 자기 영역의 주권은 영역들 간의 질적인 차이에 근거한다. 사람들이 가족관계 안에서 서로 관계하는 방식은 정부와 시민들이 서로 교류하는 방식과는 다른 성격을 가진다. 희소한 이용 가능한 재화들을 분배하는 정부의 활동은 정의의 관점에서 수행된다. 그러나 일정한 분량의 소비재를 자식들에게 나누어 주는 부모는, 물론 공정하게 나누어 주어야 하겠지만, 그의 작업과 동기는 사랑이 있는 배려로부터 나온다. 이와 같은 배려를 위한 공간이 주어져야 한다. 앞에서 말한 교회법의 예에서도 볼 수 있듯이, 교회의 입법은 특별한 신앙적 가르침을 특징으로 하는 것으로서, 정부차원의 입법의 경우에서 보듯이 일반이익을 특징으로 하지 않는다. 국가의 권력이 사법적 영역에 관여하는 정도는 상황에 따라서 달라질 수 있다. 예컨대, 전쟁의 위협 등으로 인하여 사회생활이 심각할 정도로 정로(正路)에서 벗어날 수 있는 위험에 직면하게 되면, 평화시보다 국가의 개입을 보다 많이 요청할 수 있다(Idem.).

6. 영역의 주권에서 영역의 책임으로 : 반 리쎈, 밥 하웃즈 바르드 데이크, 반 쥣뎀, 예 예일스트라

2차대전 후 네덜란드 개신교는 사회철학과 정치의 영역에서 영역주권론에 대한 경직된 독단론적인 오해와 더불어 싸워야만 했다. 대전 후의 철학 및 정치학 논쟁에서는 두 가지 쟁점이 부각되었다. 하나는 다양한 삶의 영역들 안에서 책임을 담지하고 있는 자들은 누구인가 하는 문제였고, 다른 하나는 다양한 사회기관들의 상호관계는 어떤 것인가 하는 문제였다:

사회철학의 영역에서 하 반 리쎈(H. van Riessen)은 질적으로 구분되는 각각의 영역 안에서 책임을 담지하는 자들이 누구인가 라는 문제를 제기했다. 그는 영역주권이라는 구조적 원리에 권위와 자유의 원리를 제시했다. 사회기관들 안에서 권위는 "일정한 질서를 제시하고, 조직하고, 사회생활의 조건들을 제시하며, 또한 그 조건들을 어기는 자들을 처벌한다"(Van Riessen 1978, 85). 일반적으로 권위는 과제를 수행할 때 조건과 자유의 균형을 도모할 수 있어야 한다. 반 리쎈은 일정한 범주의 사람들이 일정한 사회의 영역 안에서 우선적으로 책임을 담당한다고 생각한다. 가족관계 안에서는 부모들이, 교육기관에서는 학교경영자들이,

국가공동체 안에서는 정부가, 경제의 영역에서는 경영진이 주권행사에 책임을 져야 할 권위기구들이다.

한편 에르 반 데이크(R. van Dijk)는 반 리센의 입장을 사회철학적인 원리라고 보고, 규범적인 구조의 모형들 곧 다양한 삶의 영역들에 고유한 소명의 근거가 되는 지도적인 규범들을 현실 속에서의 사회기구들과 구분함으로써 이와 같은 경직성을 깨뜨리려고 시도했다. 영역주권론에서 말하는 사회질서는 실제적인 관계의 객관적 상태라는 요소도 간직하고 있지만, 현실 속에서는 발견될 수 없는 규범적 질서라는 특징도 지니고 있다(Woldring and Kuiper 1980, 150). 경제학자인 밥 하웃즈바르트(Bob Goudzwaard)는 반 데이크의 해석에 동의하면서 영역주권론은 "그 기원에 있어서 규범지향적인 원리" 임을 분명히 한다. 영역주권론이 제시하는 사회구조론은 정부와 사회에 주어진 소명들을 역동적인 관계 안에서 표현한다(Goudzwaard 1977, 65). 하웃즈바르트에 의하면 각각의 삶의 영역의 중심점, 각 영역을 결속시켜 주는 관계의 원천은 인간권위의 존재가 아니라 이 영역에 독특한 하나님의 규범들의 존재에 있다. 그러므로 권위는 실현되어야 할 규범들을 섬기는 입장에 있는 것이다. 하웃즈바르트의 해석은 사실상 영역에 관련된 모든 사람들이 영역들의 주권의 도출근거가 되는 원리들을 실현하는데 각자 나름대로의 방식으로 책임이 있음을 시사한다. 예컨대, 정치의 영역에서는 현실정치를 담당하는 정치가들 뿐만 아니라 정당의 당원들과 유권자들도 정치의 영역에 대하여 공동책임을 가진다. 기업의 영역에서는 경영자들 뿐만 아니라 노동자들도 권리와 책임을 인식한다. 의료의 영역에서는 병원 뿐만 아니라 환자단도 책임을 공유한다(Wetenschappelijk Instituut voor het CDA 1990, 77). 영역들 안에 있는 사람들이나 기관들 뿐만 아니라 질서를 유지하기 위한 정부의 개입도 필요할 때가 있다. 한 영역 안에서 협력하여 기능하는 다양한 구성적 지체들이 소명의 내용을 제시함과 동시에 책임까지도 담당한다는 생각은 프로테스탄트철학에 적합한 생각이다 (Goudzwaard 1977, 76). 반 쥣뎀(H.J. van Zuthem)도 사회적 입장의 이익을 넘어선 규범들의 상호성이 주는 이익을 강조했다(Woldring and Kuiper 1980, 156). 반 쥣뎀은 의와 연대성이라는 성경적인 근본동기들을 바르게 구현하는 사회구조를 요청했다. 반 쥣뎀이 강조한 두 가지 규범인 연대성과 의는 청지기정신과 더불어 네덜란드 기독교민주당의 정강의 기초가 되었으며, 확장된 책임성이라는 형태로 구체화되었다(이상원 2000a, 2000b; Balkenende 1993; Van Zuthem 1986).

개신교 진영에서 벌어진 또 하나의 논쟁은 사회의 각 영역들의 상호 간의 관계가 어떻게 맺어져야 하느냐 하는 문제였다. 도예베르트는 그의 주저 [법이념의 철학] *Wijsbegeerte der wetsidee*에서 많은 지면을 할애하여 다양한 영역들이 긴밀한 상관성을 맺고 있음을 역설했다. 그러나 2차대전 직후에 비국가적 삶의 영역들이 예리하게 구분되는 경향이 강하게 나타났다. 정부의 간섭을 최소화하려는 요구가 구호처럼 등장했다. 사람들은 한 영역의 기관의 발전은 다른 영역의 기관의 발전이 없이는 불가능하다는 사실을 인식하면서도 매우 방어적인 태도로 "영역들과 기관들 내부의 내적인 권위를 옹호함과 동시에 다른 영역들이나 국가에 대하여 대항하는 입장에서 자기 영역이나 관계의 외적 자유를 옹호했다"(Woldring and Kuiper 1980, 169). 다시 말해서 사람들은 삶의 영역들 사이에 방어벽을 세우려고 했다. 사람들이 정부의 권위를 제한시키자 무엇보다도 자유시장의 원리를 절대화시킬 수 있는 여지가 마련되었다.

그러나 이와 같은 경향이 비판없이 방치되지는 않았다. 예 예일스트라(J. Jijlstra)는 지도적 경제(een geleide economie)를 선택하고 자유시장원리의 절대화를 비판함으로써 조용한 변화를 시도했다. 반 데이크와 입장을 같이 하면서, 예일스트라는 정부가 사회 안의 다양한 관점들이 긴밀하게 상관관계를 유지하도록 감독해야 한다는 점을 강조했다. 정부는 사회기관들이 원활하게 기능하는데 필요한 조건들을 보장해 주어야 하며, 이 일을 위하여 필요할 경우에는 사회의 기관들에 개입하여 통제할 수 있어야 한다. 공의는 다양한 사회적 관계들 내부에서 뿐만 아니라 사회기관들 상호간에도 적용되어야 한다(Wetenschappelijk Instituut voor het CDA 1990, 78).

한편 하웃즈바르트는 그의 저서 "자본주의와 진보" *Kapitalisme en vooruitgang*에서 현대사회의 근본적인 불평등성을 비판했다. 기술적인 진보와 생산수단을 완벽하게 갖추는 것이 너무나 큰 비중을 차지한 나머지 다른 영역들과 그 영역들의 특징을 이루는 규범들이 지나치게 자라나거나 질식당해 버릴 위험에 직면하였다(Goudzwaard 1989). 정부는 각 영역들의 규범들의 동시적 실현을 보장해야 한다. 하웃즈바르트는 효용의 극대화와 기술의 진보의 팽창주의적이고 확장일변도의 압력을 비판하면서, 비경제적인 규범들의 지배를 받는 사회의 영역들을 집중적으로 보호하여 사회의 다형성이 제 자리를 찾을 수 있도록 해야 한다고 주장했다. 그렇게 되어야만 비로소 법과 윤리가 원론적인 의미에서 되살아날 수 있으며, 정부, 노조, 경영진을 포함하는 제도들과 사회조직들이 다양한 고유의 책임성에 부합하여 발전할 수 있을 것으로 보았다(Goudzwaard 1977, 67). 영역들의 독립성이란 이 영역들이 상호간의 관계에서 자율적이라는 뜻은 아니다. 영역주권론은 무책임한 행동을 가리우는 덮개로 이용될 위험도 있다. 뿐만 아니라 영역주권론은 외부효과 곧 제3자에게 끼치는 결과들을 전혀 고려에 넣지 않는 행동을 합리화시키는 구실로 이용될 수도 있다. 각 영역의 지도자들은 다른 영역들이 제대로 기능을 발휘하는 것을 가능하게 해주는 실존적 조건들을 고려에 넣어야 한다. 각 영역의 지도자들은 정책적 선택을 하기 전에 진행되는 논의의 차원 곧 정책결정과정에서부터 외부효과를 반영해야 한다.

II. 결 론

 중세기가 끝날 무렵 점진적으로 진행되기 시작한 사회와 인간들의 탈성직화는 유럽북부에서는 종교개혁, 그리고 남부에서는 르네상스를 거쳐 계몽주의시대에 이르러서 본 궤도에 올랐다고 할 수 있다. 세속화라고도 불리우는 탈성직화는 교회의 영향력이 약화되고 인간과 사회의 현상들을 설명할 때 신적인 기원을 누락시키는 문제점도 드러냈으나, 교직(敎職)과 교회기구만이 하나님으로부터 소명을 받은 것이 아니라 세속직업들과 사회의 각 기관들도 교회의 중재 없이도 하나님으로부터 받은 독특한 소명과 과제들을 지니고 있다는 인식의 지평을 열어 주면서 기독교정치철학이 발전할 수 있는 토양을 마련했다.

 네덜란드에 있어서 기독교정치철학은 영역주권론이라는 사회구조론을 중심으로 전개되었다. 영역주권론은 반 프린스터러에 의하여 맹아가 싹텄고, 카이퍼에 의하여 발전되었으며, 로만의 엄격한 적용과정을 거쳐 도예베르트에 의하여 체계화되었다. 국가의 영역과 사회의 영역을 질적으로 구분했던 영역주권론에 대하여 후데마커를 중심으로 한 신정론자들이 국가와 교회를 질적으로 통합하려는 시도를 함으로써 반론을 제기하기도 했다. 2차대전 후에 영역주권론을 지나치게 엄격하게 적용하여 국가와 사회를 분리시키려는 경향이 등장하자 반 리센, 하웃즈바르트, 반 데이크, 반 쳇뎀, 예일스트라 등이 영역주권론을 영역책임론으로 재해석함으로써 영역주권론이 지닌 역동성을 살려내고자 시도했다. 특히 국가정책기조에 있어서도 경제적 효율성이 절대적 규범의 원리로 자리잡아 가고 있는 정치현실에서 영역주권론은 효율의 원리가 부당하게 사회의 각 영역을 지배함으로써 사회 전체가 경제화 되고 비인간화 되는 사태를 견제하는 규범적 통제원리로서 기능할 수 있음이 확인되었다. 그러나 이와 동시에 각 영역들은 교조적으로 자기 영역 안에만 책임을 제한시켜서는 안되고 사회 영역들 상호간의 긴밀한 상관성을 강조한 도예베르트의 논지처럼 영역밖 곧, 사회 전체의 문제에 대해서도 책임을 담당하는 것이 영역주권론에 대한 바른 해석임을 제시하였다.

영역주권론이 오늘날 정치현실에 대하여 가지는 의미는 여러 가지 방면에서 확인된다. 우선 영역주권론은 일관성 있게 주권이 국민으로부터 나온다는 국민주권론, 나아가서는 자율적인 사회계약론에 대하여 비판적인 입장을 견지하는데, 이 점은 어느 시대를 막론하고 기독교정치철학이 견지해야 할 제1의 명제다. 정치적 주권은 하나님의 절대적인 주권으로부터 파생된 것이며, 통치자에게 위임된 상대적이고 청지기적인 주권이다. 따라서 정치적 주권은 하나님이 제시하신 도덕법 - 성경에 기록된 도덕법과 이 법의 빛 안에서 비판적으로 수용된 인류의 마음속에 심기워진 도덕법 - 의 통제로부터 자유로울 수 없다. 다수결의 원리에 따라서 국민 대다수가 동의했다 하더라도 하나님의 법에는 어긋날 수가 있다. 따라서 다수결의 원리는 하나님의 법의 빛 안에서 비판적으로 검토되어야 한다. 오늘날 국민 다수의 뜻 혹은 입법부나 행정부의 의결과정에서 다수가 동의한 사안들이 하나님의 법에는 어긋나는 방향으로 결정되는 사례가 빈번하다. 예컨대, 국가경쟁력과 과학의 발전과 경제적 이익을 내세워서 배아복제를 허용하려는 방향으로 입법을 추진하려는 정부와 사회의 움직임이나, 성전환자에게 성이 전환된 호적을 부여하고자 하는 입법 등이 다수의 동의를 얻었다 하더라도 하나님의 법에 조화를 이루는 것은 아니다. 이런 상황에서 영역주권론의 국민주권론비판은 의의가 있다.

오늘날의 정치는 이른바 경제화된 정치라고 해도 과언이 아니다. 국가는 일종의 거대한 기업체처럼 되어 가고 있다. 국가가 다른 규범들을 경시하고 효율성을 제고하는 일에 앞장서고 있다. 예컨대 국가는 자연 및 생태환경을 무절제하게 파괴하는 난개발의 선두에 서 있다. 용인수

지지역의 난개발, 경기도 일대만 해도 수십 군데가 넘는 야산을 깎아서 골프장을 만들도록 허가해 줌으로써 골프장에서 나오는 제초제로 인한 독성이 개울과 지하수를 오염시켜 정화과정을 거치지 않고는 식수를 얻을 수 없는 상황에 이르게 된 것, 무리한 북한산 관통도로와 지리산 댐 추진시도, 다행하게도 추진이 중단되었으나 한때 밀어부치려고 했던 동강유역의 댐 추진 등이 모두 오직 단기간의 경제적 효율성의 획득을 위하여 가격으로 환산하기조차 어려운 소중한 국토의 생태환경을 깨뜨리려는 시도로서 나타난 정책들이다. 오늘날의 국가는 언제든지 경제적 효율성을 전방위적으로 확대시킬 수가 있으며, 또한 정권획득을 위해서라면 어떤 사회나 국가차원의 공공이익도 희생시킬 수 있는 거대기구로 자리잡고 있다. 이와 같은 현실에서 영역주권론은 효율성의 원리는 그 고유한 영역 안에 제한적으로 적용되어야 하며, 효율성이 아닌 다른 규범들도 중시되어야 한다는 점을 일깨워줌으로써 효율의 이데올로기가 국가와 사회의 전 영역을 지배하게 되는 사태를 견제할 수 있을 것이다. 효율의 이데올로기를 견제한다는 말은 국가가 사회 안에서 가장 낮은 계층 곧 자력으로 생계유지가 불가능한 국민들의 생존권보호에 우선적인 정책적 관심을 기울여야 한다는 뜻을 아울러 지닌다. 효율성이 일방적으로 추구될 때, 이들의 생존권의 문제는 논외로 밀려날 수밖에 없기 때문이다. 국가는 이들을 위한 사회 안전망의 구축에 정책의 우선권을 두어야 하는 것이다.

　영역주권론은 또한 국가는 법을 통하여 주어진 소명을 수행하는 기관이요, 교회는 기도와 말씀과 도덕적 훈계를 통하여 주어진 소명을 수행하는 기관임을 분명하게 표명함으로써 교회와 국가를 구분하고 있는데, 이와 같은 구분은 정당한 것이다. 교회가 법적인 권력을 가지고 국가와 사회를 교회화 할 것을 제창하는 신정(神政)은 거부되어야 한다. 기독교인들의 정치참여는 정치의 소명을 받은 기독교인들이 교회와는 구분된 시민단체나 기독교정당이라는 별도의 기관을 구성하여 전개되어야 하며, 교회는 예배공동체로서 고유한 성격을 벗어나서는 안 된다. 교회는 성도들의 구원과 내적인 덕성의 함양을 위하여 진력해야 하고, 국가와 사회를 위하여 기도하며, 설교와 교육을 통하여 사회 전반에 걸친 문제들에 대하여 성도들을 바른 기독시민으로서 살아가도록 양육하는 일에 전념해야 한다. 정치적인 사안들에 대한 입장을 천명해야 할 필요가 있을 때는 교회정치기구인 교단을 통하여 표명하는 것이 옳은 방법이다.

참 고 문 헌

이상원.
- 2000a. "네덜란드 개혁주의 사회사상에 있어서의 경제정의론 I." 『신학지남』, 통권262호, 봄호: 218-56.
- 2000b. "네덜란드 개혁주의 사회사상에 있어서의 경제정의론 II." 『신학지남』, 통권263호, 여름호: 127-73.

Balkenende, J.P.
- 1993. *Over verantwoordelijkheid en economie : wat nu?* Amsterdam : Vrije Universiteit.

Dooyeweerd, Herman.
- 1931. *De crisis der humanistische staatsleer, in het licht der calvinistische kosmologie en kennistheorie*. Amsterdam.
- 1936. *Wijsbegeerte der wetsidee*, Deel III. Amsterdam.
- 1963. *Vernieuwing en bezinning*. Zutphen.
- 1978. *Roots of Western Culture : pagan, secular and christian options*. Toronto.

Goudzwaard, Bob.
- 1977. "Christelijke politiek en het principe van de soevereiniteit in eigen kring," AR-Staatkunde.
- 1989. 『자본주의와 진보사상』, 김병연·정열 옮김. 서울 : 한국기독학생회출판부.

Hoedemaker, Ph. J.
- 1904. *De kerk en het moderne staatsrecht*. Amsterdam.

Kuyper, Abraham.

    1890. *Het calvinisme. Zes Stone-lezingen.* Amsterdam.

    1906. *Parlementaire Redevoeringen.* Amsterdam.

    1956. *Ons social erfdeel.* Amsterdam.

    1990. *Het sociale vraagstuk en de Christelijke religie.* Kampen : Kok.

Lohman, Savornin, A.F. de.

    1875. *Gezag en vrijheid.* Utrecht.

Van Prinsterer, Groen.

    1860. *Le parti anti-révolutionaire et confessionel.* Amsterdam.

    1976. *Ongeloof en revolutie.* Franeker.

Van Riessen, H.

    1978. *De maatschappij der toekomst.* Franeker.

Van Ruler, A.A.

    1947. *Visie en vaart.* Amsterdam.

Van Zuthem.

    1986. *Rechtvaardigheid en doelmatigheid : theorie en strategie van sociaal beleid in arbeidsorganisaties.* Assen/Maastricht : Van Gorcum.

Wetenschappelijk Instituut voor het CDA.

    1990. *Publieke gerechtigheid : Een christen-democratische visie op de rol van de oberheid in de samenleving.* Houten : Bohn Stafleu van Loghum.

Woldring, H. E. S. and Kuiper, D. Th.

    1980. *Reformatorische maatschappijcritiek.* Kampen.

영국성공회와 정치윤리 :
윌리엄 템플에서 로완 윌리엄스까지

알란 M. 서게트 (영국 덜햄 대학교)

　이렇게 논문을 발표를 할 수 있도록 초청 받게 되어 영광스럽습니다. 신학적인 교류를 할 수 있는 기회를 준 것에 대해 따뜻한 마음으로 감사 드립니다. 성공회 사회윤리는 정황에 매우 깊이 뿌리를 내리고 있는데 영국의 정황과 한국의 정황은 매우 다릅니다. 한국의 형편에 대해 어느 정도 이해하고는 있지만 한국의 정치적 과제는 무엇이며 그 과제를 다루어 가는 데 있어서 기독교 신앙을 자산으로 삼을 수 있는 가장 좋은 길은 무엇인가를 여러분에게 말할 자격은 없다고 생각합니다. 그것은 전적으로 여러분의 특권이고 동시에 과제이기도 합니다. 그러나 저는 영국 성공회의 정치신학을 함께 나누면서 작은 도움이 되었으면 하는 소망을 갖고 있습니다. 그리고 저도 여러분으로부터 배울 것이 많다고 확신합니다.
　이 글에서는 먼저 성공회에서 뛰어난 인물인 윌리엄 템플(1881-1944)에 초점을 맞춘 다음에 템플의 전통에 어떤 도전이 있었는가를 살필 것입니다. 특히 신임 캔터베리 대주교가 된 영국 성공회의 탁월한 신학자인 로완 윌리엄스의 사상을 다룰 것입니다.

I. 윌리엄 템플

템플의 생애 중 1934부터 1944년, 즉 그의 성숙기를 다룬다.[1] 젊은 시절 옥스퍼드 대학교에서 교육을 받았는데 그 대학은 실재에 대한 포괄적이고 합리적인 이해를 추구했던 지배적인 영국의 헤겔 전통 가운데 있었다. 이는 제국주의적 영국의 확신과 낙관주의를 반영하는 것이었다. 25년 동안 템플은 자신의 기독교 철학을 쌓아 나갔다. 그는 삶의 모든 측면(지식, 상상, 과학, 예술, 도덕 그리고 종교를 포함함)이 서로 합류하지만 모든 것을 포괄하는 진리체계 안에서 만나는 것은 아니라고 주장했다. 템플은 결여된 통일성을 부여하기 위해 기독교의 중심적인 전제인 성육신을 채택하였다. 성육신은 성례적 우주의 강렬한 초점이었다. 이 철학에 불가결한 요소는 정치, 산업, 경제 그리고 교육에 관여하는데 사용할 일련의 사회적 원칙들이었다. 템플은 우주에 대한 지적 '지도'를 획득함으로 광범위한 사회적 진보를 일구어 내는데 대해 낙관적이었다.

템플의 이같은 낙관주의는 국내에서 일어난 산업위기와 국제적인 금융위기로 말미암아 위축되었다. 1934년부터 나치 권력의 영향으로부터 도전을 받았다. 또한 유럽과 북미신학자들 특히 저명한 에밀 브루너와 라인홀드 니버를 1937년 옥스퍼드에서 열린 교회, 공동체 그리고 국가에 대한 세계교회연합의 회의와 관련해서 만난 것이 그에게 도전이 되

---

1) 템플에 대해 보다 깊이 있는 연구를 보려면 나의 *William Temple and Christian Social Ethics Today* (Edinburgh : T. and T. Clark, 1987)를 보라.

었다. 1930년대 후반에 이르러 템플은 신학적 기반을 좀더 깊이 파고 들어가야 한다는 것을 주장하고 있었다. 좀더 젊은 세대 신학자들 그 중에도 도널드 맥키논이 헤겔학파의 매끄러운 종합에 대해서 비판하는 것과 십자가를 강조하는 것을 수용하였다. 맥키논은 20세기에 있어서 영국의 가장 탁월한 철학적 신학자가 되었다. 템플은 이 악한 세상의 많은 것들이 비합리적이고 비지성적이기 때문에 그리스도를 중심으로 해서 모든 것을 종합하려는 시도가 불가능하다는 것을 인정했다. 그리스도인들은 성육신 신학으로부터 십자가와 구속 신학으로 옮겨야 한다는 압박을 받고 있었다. 과제는 세계를 설명하는 것이 아니라 변화시키는 것이었다. 이 작업은 하나님의 은혜의 결과여야만 했다.[2] 이러한 마음의 변화는 단순한 것이 아니다. 템플은 그의 거대한 형이상학적 탐구를 보류했으나 이성의 역할을 부인하지는 않았다. 바르트가 오직 계시에만 호소하는 것에 대해 명백하게 거부했고 카톨릭의 자연법 전통을 고려할 것을 촉구했다. 그의 『기독교 민주주의』(*Christian Democracy*, 1937)는 유럽의 불경건하고 비합리적인 전체주의에 대한 답변으로 믿음과 이성에 의식적으로 호소하였다. 그는 『기독교와 사회질서』(*Christianity and Social Order*, 1942)를 전후 사회적 재건에 대한 숙고를 하는데 사용될 기독교적이면서 인간미가 있는 방법을 제공하기 위해 저술했다.

1. 사회적 원칙들과 정치

템플의 사회적 원칙들은 1930년대 말에 있었던 여러 가지 질문들에 부딪쳤지만 살아 남았다. 그 원칙들이 『기독교와 사회질서』의 핵심에

---

[2] 'Chairman's Introduction' to *Doctrine in the Church of England*, 16f. (London : SPCK, 1938); 또한 *Thoughts in War-Time*, 93-107 (London : Macmilliam, 1940)을 보라. D.M. MacKinnon, 'Revelation and Social Justice', in *Malvern 1941*, 81-116 (London : Long-mans Green, 1941)을 보라.

자리잡고 있다. 그러나 그 원칙들에 대한 해설을 하기 전에 원죄 교리에 대하여 먼저 쉽게 설명을 한다. '우리 각자는 그 자신의 세계의 중심에 자리를 잡고 있다. 그러나 나는 세계의 중심은 아니다. 또한 선과 악을 구별하기 위한 참고 기준도 아니다. 그렇다. 내가 아니라 하나님이 바로 그런 분이다. 다른 말로 하자면 처음부터 나는 하나님의 자리에 나를 가져다 놓은 것이다. 이것이 바로 원죄이다.' 그러므로 이상적으로 완벽한 사회질서의 밑그림을 그리고 그것을 세워나가도록 사람들을 독려하는 것은 교회의 과제가 될 수 없다. '아마도 지구 역사의 마지막까지 정치인들 자신들이 인간일 것이며 또 인간을 다루게 될 것이다. 그리고 그 정치인들은 자유와 권력을 악용하는 사람들일 것이다.' 사랑은 바람직한 것이지만 그 사랑을 표현하는 것이 정치적 경제적 제도에 가장 근본적으로 요구되는 것은 아니다. 정의는 그 제도에 제일 먼저 요구되는 윤리적 기준이지만 정의를 표현하는 것 역시 그 제도에 대한 가장 근본적인 요구사항은 아니다. 가장 근본적으로 요청되는 바는 도둑질, 살인 그리고 기근에 대한 합리적인 보호책을 마련하는 것이다. '교회는 원죄를 주장하기 때문에 매우 현실적이어야 하며 이상주의로부터 확실하게 자유로워야 한다.'[3]

  템플은 이상(理想)에 대해서가 아니라 원칙들에 대해 말하고 있다. 첫째 원칙은 개인 각자의 존엄성과 자유이다. '모든 남녀가 하나님이 사랑하시고 그를 위해 그리스도가 죽으신 하나님의 자녀라면 그들 모두는 사회에 얼마나 유용한가와는 상관없이 가치가 있는 존재이다. 근본적인 것은 사회가 아니라 인격이다. 국가가 시민을 위해 존재하는 것이지 시민이 국가를 위해 존재하는 것은 아니다.' 서로 구별되는 인간의 모든 자질에 가능한 한 가장 폭넓은 기회가 주어져야 한다. 그 중에 가장 근본

---

3) *Christianity and Social Order*, 36-8 ; cf. 42(Harmondsworth : Penguin, 1942).

적인 것은 신중한 선택이다. 자유는 정치의 목표다. 단순히 강요나 속박으로부터의 자유뿐만이 아니라 목적을 정하고 관철할 수 있는 자유를 말한다. 이것은 훈련을 전제로 한다. 먼저 외적인 훈련을 받아야 하고 후에는 자기훈련이 필요하다. '시민들이 자유를 행사할 수 있는 능력을 갖도록 그리고 그들에게 자유로운 행동의 여지를 마련해주기 위하여 그들을 훈련시키는 것이야말로 모든 진정한 정치의 최고 목표이다.'[4]

둘째, 인간은 자연적으로뿐 아니라 어쩔 수 없이 사회적인 존재이다. 템플은 그 근거를 삼위일체에 둔다. 우리는 삼위일체 하나님의 형상을 따라 만들어졌기 때문이다. 또 하나의 근거는 모든 백성을 그리스도의 몸인 교회 공동체 안으로 모으시려는 하나님의 목적에 있다. 우리의 현재 모습은 서로 영향을 미치는 가운데 서로 서로 구성요소가 됨으로써 이루어진 결과이다. 이렇게 서로 영향을 미치는 것은 우선 가정에서 일어난다. 그리고 가정과 국가 중간에 놓여있는 다양한 단체에서 일어난다. 바로 여기서 자유를 효과적으로 사용할 수 있다. 사람들은 자신이 중요하며 서로가 의지하는 존재임을 느낀다. 국가는 그러한 그룹들을 육성해야 한다. 그들이 공동체 전체적인 삶의 일반적 질서 안에 잘 머물러 있고 다른 단체들의 자유를 존중하는 한 그들이 자유롭게 자신들의 활동을 해나갈 수 있도록 해야 한다.[5]

교회는 이러한 원칙들을 사용해서 존재하는 사회를 비판해야 한다. 템플은 장기 실업의 경우를 들어 설명한다: 장기 실업은 사람들에게서 존엄성을 앗아가고 그들을 사회로부터 고립시킨다. 이어서 그는 사회가 이런 원칙들에 좀더 가깝게 일치하려면 어떤 방향으로 움직여야 하는지를 제안한다. 그 방향을 흔히 '중간 공리'(middle axioms)라고 부른다. 원칙과 프로그램의 중간 지점에 놓여 있기 때문이다. 템플은 주택, 교육,

---

4) Ibid., 44.
5) Ibid., 46-8.

소득, 산업 그리고 여가의 분야에서 그 예들을 제시한다.[6]

여기서 교회는 그의 능력의 한계점에 도달하게 된다. 이제 주어진 환경 가운데서 시민의 복지 즉 공공선을 증진시키는 프로그램을 만드는 과제는 기독교시민들이 시민의 능력을 사용해서 수행해나갈 수 있도록 맡겨야 한다. 바른 행동이란 환경이 허락하는 최선의 행동이다. 바로 여기서 기술적 질문들과 사회심리학적 질문들을 숙고해야 할 필요가 있다. 즉 특정 법률이나 프로그램에 대하여 시민대중이 어떤 반응을 보일 것인가를 생각해야 한다. 위에서 언급한 책의 나머지 부분과는 당연히 구별되는 부록에서 템플은 기독교 원칙을 구현하는 사회적 프로그램들과 관련해서 몇 가지 제안을 한다. 그러나 그는 모든 그리스도인들이 지지해야만 하는 프로그램은 있을 수 없다고 경고한다.[7]

2. 민주주의, 이성과 기독교

템플은 민주주의를 과장되게 옹호하는 몇 가지 주장을 거부한다. 사람에게는 선천적으로 타고난 주권이 없다고 주장한다. 주권은 오직 하나님과 하나님의 도덕법에만 속한다. '하나님과 정의에만 절대적 충성을 바쳐야 한다.' 마찬가지로 국민의 음성을 하나님의 음성으로 간주하는 것은 터무니없는 일이다.[8]

그가 민주주의를 지지하는 가장 깊은 이유는 인격에 대한 그의 이해에 있다. 그는 민주주의적 정치로 훈련된 공동체는 그 어떤 공동체보다도 더 풍부하게 발전되고 더 안정될 수 있는 가능성이 높다고 주장했다. 민주주의야말로 하나님이 만드신 인간의 본성을 가장 정당하게 다루는

---

6) Ibid., 12, 73f.
7) Ibid., 35f., 75ff, 특별히 90.
8) *Essays in Christian Politics*, 70f. (London : Longmans Green, 1927) ; *Christian Demo-cracy*, 28 (London : SCM Press, 1937).

형태의 구조이기 때문이다. 1920년대에 템플은 민주주의는 개인의 인격에 대한 배려에 그 뿌리가 있고 그로부터 영감을 받았다는 점을 강조했다. 1937년에 이르러 아마도 라인홀드 니버와 유럽의 위기로부터 영향을 받아 그러한 토대를 좀더 확장했다 : 민주주의는 '그 어떤 형태의 구조보다 인간에 대한 기독교적인 개념에 더 많이 일치한다. 기독교가 이해하는 인간이란 "타락한" 즉 이기적인 존재로 다스림 받아야 하되 힘으로 다스려져야 하는 존재이다. 한편 "하나님의 형상" 대로 창조되었기 때문에 도덕적 호소에 응할 수 있는 능력을 가지고 있는 존재이다 … ' [9]

(나는 그가 니이버의 격언을 알고 있었는지는 모른다 : '인간은 정의를 행할 수 있는 능력이 있기에 민주주의는 가능하다 ; 인간은 불의를 행할 수 있는 가능성이 있기에 민주주의는 꼭 필요하다.')

민주주의가 만병통치약은 아니다. 민주주의를 이루려면 다른 어떤 형태의 구조하에서보다 훨씬 더 많은 도덕적 자원을 나라가 가지고 있어야만 한다. 다수파는 쉽게 독재적이 될 수 있다 ; 국민들은 선전에 넘어가고 군중 심리에 굴복할 수 있다 ; 권리가 의무보다 우위를 차지할 수도 있다. 가장 교활한 유혹은 민족주의이다.[10]

민주주의가 원래의 뿌리가 되는 원칙들에 충실한지를 알 수 있는 세 가지 시금석이 있다 : 개인들을 위한 정의를 확립하고자 하는 관심의 깊이 ; 소수자의 권리에 대한 조심스러운 배려 ; 개인의 양심에 대한 철저한 존중. 제일 나중의 것이 가장 중요하다. 양심적인 반대자에 대한 존중이 진정한 민주주의의 특징이다.[11]

이러한 위험과 시금석을 보면서 템플은 특별히 기독교적인 민주주의의 필요성을 주장했다. 그는 민주주의는 사실상 기독교의 산물 즉 원리

---

9) *Christian Democracy*, 28-30.
10) *Christ in His Church*, 84-87 (London : Macmillan, 1925) ; *Christian Democracy*, 13, 29-31.
11) *Essays in Christian Politics*, 77.

에 있어서 기독교의 필연적인 결과라고 믿었다. 왜냐하면 인격의 진정한 의미가 드러난 것은 바로 기독교 안에서 그리고 기독교를 통해서였기 때문이다. 민주주의는 자신의 기원을 인정해야 하고 기독교 원리가 자신을 다스리도록 허용해야 한다.[12]

그러나 이는 템플이 민주주의를 계시로부터 단순히 연역해낸 것을 의미하지 않는다. 그의 팜플렛인 『기독교 민주주의』는 민주주의 그 자체에 대한 것은 아니다. 그러나 민주주의를 훨씬 넘어서는 원칙을 설명해 주고 있다. 사상과 언론의 자유를 보장하는 민주주의는 이성에 최대한의 가능성을 부여한다. '우리가 관심을 가지고 있는 원칙은 기독교가 자신에 충실할 때 기독교는 이성 그리고 합리적인 방법과 필연적으로 협조하게 된다는 원칙이다.' 템플은 콘스탄틴 이후로 기독교 전통이 가장 강력하게 도전 받고 있을 때 그리고 이성이 공공연히 비난받고 있을 때 글을 쓰고 있다는 것을 알고 있었다. 그는 이성이 기독교와 동의어는 아니라고 주장하였다 ; 이성은 기독교를 발견할 수 없었거니와 증명할 수도 없다. 그러나 기독교 신앙의 궁극적 직관과 이성 사이에는 본질적인 연관이 있다. 공산주의와 파시즘은 비합리적이며 어떤 비판도 폭력적으로 억압하는 맹목적인 신앙을 독려했다. 그들은 무의식적인 이기주의에 호소했다. 그래서 보편화를 향한 경향성을 가진 이성이 자유롭게 작동하는 것을 견딜 수 없었다.[13] 교회는 결코 항상 이성의 권위와 비판적 지성의 자유로운 활동을 찬성했던 것은 아니다. 그러나 기독교신학은 전념을 다해 이성에 호소해 왔다. '기독교가 이성을 자신의 주요한 동지로 간주하기를 멈춘다면 이는 자신의 지혜를 배신하는 것이다.'[14]

---

12) *Christ in His Church*, 77f., 85.
13) *Christian Democracy*, 9-16, 32f., 42.
14) Ibid., 44.

3. 하나님 나라, 교회와 국가

템플은 교회와 하나님 나라와의 관계로부터 시작한다. 하나님 나라는 종말에 임할 순전히 묵시적인 대변혁도 아니고 인간의 개인적인 덕과 시민으로서의 덕을 통해 건설된 실체도 아니다. '하나님 나라는 오직 하나님 한 분에 의해서만 세워질 수 있다. 부분적으로 그 나라는 이미 여기에 있다. 부분적으로 그 나라는 하나님 자신의 때에 그의 행동에 의해 임할 것이다.'[15] 왜냐하면 인간의 죄로 말미암아 그 나라는 인간의 역사 안에 완전한 모습으로 임할 수 없기 때문이다. '역사는 어떤 형태로든지 한번 세워지면 지속될 완벽해진 문명의 세계로 우리를 인도하고 있지 않다. 역사란 완전히 역사 밖에 있는 그 무엇 즉 완벽해진 하나님 나라에 이르는 길을 준비하는 과정이다.'[16]

그러한 준비를 위한 가장 중요한 도구가 바로 교회이다. 템플은 교회의 탁월성이 강화되는 것을 환영하였다. 교회는 하나님이 창조하신 것이다. 교회가 세상에 제공할 수 있는 가장 중요한 봉사는 바로 행동에 있어서 교회가 되는 것이다. 교회의 첫째 과제는 선교적 확장이나 국가의 삶에 영향을 미치는 것이 아니라 내적으로 성화되는 것이다. 그리스도인의 첫째 과제는 하나님을 예배하고 성화되는 것이다. 그러나 기독교는 세상의 모든 위대한 종교들 중에서 가장 물질적이다. '삶으로부터 분리된 성만찬은 실재성을 상실한다 ; 예배가 없는 삶은 방향과 힘을 잃어버리고 만다. 세계를 변혁시키는 것은 예배가 동반된 삶이다.'[17]

이러한 사상에 비추어 볼 때 템플은 교회와 국가의 관계 그리고 교인과 시민의 관계에 대하여 복잡한 이해를 가지고 있다. 그리스도인의 마

---

15) *Religious Experience*, 135 (London : Clarke, 1958).
16) *Citizen and Churchman*, 14 (London : Eyre and Spottiswoode, 1941).
17) Ibid., 40, 85-88 ; *Thoughts in War-Time*, 46.

음에는 긴장이 있기 마련이다. 왜냐하면 한편으로는 교회가 유일하고 최종적이며 보편적인 계시를 지니고 있지만 또 다른 한편으로 국가가 보편적이며 주권적인 권위를 가지고 힘의 지원을 받아가며 공동체를 위하여 행동하기 때문이다. 온전하게 기독교적인 국가가 세워졌던 적은 없다. 그렇다. 그런 일을 결코 일어나지 않을 것이며 일어날 수도 없다. 우리는 언제나 서로 다른 신념과 성숙도를 지닌 공동체들 속에서 살게 될 것이다. 이러한 문제는 나치가 그랬듯이 하나님 자리에 국가를 앉혀 놓고 절대화한다거나 루터파 경건주의처럼 국가와 교회를 완전히 구별된 영역으로 갈라놓는다고 해서 해결될 일이 아니다. '그렇지 않다 ; 교회와 국가는 사람의 삶이라고 하는 같은 영역을 다룬다. 다만 그 영역과 관련해서 다른 기능을 할 뿐이다 ; 기독시민은 모든 사안에 있어서 교회와 국가의 적절한 요구에 대해 응답함으로써 그의 삶 전체를 통해 교인과 시민으로서의 역할을 감당해야 한다.' [18]

단순하게 말하자면 교회는 사랑을 지지하고 국가는 정의를 지지하기 때문에 기독시민은 둘 사이에서 긴장을 경험하며 살아가야만 한다.

4. 사랑과 정의

템플이 사랑과 정의에 관련해서 언급한 부분에서 라인홀드 니버의 영향이 가장 뚜렷하게 나타난다. 템플에게 있어서 정의는 사랑과 동일한 것이 아니다. 왜냐하면 사랑은 정의를 초월하기 때문이다. 정의는 권리 주장과 그에 대한 반박 주장이 서로 부딪히는 영역에 적실성을 지닌 덕목이다. 반면 사랑이 잘 세워진 곳에서는 이러한 주장들이 아예 생기지를 않는다. 그렇다고 정의가 사랑에 대해 상반되거나 이질적이 것이어

---

18) *Citizen and Churchman*, 12f., 65f.

서 사랑이 누그러뜨리거나 부드럽게 만드는 그 무엇이라는 뜻은 아니다. 또한 사랑은 정의를 유기할 수 있다는 의미도 아니다. 사랑은 그룹들 간의 관계에 적용할 수 있는 덕목으로서의 정의를 전제하고 있기 때문이다.[19]

현대의 삶에 있어서 가장 중요한 문제가 발견되는 곳은 바로 정확히 그룹들간의 상호관계에서다. 개인들이 가슴에 사랑을 품는다면 그룹 관계가 쉬워질지 모르지만 모든 문제가 해결될 수는 없다. 긍정적인 면에서 보자면 시민권 같은 그룹의 회원권은 인간을 향해 하나님이 목적하신 바의 한 부분이다. 그러나 부정적인 면에서 보면 그룹들은 개인보다 훨씬 더 강렬한 이기주의로 흐르기 쉽다. 국가의 경우 특별히 더 그렇다. 국가는 이타주의와 시민들의 이기주의에 동시에 호소할 수 있기 때문이다. 공동체의 구성원들이 국가보다 더 폭이 넓은 그룹에 충성해야 한다는 것을 느낄 때만이 비로소 이러한 위험은 약화될 수 있다. 가족이기주의는 국가에 대한 충성에 의해 억제된다. 그러나 국가이기주의는 효과적으로 억제할 만한 것이 없기 때문에 악마적이 될 수 있다.[20]

그렇다면 사랑의 법이 그룹들에게도 적용되는가? 궁극적인 의미에서는 그렇다. 그러나 사랑의 적용은 간접적이다. 그룹 관계에서 사랑의 길은 이타주의를 통해서 놓여지는 것이 아니라 합리적인 권리주장과 정의로운 보상 즉 정의를 통해서 놓여진다. 기독시민들은 사랑의 힘을 입어 정의를 실현하는 데 자신을 바쳐야 한다.[21] 그리스도인은 자신이 행하는 모든 일을 가장 높은 기준에 의해 판단해야 한다. 그러나 그리스도인들

---

19) *Thoughts in War-Time*, 15ff. : *The Church Looks Forward*, 167f. (Lond : Macmillian, 1944) ; *Citizens and Churchman*, 68. Suggate, 187-203을 보라.
20) 'Christian Faith and the Common Life', in *Christian Faith and the Common Life*, Vol. IV of the Oxford Conference 1937, 48-55 (London : Allen and Uwin, 1938) ; *Thoughts in War-Time*, 26f. ; *The Times*, 4 November 1935 ; F.A. Iremonger, *William Temple*, 542f. (London : Oxford University Press, 1948).
21) *Christianity in Thoughts and Practice*, 7, 85f. (London, SCM Press, 1936).

이 마음에 두어야 할 점이 있다. 그것은 '인간은 가장 높은 것을 볼 때 사랑하지 않는다 ; 혐오감을 가지고 그것을 거절하고 십자가에 못박아 버리거나 아니면 그것을 선포하거나 구현하는 사람과 관계를 끊어버릴 가능성이 훨씬 많다' 는 점이다. 정부가 실현할 수 있는 과제는 일정정도의 외적 정의를 확립하는 것, 다시 말하면 사람들이 이기적인 동기로 행동하지만 그것이 결국 정의가 요청하는 바를 해낸 것이 될 수 있도록 자극해주는 삶의 질서를 잡는 일이다.[22] 이것은 정의에 점진적으로 접근해가는 정책임이 분명하다.

템플은 순수하면서 단순한 하나님의 뜻과 타락한 세상에 직면한 하나님의 뜻을 구분한다. 세상은 하나님의 창조물이다. 절대적으로 생각하면 세상을 향한 하나님의 뜻이란 세상이 거룩과 사랑이라는 하나님 자신의 성품에 일치해야만 한다는 것이다. 그러나 세상은 부패했다. 하나님은 이러한 세상을 포기하지 않고 목적을 갖고 계신다. 그것은 스스로 타락했다는 것을 자각하고 있는 인간들이 그들의 타락한 본성 안에서 그리고 그 본성을 통해서 서로 협력해 나가는 것이다.[23]

이렇게 템플은 이상주의를 배격한다. 이 점은 완벽한 정의가 실현될 수 있는가라는 질문에 대한 그의 대답에서 더욱 분명해진다. 그는 '당연히 아니다' 라고 답한다(여기서 내가 가정하는 바가 있다. 그것은 템플이 의미하는 완벽한 정의란 권리주장에 대해 생각조차 하지 않지만 모든 사람이 인간에게 필요한 것의 자기 몫을 누리는 상황을 말한다는 점이다). 더 나아가 완벽한 정의란 완벽한 사랑의 결과물이지 그에 이르는 도상의 한 단계가 아니다. '하나님의 사랑이라는 원천에서 흘러나온 사랑으로부터 고무되고 격려를 받지 않는 한 인간이 일관성 있게 정의로

---

22) 'Christian Faith and the Common Life', 59-61 ; *Christianity and Social Order*, 38 ; *Christianity in Thoughts and Practice*, 89, 91.
23) 'Christian Faith and the Common Life', 52-54, 58.

울 수 있는 희망은 거의 없다.' 사랑과 평화가 확실하게 보장되려면 회심, 영적 훈련 그리고 하나님에 대한 예배가 절대적으로 요청된다. 그러므로 그리스도인이 시민의 구실을 효과적으로 감당하는 시민이 되려면 먼저 진정한 교회 사람이 되어야 한다.[24]

인생의 마지막 해에 템플은 기독교 신앙은 도덕체계가 아니라 역사 안에 들어 온 생명의 새로운 운동에 참여하는 것이라는 점을 강조하였다. 하나님 나라는 초월적 실체이지만 현세의 질서 안에서 일어나는 활동들과 갈등 가운데서 자신이 체현되도록 끊임없이 추구하며 또 부분적으로 그 체현을 성취해 간다. 그는 정치와 윤리적 투쟁마저도 삶의 완전한 세속화에 마침내 굴복함으로서 모든 원칙들이 무너져 내려 상대성만이 남는 것을 두려워했다. 그는 그리스도인들이 이 도전을 직시할 것을 촉구했다. '이렇게 복잡한 모든 문제들을 새롭게 생각하는 것보다 더 절박한 교회의 과제는 없다. 그리고 이 과제를 성공적으로 수행하려면 경제적·정치적 투쟁이라는 일상적 압박에 노출되어 있는 사람들의 경험에 밀착되어 있어야만 한다.'[25]

II. 템플 전통 : 발전과 도전

템플 시대 이후 영국과 세계는 엄청난 변화를 겪었고 이러한 변화는 충분한 신학적 대응을 요구했다. 템플 전통은 발전되었고 도전을 받았다. 그 기반은 더 깊어졌는가? 다방면에서 그렇다고 생각한다.

---

24) *Citizens and Churchman*, 70 ; Thoughts in War-Time, 18f., 29f. ; 'Christian Faith and the Common Life', 53? ; *Christianity in Thoughts and Practice*, 94.
25) 'What Christian Stand for in the Secular World', in *Religious Experience*, 243-255.

1. 구체성, 차이 그리고 고통

『기독교와 사회질서』에 나타난 템플의 접근 방식은 일반적 원칙들로부터 구체적 프로그램으로 움직이는 것이었다. 그의 시대 이후 성공회 사회윤리는 더 구체적이고 현실적이 되었는데 이는 올바른 일이다. 그의 추종자들은 도시빈민, 산업갈등 그리고 경제제도가 혜택을 받지 못하는 그룹들에 미치는 영향 등과 같은 특정한 쟁점을 깊이 파고 들어갔다. 특정 쟁점들을 속속들이 다루는 과정에서 일반 원리들은 기계적으로 적용된 것이 아니라 알맞게 사용되었다. 이러한 변화에 영향을 미친 것 중에 하나는 여성주의적 사고의 상승세였다. 왜냐하면 그 사고는 물질적인 것, 육체적인 것 그리고 관계성을 강조하였기 때문이다. 그래서 성공회 사회윤리는 현재 구체적이고 특수한 것, 차이와 다양성 그리고 사물의 대단한 복잡성을 훨씬 더 많이 인정하고 있다. 그것은 자주 실재의 거친 모습, 비극과 고통을 직면하는 것을 의미한다. 템플은 그의 삶의 후기에 적어도 이러한 방향으로 움직이고 있었다. 1940년에 이르러 그는 헤겔학파는 악을 무시하거나 둘러대는 경향이 있다는 것을 인정하고 있었다. 그리스도인은 하나님의 사랑과 일상적인 경험이라는 사실사이에 존재하는 두려운 긴장과 함께 살아야만 했다.

2. 그리스도의 삶과 고난에 대한 극적인 이야기

성육신을 세상의 과정에 씌어진 왕관으로 보는 생각으로부터 그리고 사상과 추상적 개념의 거대한 체계로부터 멀어지는 움직임이 있어 왔다. 대신에 기독교 이야기와 담화가 담고 있는 모든 구체성을 강조하게 되었다. 즉 예수 그리스도가 극적으로 또 많은 대가를 치르면서 그의 삶과 고난을 통과하여 부활에 이르는 것을 느끼는데 더 주력하게 된 것이다. 그래서 좀더 종말론적 조망이 강화되었다. 이러한 움직임은 특별히 미국에서 강하게 일어난 담화신학으로부터 많은 영향을 받았다. 템플이 그의 인생 후기에 도날드 맥키논이 헤겔학파의 매끄러운 종합에 대해서 비판한 것과 십자가의 중심성을 강조한 것에 대해 받아들인 것은 잘 한 일이다. 맥키논은 후에 로완 윌리엄스에게 엄청난 영향을 미치게 된다.

그의 저서 『기독교신학에 대하여』(On Christian Theology)[26] 에서 윌리엄스는 하나님이 그의 창조물 없이는 존재하지 않기로 선택하셨다고 말하고 있다. 인간성을 떠나서 하나님에 대해 말할 수 없다. 그 인간성의 중심은 인간에 대한 일반적 정의에 있는 것이 아니라 예수 그리스도에 있다. 말하자면 하나님은 상하기 쉬운 인간성의 형태를 취하심으로 스스로 위험을 무릅쓴 것이다.(288) 추상적 이론을 피하고 예수의 구체적이고 역사적인 특수성을 강조하는 것이 윌리엄스의 접근방식의 핵심이다. 하나님에 대해 이야기하기 원한다면 예수의 이야기를 반복해야만 한다.(156)

그것을 좀더 진전시키면 하나님에 대해 창조된 인간성의 한계라는 정황 안에서 말하는 것을 말한다. 예수님의 죽음에서보다 이 점이 더 명백하게 드러나는 곳은 없다. 예수는 하나님께 기도하는 인간이다. 겟세마네에서 그리고 요한복음의 고별담화에서 예수님이, 매우 고통스러운 대가를 치르면서, 하나님의 행동이 예수 안에서 그리고 예수를 통해서 성취될 시간에 대해 해석하는 모습을 보게 된다. 예수는 '다가오는 죽음처럼 우리 모두에게 제시되는 세계의 최종적이며 굴복시킬 수 없는 타자성'을 대면한다. 그러나 예수에게는 하나님의 타자성도 있다. 예수는 겟세마네와 갈보리의 치명적인 어둠을 통과하면서 바로 이런 하나님께 부르짖는다. 예수 안에 현존하는 하나님은 쓸쓸한 죽음을 견디고 있는 예

---

[26] Rowan Williams, *On Christian Theology* (Oxford : Blackwell, 2000), 이하 괄호 안에 들어 있는 숫자는 이 책의 쪽을 말한다.

수님 곁에 현존한다 …' (158)

3. 모호한 교회 안에서 살아가기

현재 성공회 사회윤리는 전술한 흐름에 일치되게 그리스도인으로 살아가기, 그리스도인의 실천, 살아있는 전통 안에서 살기 그리고 교회공동체 안에서 인격적으로 성숙하기 등을 강조한다. 이러한 사고 방법은 물론 특별히 스탠리 하우어와스라는 이름과 연관이 있다. 그러나 템플 자신도 이미 교회와 인격의 성숙에 대한 새로운 강조를 환영했다. 그리고 예배와 성례가 교회의 내적 삶과 교회가 세상을 다루는 일을 위해 매우 중요하다는 점을 알았다. 최근의 경향이 템플이 통찰한 바를 사실상 강화하는 경우일 때가 종종 있다.

이 점이 로완 윌리엄스의 사상에 분명하게 드러난다. 예수의 부활은 예수가 행한 바를 하나님이 그분 자신의 선포와 실천으로 인정하며 그 정당성을 옹호해주는 것을 보여준다. 그렇게 볼 때 부활은 궁극적으로 역사로부터 공격을 당할 위험성이 없으며 인간의 의지나 세상의 관례에 의해서 멋대로 다루어질 수 있는 것이 아니다. 예수는 살아있는 공동체의 초점으로 그리고 단순한 기억이 아닌 살아있는 존재로서 남아있는 것이다.(251f) 기초가 되는 사건에 끊임없는 참여가 일어나고 있다. 즉 성도들의 공동체적인 그리고 개인적인 삶 안에 그리스도의 모습이 새겨지고 있다.(141) 부활이란 이렇게 인간으로 하여금 자기 스스로 성취한 것이 아니라 밖으로부터 부여된 성숙한 자기에 대한 인식을 가질 수 있도록 해준다. 이것은 도덕적 그리고 물질적 무(無)로부터 새 생명을 만들어내는 것이다.(270-1)

윌리엄스는 교회가 모호하다고 본다. '교회는 세상을 심판한다 ; 그러나 교회 역시 세상이 교회를 심판할 때 그 안에서 교회를 심판하시는 하나님의 음성을 듣는다.'(39) 긍정적인 면에서 예수의 삶, 죽음 그리고 부활은 우리를 예수에게 뿐 아니라 서로에게 새로운 방식으로 연결시켜 주는 다른 종류의 인간 공동체를 창조해 주었다. 우리는 서로를 세움으로 하나님의 자녀에 합당한 자유와 권세를 누릴 수 있도록 해야 한다. 이것이 그리스도의 모습대로 만들어진 미래다. 그렇다. 예수 그리스도는 온 세상을 불러모아 새로운 연합체로 만들며 이해될 수 있는 존재로 만들어 갈 수 있다.(170-3) 이것은 역사적으로 항상 불완전하다.(173, cf. 193) 성령의 신적인 행동을 통하여 그리스도를 끊임없이 다양한 모습으로 닮아가게 될 것이다.(173)

다른 한편 이러한 과정은 과연 교회가 하나님이 교회를 새롭게 빚어 가도록 허용할 것인가 즉 '우리의' 부족적인 하나님 그리고 제도적인 안전장치에 의해 보호되는 하나님을 버리는가에 달려있다.(99 ; cf. 83) 슬프게도 교회는 반복적으로 심판에 노출되지 않는 신앙을 확보하고 십자가와 회심을 그 신앙 뒤에 감춰버리려고 애쓴다. 이런 노력은 기독교 역사의 매 세기마다 나타난다.(83) 이렇게 되면 하나님이 새롭게 하시며 용서하시는 자유를 부정함으로써 하나님의 약속에 다가가는 길을 막아 버리는 위험에 처하게 된다.(83-4) 교회는 복음이 인간의 의식을 예수님의 종말적 심판자리 앞에 세워놓고 철두철미하게 심사한다는 점에서 도덕적으로 그리고 영적으로 낯선 것이라는 점을 보지 못할 수 있다.(84-85) 윌리엄스는 도날드 맥키논의 비판을 포착하는 수준에 머물지 않는다. 그는 나아가 본회퍼가 복음을 시시한 것으로 만들어 버리는 '값싼 은혜'에 대해 혹평했던 것 그리고 바르멘 선언이 나치 우상을 거부한 것을 의식했다.(86-88) 윌리엄스는 우리에게 루터의 말을 기억나게 한다 : 십자가는 모든 것의 시금석이다.(56)

4. 예배와 성례 : 자기를 버림과 변화

　예배와 묵상은 윌리엄스에게는 하나님을 기다리는 것, 즉 하나님께 먼저 행할 수 있는 자리를 드리는 것이다.(11) 이것은 궁극적으로 우리의 피조성을 받아들이는 것, 즉 세상에서 자신이 얼마나 망가지기 쉬운지를 깊이 수용하는 것을 의미한다. 이를 통해 인간의 삶이 안고 있는 실제적이며 해를 주는 병리상태를 구별해낼 수 있게 된다 : 이는 우리 자신이 피조물이라는 것을 알고 그런 자신을 사랑하는 것을 거부함으로써 특권, 지배 그리고 성취에 집착하는 것을 말한다.(11-12)
　성례를 다루면서 윌리엄스는 "세계는 성례적이다"라는 일반적인 원칙으로부터 출발하는 것을 거부한다. 기독교 성례는 예수 그리스도의 삶, 죽음 그리고 부활에 뿌리를 내리고 있다.(210) 그것은 변이 혹은 변화의 드라마이다. 최후의 만찬에서 예수는 떡과 잔으로 변신하셔서 생기가 없는 세상의 상처받기 쉽고 움직이지 않는 형태를 취하신다. 그래서 앞으로 그에게 다가올 무력함과 죽음을 나타내신다. 그래서 자신을 사람들이 마음대로 다루고 소비할 수 있는 물건으로 알리신다. 그래서 '하나님은 그리스도 안에서 행동을 떠나 고난으로 넘어가신다 : 새로운 창조의 행동은 철저한 물러섬의 행동이다. 죽음이란 새로운 질서의 시작이다. 이러한 신적인 자기 버림은 창조적인 행동 그 자체의 진정한 본질에 대한 질문으로 돌아가게 한다. 그리고 그 본질이란 지배보다는 포기에 있다는 점을 가르쳐 준다.(216)
　예수 안에 나타난 하나님의 행동은 배반을 예상하며 그 기선을 제압한다 : 예수는 인간의 폭력에 의해 묶이기 전에 자신을 먼저 상처받기 쉬운 연약함에 묶어 버리신다. 더구나 예수는 배반자를 자신의 손님으로 초대해 그들이 현재 혹은 미래에 불충실할지라도 무효화될 수 없는 신적 충절의 약속 즉 언약을 주신다.(216) 그 언약은 실제로 후대(厚待)

에 대한 보장이다. 그래서 타자(他者)는 사랑과 신뢰의 대상이 되는데 이는 그가 하나님에 의해 초대되었고 그래서 어떤 의미에서 하나님으로부터 신뢰를 받는 존재이기 때문이다(베드로가 배반하고 무너진 다음에 발견하듯이).(271)

그래서 우리를 타자와 연합시켜 주는 것은 공동의 문화나 협력과 공동목표를 위한 협상조건이 아니라 인간 공동체 밖에 존재하는 그 무엇 즉 우리를 향하신 하나님의 배려다. 이는 우리가 선택하지 않은 연대에 붙잡히는 것을 의미한다. 우리는 인간의 권리와 권리 주장에 대해 이야기하는 차원보다 훨씬 더 깊은 곳으로 이끌려 간다. 우리는 하나님의 차별 없는 배려에 의해 확립된 근본적인 평등을 알아차리도록 초대받는다. 이는 경쟁적인 삶의 형태 혹은 대립관계로부터 자유로워져야 함을 의미한다 ; 왜냐하면 어거스틴이 말한 것처럼 선을 원하며 정의를 사랑한다는 것은 똑 같은 선이 모두에게 있기를 소원하는 것이기 때문이다.(212f) 더구나 우리는 공동체를 보는데 그 공동체의 유대는 배신을 이겨낼 수 있는 능력이 있기에 앙갚음, 폭력적 대응 그리고 배신을 막기 위한 선제 행동의 여지가 있을 수 없다.(215-7) 또 하나의 결론은 이 세상의 물체가 개인적 자아 혹은 그룹자아를 다른 자아로부터 방어하는데 사용되는 것과 힘의 도구가 되는 것은 적절할 수 없다는 점이다. 왜냐하면 그 물체들이 지배포기에 의해 작동되는 창조력의 표시이기 때문이다. 또한 교제가능성과 서약된 신뢰의 표시요 필요와 희망을 함께 나눌 것을 인정한다는 표시이기 때문이다. 성만찬은 물질적인 것들이 인간의 마음과 몸을 위해 물질이 지닌 가장 충만한 의미를 전달한다는 역설을 넌지시 시사한다. 물질이 지닌 의미란 하나님의 은혜와 그를 통해 형성된 공유의 삶을 말하는데 그러한 의미가 드러나는 것은 물질들이 지배의 도구나 축적의 대상이 되지 않고 선물의 수단이 될 때다.(218)

5. 다원주의와 공적 진리

(a) 문제

영국에서의(그리고 서구 일반적으로) 주요한 쟁점은 다원적인 사회의 성장이다. 한 요인은 영연방에서 수많은 사람들이 이민해온 것이다. 인도 아대륙으로부터 온 이들은 주로 모슬렘이나 시크교도 혹은 힌두교도였다. 기독교와 그러한 다른 종교 신봉자들에게는 종교가 담고 있는 진리가 매우 심각한 문제라는 것은 분명하다. 그래서 믿음간 특별히 기독교와 이슬람간에 날카로운 긴장 관계가 생기게 된다. 이러한 긴장은 2001년 9월 11일 사건의 여파로 크게 악화되었다. 종교간 대화를 하면서 어느 정도 성과가 있었지만 어떻게 간격을 넘어 서로 대화를 나눌 수 있는지 그 방안을 만들어 내기 시작했다고 보기 매우 어렵다.

두 번째 요인은 교회출석은 크게 저하되었지만 어떤 점에서 영국은 그 어느 때 보다도 종교적이며 엄청나게 다양한 종교적 관점들이 존재하고 그들 중 대부분은 극히 모호하다는 점이다. 이렇게 다원적 사회에서 지배적인 반응은 모두가 자기 자신의 관점을 지킬 권리가 있다고 말하는 것이다. 여기에는 각자가 근본적인 믿음들을 가지는 것은 철저히 사적인 문제라는 가정이 있다. 이렇게 되면 모든 관점이 비판 앞에서 무기력해지고 결국 어떤 종류의 심각한 토론도 단념하게 만든다. 공적인 진리는 철저히 불필요한 것으로 여겨지게 된다 ; 사회를 실제로 묶어 놓고있는 것이 검토되지 않고 더욱 문제가 된다. 철학이 이 점을 반영하고 있는 것은 전혀 놀랄 일이 아니다 : 철학의 대부분이 포스트모더니즘의 경향성을 띠고 믿음과 도덕에 합리적으로 방어할 수 있는 기반이 없다는 주장, 즉 지독한 다원주의만을 받아들인다. 이런 상황에서 쟁점에 대한 '토론'은 자기 이익을 보장하기 위한 속임수 이상이 될 수 없다는 의혹을 받는다. 이렇게 되면 다른 사람과의 협력을 통해 공공선을 찾자는 템플의 담화는 확실히 적실성을 상실한 것으로 보인다.

(b) 맥킨타이어, 하우어와스 그리고 요더

서구의 이러한 곤경에 대해 토론한 이들 중에서 가장 영향력이 큰 인물은 앨러스대어 맥킨타이어이다(원래 스코트랜드 출신이지만 북미에 오랫동안 거주하고 있음). 그리스도인들은 서구에서의 계몽운동 프로젝트가 거쳐 온 역사에 대한 맥킨타이어의 분석을 보고 매혹되었다. 그의 분석의 핵심은 도덕이 합리적 근거에 의해 세워질 수 있다는 확신에서부터 내리막길을 걸어 서로 대립되며 같은 표준으로 서로 비교할 수 없는 입장들을 반영하는 끝없는 논쟁으로 떨어졌다는 것이다.[27] 가장 큰 쟁점은 이러한 분석에 대해 어떻게 반응해야 하느냐다. 반응은 다양하다. 한쪽 극에서는 사회에 오직 미약한 다원성이 있을 뿐이라고 보는 이들이 더러 있다. 다른 한쪽 극에서는 포스트모더니즘의 다원주의를 확실히 수용한다.

맥킨타이어 자신의 건설적인 입장은 그의 전통과 실천에 대한 이해에서 볼 수 있다 : 정의와 실천적 이성에 대한 개념은 전통을 지닌 공동체들의 실천 안에서 명백해진다.[28] 그러나 다원성에 대한 강한 관점을 수용하면서 맥킨타이어는 경쟁상대의 입장들 속으로 상상을 통해 들어가면(말하자면 '두 번째 모국어(second first language)'를 배우는 것처럼) 강점들과 약점들을 인식하게 되고 더 훌륭한 일관성과 깊이에 도달하게 된다고 믿는다.[29] 그러므로 진정한 대화가 가능해진다.

맥킨타이어의 입장이 그리스도인들에게 매우 매력적인 데는 분명한 이유가 있다. 기독교는 쉽게 실천, 즉 예수 그리스도의 사건에 뿌리를 둔

---

27) Alasdair MacIntyre, *After Virtue : a study in moral theology* (London : Duckworth, 1981, 1985).
28) Alasdair MacIntyre, *Whose Justice? Whose Rationality?* (Duckworth, 1988).
29) Alasdair MacIntyre, *Three Rival Versions of Moral Enquiry* (Duckworth, 1990).

전통에 따라 살아야 하는 교회 공동체의 실천으로 보여질 수 있다. 관심이 즉시 교회의 내적 삶과 기독교 전통의 특수성에 쏠리게 된다. 밖으로 향하는 교회의 삶과 관련해서는 그리스도인들은 맥킨타이어가 경쟁관계에 있는 전통간의 대화를 제시한 것과 공적 신학이 가능한가라는 질문을 둘러싸고 의견이 나누어진다.

어떤 신학자들은 강한 다원주의를 교회윤리에 연결시킨다. 이들은 자유주의와 근대를 혹평하며 스탠리 하우어와스와 존 하워드 요더의 영향을 많이 받는다. 그리스도인에게 제시되는 질문은 세상을 좀더 좋은 장소로 만들기 위해 우리는 '무엇을 해야하는가'가 아니다. 자연법과 책임윤리를 위한 자리는 없다. 진정한 질문은 우리는 '어떤 존재가 되어야 하는가'다. 이것은 교회 공동체 안에서 인격과 덕(왜냐하면 도덕적 선택이 이것들로부터 흘러나오기 때문이다)을 쌓아가는 문제다. 예수의 인격과 사역은 십자가 위에서 가장 위대한 모습으로 표현되었는데 그리스도인들은 바로 그 예수에게 충성을 하며 살아야 한다. 그 예수의 이야기 속으로 들어가 등장인물이 되어 그 이야기를 재현해가면서 그리스도인들은 인격으로서 세워져 간다. 이야기 재현의 가장 중요한 장은 무엇보다도 예배다.[30] 하우어와스에게 이것이 바로 신약의 사회윤리다. 교회에 사회윤리가 따로 있는 것이 아니라 교회 그 자체가 사회윤리인 것이다.[31]

---

30) Stanley Hauerwas, e.g. *Character and the Christian Life : A Study in Theological Ethics* (San Antonio : Trinity University Press, second edition 1985) ; *A community of Character : Towards a Constructive Christian Social Ethics* (University of Ntrre Dame Press, 1981).
31) E.g. Stanley Hauerwas, *Vision and Virtue : Essays in Christian Ethical Reflection* (University of Notre Dame Pres, second edition 1981), Stanley Hauerwas and William Willimon, *Resident Aliens : Life in the Christian Colony*, (Nashvill : Abingdon, 1989) ; John Howard Yoder, *The Priestly Kingdom: Social Ethics as Gospel* (University of Notre Dame Press, 1984). 여기서 Samuel Wells로부터 많은 도움을 받았다 ; 그의 *Transforming Fate into Destiny : The Theological Ethcs of Stanley Hauerwas* (Carlisle : Paternoster Press, 1998)를 참조하라.

이것은 소위 기독교 현실주의, 특히 라인홀드 니이버에 대한 강력한 공격이다. 그리고 이는 결국 성공회 사회윤리에 대한 동일한 공격을 함축한다. 몇몇 성공회 저술가들이 하우어와스로부터 크게 영향을 받아왔다. 그들은 교회윤리를 강조하며 템플 전통을 거부하는데 이는 힘없이 자유주의와 세속주의에 팔아 넘겨졌다는 이유에서다.

(c) 밀뱅크, 오도노반 그리고 배너

존 밀뱅크는 카톨릭에 우호적인 성공회(Anglo-catholic) 전통에 있는 사람이다. 그는 어떤 종류의 자유주의도 배격한다. 그는 사회과학이란 잘못된 인간관을 지지하는 이데올로기에 지나지 않는다고 믿는다. 교회의 과제는 거짓된 담화를 교회 자체의 거대 담화로 교체하는 것이다. 왜냐하면 후자는 진리이기 때문이다.[32]

옥스퍼드 대학교의 올리버 오도노반 교수는 근대에 대해 매우 절망적인 관점을 가지고 있는 복음주의자다. 근대는 기독교의 자녀이지만 아버지의 집을 떠나 탕자의 길을 따라갔다고 그는 말한다. 혹은 그림을 좀 더 암울한 색채로 그리자면 근대는 적그리스도로서 기독교 사회윤리를 패러디한 것이며 더러워진 모습으로 발전시킨 것이다. 오도노반의 계획은 성경과 초대교회 전통에서 경시되었던 자원들을 회복하여 정치신학을 재건하는 것이다.[33]

킹스 대학의 마이클 배너 교수는 활짝 핀 다원주의적 독해를 수용하지만 매우 냉정하다. 그는 바르트주의 교의학적 윤리를 주장한다. '교의학 그 자체가 윤리이며 윤리가 바로 교의학이다.' 기독교윤리의 첫째 과제는 선과 악에 대한 일반적 지식을 무효로 만드는 것이다(본회퍼가 그

---

32) John Milbank, *Theology and Social Theory* (Oxford : Blackwell, 1990).
33) Oliver O' Donovan, *The Desire of the Nations*, 특별히 275 (Cambridge : Cambridge Press, 1996).

랬듯이). '윤리에 대한 일반적 개념은 죄의 개념과 정확히 일치한다' (바르트가 그렇게 주장했듯이). 기독교윤리는 일반윤리를 지속 발전시키는 것이나 더 풍부하게 만드는 것이 아니라고 그는 주장한다. 그러므로 변증학을 통해 기독교윤리와 일반윤리를 종합할 수 없다. 둘 사이의 우호적인 구획을 인정하는 것도 참을 수 없는 일이다. 신학적 윤리는 열린 마음으로 일반적 윤리가 탐구하는 바로부터 배울 수 있는 모든 것을 반드시 배울 것이다. 그러나 신학적 윤리가 지니고 있는 더 우월한 원칙들을 시금석으로 사용할 것이다.[34]

나는 템플에게 더 큰 지혜가 있다고 믿는다. 교회는 당연히 자신의 특수성을 유지하여야 하지만 계시에만 전적으로 호소해서는 안 된다. 템플은 사회 안에 있는 완전한 상대주의로 전락하는 것을 두려워했는데 그것은 옳은 일이었다 ; 그러나 그에 대한 해답은 포스트모더니즘과 다원주의를 수용하는데 있는 것이 아니라 대담과 대화를 추구하며 그리스도인과 비그리스도인들이 공감할 수 있는 공적 진리를 찾아내기 위하여 씨름하는 것이다. 합리성이(자연질서에 대한 토론을 포함해서)라는 것도 상당부분 전통에 갇혀 있다는 것을 템플보다 우리가 더 잘 볼 수 있게 되었다. 그러나 전통들을 넘나들며 합리적인 대담과 대화를 나누는 것은 여전히 가능할 뿐 아니라 참으로 필요한 일이다. 우리 모두는 인간의 삶을 살아가는 경험을 하고 있으며 우리 모두는(그리스도인을 포함하여) 상상력을 동원해서 인간적인 것이 무엇인가에 대한 이해를 더욱 깊게 만들어 갈 필요가 있다. 이는 비판과 자기 비판을 할 때 사용할 공통적인 기준을 얻어내기 위함이다. 더구나 인문과학은 무엇이 인간적인 것인가에 대해 적어도 부분적인 이해를 가지고 있음을 보여준다. 그리고 인문과학

---

34) Michael Banner, *Christian Ethics and Comtemporary Moral Problems*, 1-9 (Cambrige University Press, 1999). Cf. 자연도덕과 관련해서 그는 브루너를 반대하고 바르트를 지지한다(281ff.).

은 예를 들자면 사람과 그룹들이 힘을 사용하고 지배하다가 어떻게 다른 사람들에게 손해를 입히게 되는지 그 역학적 구조를 들추어내는 데 적절한 도움을 줄 수 있다. 공통적인 인간성에 대한 합리적 대화에 대해 절망하게 되면 틀림없이 우리 모두는 결국 멸망하고 말 것이다.

(d) 로완 윌리엄스 : 특수성과 공유되는 담론

로완 윌리엄스는 이 점에 동의하리라고 믿는다. 그는 기독교 신앙의 특수성을 강력히 주장한다. 그래서 교회는 먼저 모든 공동체와 혈연관계가 그 한계들로 말미암아 인류의 참 모습에 미치지 못한다는 것을 알고 교회가 그들과 어떻게 다른가를 이해하여야 한다. 교회는 적어도 분파가 가지고 있는 어떤 특징들을 지니고 있어야 한다.(233)

그러나 교회는 단순히 분파가 아니다. 그리스도인들이 "새로운 피조물"이라는 것은 그들이 가지고 있던 과거의 관계들과 소속된 것들을 모두 청산해버리는 것을 의미하지 않는다. 현존하는 소속의 형태들이 새로운 공동체의 존재양식과 가능하다면 어떻게 협력할 수 있는가를 질문해야 한다.(236) '우리의 근간이 되는 이야기가 우주적 적실성과 중요성을 가지고 있다고 주장하려면 … 인간조건에 의미를 부여하려는 다양한 모든 노력들에 정통해 있다는 것을 끊임없이 보여줄 수 있어야 한다.' (142)

이러한 의사교통을 이루기 위한 첫 번째 과제는 모든 사람은 자기 나름의 견해를 고수할 권리가 있다고 단순하게 말하는 서구 공통의 다원주의의 한 형태를 무너뜨려야 한다. 윌리엄스는 이러한 다원주의는 진리에 대한 곤혹스러운 질문들을 지적인 면에서는 나태하게 도덕적으로는 경박하게 회피하고 있다고 말한다. 이는 인류에게 공통적인 희망과 공통적인 소명이 있다는 어떤 생각으로부터도 결별된 자아가 있으며 그 자아는 내적인 권위를 가지고 있다는 것을 전제한다.(239, 17) 이는 어떤 사회적 질서에도 견고한 토대를 부여하지 않는다. 다만 '벌거벗은 공공

광장'이 있을 뿐이며 거기에는 선택할 수 있는 다양한 문화들이 마치 여러 줄로 진열된 소비재처럼 제시되고 있다는 것이다. 그러므로 교회는 진정으로 공적인 공간을 창조해야만 하는 과제를 안고 있다.(35) 교회는 소비주의 그리고 사유화와 결탁해서는 안 된다. 평화운동들 같이 대안적 삶을 살아가는 작은 공동체들을 만드는 일도 만일 그 공동체들이 자신을 뛰어 넘어 사회 전체를 위한 비전들을 확립하고 유지할 수 없다면 충분하지 않다.(36, 271) '그리스도인 모두 그리고 특별히 신학자들은 자신이 속한 문화에 참여해서 인간사회 안에서 공유되는 담론과 그 사회의 공통적인 목표를 가지고 있다는 의식을 만들어 가거나 회복하려는 노력을 기울일 필요가 있다.' (37) 그리스도인들은 최전선에서 정치, 예술 그리고 학문의 세계에 참여해야 한다.(38) 이런 과정에서 검토하고 있는 다른 언어들이 그들 자신의 기독교신학과 편하게 조화될 수 있는지 여부를 발견하면서 전통적인 신조들이 심사 받게 되는 것을 자주 발견하게 된다.(38f)

6. 교회, 사회 그리고 국가

하나님 나라와 분명하게 불편한 관계에 있는 인간 연대의 형태가 확실히 있을 것이다. 윌리엄스는 본회퍼가 제 3제국에 항거하여 일어섰던 것을 언급한다. 그러나 전적으로 부정적인 비판이나 심판이라는 측면만 있는 것이 아니다. 그 또한 어거스틴이 하나님 나라는 세속적인 평화와 질서 안에서 즐기고 또 그를 사용한다고 말한 것에 동의한다. 사회와 그 제도를 무조건 배격하는 것만은 아니다. 이는 전적으로 정황에 달려 있다. 그래서 교회는 특정한 국가를 향해 질문을 던진다 ; 어떤 인간성을 촉진하는가? 시민들이 어느 정도의 힘을 가질 수 있도록 육성하는가? 상호간의 돌봄은 어느 정도인가? 지역을 넘어서는 어떤 비전이 있는가?

절대주권과 절대안전에 대한 권리를 주장하는 것에 대해 어떤 의혹을 던지는가?(윌리엄스는 특별히 소위 우주전쟁 방위계획에 대해 비판적이다) 그래서 교회는 자연적인 인간 단체들을 판단하며 서로 영향을 미친다. 어떤 상황에서는 그들에게 감사를 표시하고 다른 상황에서는 질문을 던지거나 저항하기도 한다.(236f.)

윌리엄스는 이런 종류의 참여에 교회가 얼마나 부족한지를 민감하게 알고 있다. 우선은 귀기울여 듣고 기다린 다음에 그리스도인의 상상력을 확대하여 우리가 처한 조건이 주는 고통과 비극 그리고 그 조건의 모호성을 대처해나가는 것이 좋을 것이다.(40) 그 때 다음과 같은 질문이 다가온다 : '다른 사람들의 행동과 희망 안에서 우리 자신의 근간이 되는 이야기들을 재발견함으로써 우리 자신이 다시 회심하고 그들의 행동과 희망을 그리스도에 연결시켜 하나님의 재창조하시는 은혜를 힘입어 성취될 수 있도록 할 수 있겠는가?' (38)

7. 어려운 선택하기

윌리엄스는 근본적인 수준에서 글을 쓰고 있다. 삶의 한 가운데서 어려운 선택을 하는 것에 대해서는 할 말이 그렇게 많지 않다. 그에게 행위와 인격을 기독교 도덕에 의거하여 평가할 때 가장 중요한 질문은 다음과 같다 : 그것이 다른 사람의 생명을 위하여 자기를 버리는 성품을 갖고 있는 하나님에 대해 말하고 있는가? 피조물을 위해 하나님께서 행동하기로 작정한 것에 대해 또한 그 하나님의 행동은 신뢰할 만한 것이라는 점에 대해 말하고 있는가? 예수의 삶과 죽음에 체현된 것처럼 하나님이 이익과 권리주장을 포기하는 것에 대해 말하고 있는가? 이것은 절대적 선 예를 들면 절대적 평화주의 같은 것을 제시하고 있는 것처럼 보일 수 있다. 그러나 이어지는 윌리엄스의 언급을 보면 그의 속마음을 알게

된다 : '그리스도인은 하나님께서 영광을 받게끔 하나님을 드러내는 행동을 하도록 끊임없이 요청을 받고 있다. 그러나 그러한 행동이 펼쳐지는 곳은 세상이다. 그 세상의 상황 때문에 우리는 다소간 해를 끼치는 방안들 중에 선택할 수밖에 없다 ; 이런 현실에서 그리고 도덕적 세계의 비극적 차원이 침범해 들어오는 상황에서 영광스러운 것은 … 자기만족에 빠지지 않고 슬픔 가운데 무력함을 솔직히 인정하는 것이다. 왜냐하면 이것이 어떤 점에서 신적인 자기 버림의 한 모형을 만드는 것이기 때문이다.' (263)

특정한 사회적 쟁점과 씨름하며 무엇을 할 것인가를 결정할 때 템플이 제시한 바 중에 많은 부분이 여전히 유효하다는 것을 발견하게 될 것을 나는 믿는다. 사회적 원칙들은 우리의 근본적인 인간성에 대한 매우 유용한 요약이며 사회의 병리현상을 간파하는 데 지침이 된다. 사랑과 정의라는 쌍둥이 개념은 라인홀드 니버처럼 변증법적으로 이해된다면 삶의 복잡성과 긴장관계를 풀어나가는데 튼튼한 발판이 된다. 템플은 '자기만족에 빠지지 않고 슬픔 가운데서' 결정을 내리기만 한다면, 매우 불완전하고 죄악된 세상에서 가장 덜 악한 것을 선택하도록 자주 요구받고 있다는 점을 인정하였는데 이는 올바른 것이었다. 혹은 템플의 표현을 빌리자면, '우리는 우리가 처한 상황에서 그리고 우리 자신의 모습의 한계 내에서 할 수 있는 최선을 다해야 한다. 그러면 하나님께서 죄인인 우리를 긍휼히 여기실 것이다!' [35]

---

35) Iremonger, 532f.

현대 미국 복음주의 교회와 정치윤리

신 원 하 (고려신학대학원)

1. 서론 : 미국 복음주의 교회와 정치참여

A. 1960년대 이후의 사회참여운동과 시카고 선언

1960년대까지만 하더라도 미국사회에서 평등, 정의, 평화, 복지, 자유와 같은 정치 · 사회적 문제들과 기독교인의 사회적 책임을 강조하는 일을 진보적 교회의 전유물인 것처럼 생각하였고 실제로 대다수의 복음주의 교회는 침묵을 지켜왔다.[1] 그러나 50년대 이후 칼 헨리를 비롯한 의

---

[1] 사실 18세기, 19세기 미국의 복음주의 교회들은 결코 사회에 무관심한 것은 아니었다. 시민 권리, 노예제 폐지, 금주 운동 등을 사회적으로 전개해왔다. 그러나 1920년대 이후로 오랫동안 침묵을 지켜왔는데 그 원인은 몇 가지로 거론되곤 한다. 첫째, 복음주의자의 개인주의적 경건주의 신앙 형태를 들 수 있다. 기도, 묵상, 성경읽기, 그리스도와의 연합, 그리고 복음전도를 중시해온 경향은 상대적으로 사회변화에 대한 관심에 소홀하게 만들었다고 할 수 있다. 둘째, 사회 변화를 복음의 핵심으로 동일시한 20세기 초의 사회복음 운동에 대한 반작용을 들 수 있다. 복음주의자들은 복음은 기본적으로 개인에게 주어졌고 회개와 구원의 대상과 주체는 개인이지 사회가 아님을 강조한다. 따라서 이를 희석시키는 사회복음주의자들의 활동에 대한 차별화를 추구하는 과정에서 사회적 문제에 깊이 관여하는 일을 꺼리게 되었다. 셋째, 전천년주의 종말론의 영향을 들 수 있다. 19세기, 20세기를 통해 시민전쟁, 그리고 양차 세계대전을 거치면서 교회 내에 후천

식 있는 복음주의 신학자들이 서서히 이에 대해 눈을 뜨면서 복음의 사회적 메시지를 외치기 시작하였다. 1960년대 중반부터는 젊은 지성적 복음주의자들이 이 운동에 가담하기 시작했고, 70년대에는 복음주의자들이 공공 광장에 나아와 활발하게 사회 문제에 대한 자신들의 목소리를 높이게 되었다. 이러한 추세는 1973년 시카고에서 개최된 '사회참여를 위한 복음주의자들 협의회' (Conference of Evangelicals for Social Concern)로 가시적인 열매를 맺었다. 복음주의자들은 그동안 그들이 가난하고 힘없는 자들의 권리를 옹호하고 그들에게 하나님의 사랑을 보여주는 일을 소홀히 한 잘못을 고백하고 이 사회에서 정의와 평화를 증진하기 위해 노력할 것을 다짐하는 시카고 선언(Chicago Declaration)을 발표하였다.[2]

80년대에 들어와서 복음주의의 극우 쪽에 서 있는 근본주의자들을 중심으로 한 정치적 행동주의는 진보적 교회의 정치활동을 능가했고, 이들은 자신들이 주장하는 기독교적 가치를 법제화하기 위해 맹렬하게 운동하였다. 제리 포웰(Jerry Falwell)을 중심으로 1979년에 조직된 '도덕적 다수' (Moral Majority) 그룹과 이 흐름에 속해 있는 '기독교 동맹' (Christian Coalition)과 같은 단체들은 사회와 대중 매체, 그리고 학계의 주목을 집중적으로 받았고 실제로 80년대와 90년대에 걸쳐 현실 정치에 큰 영향력을 발휘하였다.

년설적 종말론보다 세대주의적 전천년주의 신학이 영향력을 행사하게 되었다. 세상은 시간이 갈수록 점점 악해져 갈 것이라는 전천년주의적 신학으로 인해 복음주의 교회는 아무리 사회를 개선해 나간다 하더라도 결국에는 사회가 나빠져갈 것이고, 그러므로 사회 변혁의 노력은 결국 열매없는 일이 될 것이라고 생각하게 되었다. 이런 신학적 입장은 결국 사회적 책임과 변혁에 대한 관심을 점점 저하시키는 요인으로 작용했다. David O. Moberg, *Inasmuch : Christian Social Responsibility in 20th Century America*(Grand Rapids: Eerdmans Publishing Co., 1965), 20-21 ; Michael L. Cromatie, "The Evangelical Kaleidoscope : A Survey of Recent Evangelical Political Engagement," in *Christian and Politics Beyond the Culture Wars*, ed. David P. Cushee(Grand Rapids : Baker Book House, 2000), 16.

2) "A Declaration of Evangelical Social Concern," in *The Chicago Declaration*, ed. Ronald Sider(Carol Stream, Ill. : Creation House, 1974), 1.

B. 복음주의 정치윤리의 다양성

60년대 중반기 이후로 특히 70년대에 복음주의자들이 사회 문제에 관심을 갖고 교회의 울타리를 벗어 나오게 된 데에는 당시의 사회적 분위기와 또 복음주의 학자간의 높아진 지성적 분위기를 들 수 있다. 첫째, 60년대, 70년대 미국 사회는 엄청난 경제 성장과 풍요를 구가했지만 베트남 전쟁에 대한 반전운동, 성 혁명, 가정해체, 범죄급증, 정치인들의 도덕적 부패 같은 다양한 문제로 인해 사회가 묘한 도덕적 해이와 혼란 상황에 있었다. 이러한 사회현상에 대해 의식 있는 복음주의자들이 책임감을 느끼게 되었다. 둘째, 최고의 교육기관에서 공부한 지성적 복음주의 학자들을 중심으로 경건주의적이고 이원론적으로 성경과 복음을 해석하는 것을 지양하고 복음과 구원을 개인을 넘어서 사회에도 관련된 것임을 강조하기 시작했다. 이들은 베트남 전쟁 참여문제에서부터 흑인 인권운동, 양심적 병역거부운동, 낙태와 같은 사회적인 문제에 대해서 자신들의 주장을 외치기 시작했고, 교회도 이에 관한 소리를 사회에 제시해야 할 것을 강조했다. 그리스도인들은 힘을 결집하여 정치인들에게 압력을 가하고 자기들의 주장을 사회 정책에 반영하는 일에도 나서야 한다고 주장했다. 이들은 사회를 효과적으로 변화시켜야 할 책임이 그리스도인에게 있음을 강조하면서 실제로 구체적인 방법을 사회 과학적으로 연구하고 제시하였다.[3]

그러나 이들 가운데서는 정의사회와 그것의 구현방법에 대한 교회와 그리스도인의 역할에 대해서는 견해가 조금씩 달랐다. 미국 문화와 사회, 정부의 기능과 한계, 무력사용과 전쟁, 경제체제 그리고 그리스도인 사회 개혁 방법에 대한 생각이 각기 달랐다. 이들의 입장에 대해 파울러

---

3) Robert Booth Fowler, *A New Engagement : Evangelical Political Thought, 1966-1976* (Grand Rapids : Eerdmans Publishing Co., 1982), 3-4.

(Robert Fowler) 교수는 보수적 입장, 온건한 입장, 개혁적 입장, 급진 좌파적 입장, 그리고 극히 우파적 입장으로, 헌터(John Hunter) 교수는 보수적 입장, 온건한 입장, 그리고 진보적 입장으로,[4] 처릴로와 뎀스터 (Cerillo, Jr. & Dempster) 교수는 보수(Evangelical Conservative), 진보 (Evangelical Liberal), 그리고 급진 좌파(Evangelical Radical), 근본주의 신 우파 (Fundamentalist New Right) 입장으로 분류하였다. 이들은 각기 서로 조금씩 다른 이름으로 유형화하고 있지만 내용은 거의 유사하다고 할 수 있다.[5] 본고는 복음주의 정치 윤리의 입장을 네 가지 유형으로 나눈 처릴로와 뎀스터 교수의 유형론을 따라서 이들의 정치 신학과 사회 윤리 전략을 다루고 분석할 것이다. 논문은 기본적으로 20세기 후반기의 미국복음주의자들의 정치 신학적 입장과 아울러 그들의 사회 윤리적 전략을 유형화하여 정리하고 분석하는 것에 초점을 맞출 것이다. 이는 한국 복음주의 교회가 현실 정치와 사회 개혁을 위한 교회의 책임과 방안을 모색하는 데 좋은 거울이 되리라고 생각하기 때문이다.

II. 복음주의 보수(Evangelical Political Conservative) 입장

A. 태동과 주요 인물/그룹

1947년 칼 헨리(Carl F. H. Henry)는 『현대 근본주의의 불편한 양심』 이란 책을 출판하면서 근본주의 신앙의 교회들이 지녀왔던 편중된 타계

---

[4] 헌터 교수는 소위 급진적인 입장을 진보적 입장 안에 포함시킨다. 그러나 그는 Sojourners와 The other Side 잡지의 입장을 "급진적인 진보"라고 규정한다. John Davison Hunter, *Evangelicalism : The Coming Generation* (Chicago : The University of Chicago Press, 1987), 136-41.

[5] Augustus Cerillo, Jr. and Murray Dempster, *Salt and Light : Evangelical Political Thought in Modern America* (Grand Rapids : Baker Book House, 1986).

적 신앙, 반지성주의, 그리고 문화와 사회적 문제들에 대한 무관심을 비판했다. 해롤드 오켕가(Harold Ockenga), 버나드 램(Bernard Ramm), 그리고 T. B. 매스턴(T.B. Maston)과 같은 소위 신복음주의자들로 불리는 학자들도 교회가 복음의 메시지를 현대 사회의 문제에 효과적으로 적용해야 한다고 주장하면서 힘을 보태었다.[6]

이들은 60년대 들어 사회가 급속히 진보적이 되어 가고 점점 기독교적인 가치관과 삶의 방식과 멀어짐을 보면서, 교회는 미국인들의 일상적인 삶과 사고 그리고 정치적 문화적인 영역에서도 성경적 가치를 구현하는 데에도 관심을 가져야 한다고 주장하였다. 이 입장은 70년대 이후에는, 약간의 차이는 있지만, 존 뉴하우스(John Richard Neuhaus)와 같은 학자들을 통해 계속되고 있다고 할 수 있다. 뉴하우스 역시 "하나님 아래 있는 미국"(Nation under God)을 강조하고 미국이 기독교적 가치와 이상을 회복해야 한다고 강조한다.

B. 정치 신학과 사회 변혁 방법

헨리는 그리스도인들에게 "사회에 계시된 복음과 기독교인의 사회적 의무에 대한 성경적 원리를 가르치고, 나아가 복음전도뿐만 아니라 사회적인 책임도 감당하도록 하는 것"이 교회의 의무라고 주장한다.[7] 그러나 헨리가 강조하는 사회적 책임의 핵심은 그리스도인들이 도덕성을 발휘함으로 자기가 속한 조직과 관계들을 변화해 나가는 것이다. 그는 그리스도인이 정부의 행동과 제도적 강제력을 활용하여 사회를 개선해 나가는 일에 크게 신학적 가치를 두지 않는다.

---

6) Carl F. H. Henry, *The Uneasy Conscience of Modern Fundamentalism* (Grand Rapids : Eerdmans Publishing Company, 1947), 20, 33.
7) Henry, *Aspects of Christian Social Ethics*, (Grand Rapids : Eerdmans Publishing Company, 1964), 10.

헨리는 정부를 하나님이 인간의 악을 억제하고 사회 질서를 유지하고 정의를 세우기 위해 세우신 제도로 이해한다. 정부의 기본적 과제는 악한 자들에게 "형벌을 부과하는 기능"(punitive function) 즉, 악한 자를 징벌하는 정의의 시행과 사회의 질서를 유지하고 보존하는 기능이 그 핵심이라는 것이다.[8] 이 점에서 정부가 감당해야 할 정의라는 것도 개인의 기본적 권리와 재산권과 자유를 보호하는 좁은 의미로 이해한다. 헨리는 정부가 국민 복지의 책임도 떠맡아 가난한 자를 돕고 자선을 베푸는 일은 교회나 기독교 단체가 사랑의 명령에 대한 순종의 차원에서 할 일이지 국가가 맡고 법으로 시행해야 할 것은 아니라고 생각한다. 국가는 정의를 유지하는 기관이기 때문에 사랑과 자선(benevolence)을 시행하는 것은 곤란하다는 것이다. 왜냐하면 기본적으로 사랑은 때로는 약한 자에 대한 편파적인 사랑 또는 어떤 한쪽에 호의를 베풀어주는 것도 해야 하기 때문이다.[9]

헨리는 정부가 자선의 일도 떠맡아 더 많은 세금을 징수해서 국민의 복지에 관여하게 되면 국가의 힘과 힘이 미치는 범위가 비대해지게 될 것이고 이는 정부가 전제적 성격을 지니게 될 위험이 높다고 우려한다.[10] 브라운도 이 점을 우려한다. 즉 강력한 힘을 가진 정부가 비기독교 그룹의 압력을 받아 세속적 결정을 내리게 되는 일이 빈번해질 수 있고 이렇게 되면 때로는 그리스도인들이 찬성할 수 없는 복지정책을 위해 더 많은 세금을 내게 될 수 있다는 것이다.[11] 낙태를 시행하는 의원이나 병원에게 복지예산을 지원하는 것이 그 한 예라고 할 수 있다.

헨리는 교회가 취할 사회윤리 또는 진정할 사회 개혁 전략은 거듭난

---

8) Ibid., 96.
9) Ibid., 160. Henry, "Evangelical in the Social Struggle," in Salt and Light, eds. Augustus Cerillo, Jr. and Murray Dempster, 34.
10) Henry, *Aspects of Christian Social Ethics*, 118, 153.
11) Harold O. J. Brown, *Christianity and the Class Struggle*, (Grand Rapids : Zondervan Publishing House, 1971), 49.

그리스도인을 통해 거듭나지 않은 자들과 타락한 문화에 선한 도덕적 영향력을 행사하여 불신자들로 하여금 진정 가치 있는 삶을 살고자 하는 마음을 일으키고 도덕적인 삶을 살게 하는 것이라고 주장한다. 즉 이 것이 그룹과 사회를 변화시켜 나가는 기독교적인 방법이라고 주장한다. 이런 관점에서 그는 교회가 사회에 성경적인 원리를 제시하는 선을 지나 교회가 사회의 양심 내지 맥박으로 자처하고 구체적인 정책에 관여하는 것을 교회의 본문을 벗어나는 일이라고 말한다. 그는 사람이 변하지 않는 한 법적인 강제력과 정부의 행동으로서는 진정한 개선은 이루어질 수 없다고 보는 것이다.[12]

C. 주요 사회 이슈에 대한 입장

첫째, 복음주의 보수의 입장은 70년대 이후 미국 사회가 문화적으로 이념적으로 다원화 되어가면서 기독교 신앙의 영향이 점점 약화됨을 우려하며 신앙의 회복을 외친다. 또 이들은 비록 미국에서 정·교가 분리되어 있지만 실제로 미국이 기독교적 가치에 기초하여 세워졌음을 잊지 말아야 한다고 주장한다. 따라서 기독교 신앙을 시민생활, 공적 생활의 영역에서 배제하고 사생활에 관련된 것으로 만들려는 기독교 신앙의 사사화(私事化, privatization)의 경향을 비판한다. 현재 미국 사회가 사회적 담론과 공적 토론에서 어떤 특정한 종교의 신념을 철저히 배격하고자 하는 풍조가 있음을 지적하면서 이것은 결국 미국의 도덕적 수준을 떨어뜨릴 수밖에 없다고 말하고, 교회는 이런 추세에 경고하고 저항해야 한다고 주장한다.

둘째, 이 그룹은 미국이 연방관료제 강화와 복지제도를 확산 등 정부

---

12) Henry, "Evangelical in the social Struggle," in Salt and Light, 38.

가 국민 생활에 깊이 개입하고 강력한 힘을 행사하는 것을 반대한다. 이들은 기본적으로 작은 정부, 복지 정책 확산 반대, 강한 국방력, 그리고 세금 절감 정책을 주장하면서, 이런 정책기조를 갖고 있는 공화당을 지지하는 성향을 보여왔다.[13]

셋째, 이 그룹은 특별히 전통적인 도덕과 윤리를 강조한다. 성, 가족, 낙태와 같은 문제에 있어서 보수적인 입장을 강조한다. 이것은 성경적 가르침이 이것에 대한 미국의 전통적 가치와 일치한다고 보기 때문이다. 그리고 이들은 인종 차별하는 사회적 악에 관해서는 교회가 비판적 소리를 높여야 하고 개선을 위해 노력해야 한다고 주장한다. 교회는 미국사회에서 인종적 벽과 편견과 차별을 극복하고 동등한 권리와 기회의 평등을 부여하기 위해 노력해 나가야 함을 특히 강조하였다. 그러나 그러기 위한 구체적인 안이나 정책을 제시하지는 않는다.[14]

III. 복음주의 진보(Evangelical Liberal) 입장

A. 태동과 주요 인물/그룹

칼 헨리의 보수적인 개인적 사회 윤리는 사회에 실제적 변화를 가져오기에는 역부족이라고 믿고 이에 불만을 품은 젊은 복음주의 학자들이 60년대 중 후반기에 등장했다. 우리가 사는 사회는 그렇게 단순하지 않음을 주장하면서 사회구조에 대한 사회과학적인 분석에 근거하여 사회

---

13) Augustus Cerillo, Jr. and Murray Dempster, *Salt and Light : Evangelical Political Thought in Modern America*(Grand Rapids : Baker Book House, 1986), 24.
14) Fowler, *A New Engagement*, 88.

를 변화시키는 데 사회 구조적인 접근이 필요함을 주장하였다. 초창기 주요학자인 모버그(David Moberg) 교수는 사회악에 대해 강조하면서 이 사회악에 중립적인 태도를 취하는 것은 악을 후원하는 행동과 마찬가지라고 주장하면서 개혁을 위한 강한 행동주의 노선을 견지했다.[15] 이 입장은 70년대 젊은 복음주의자들 가운데 가장 큰 세력을 형성했는데, 특히 아브라함 카이퍼(Abraham Kuyper)의 신칼빈주의 신학전통에 속에 있는 리폼드 저널(The Reformed Journal)의 편집인들과 칼빈 대학 인문 사회과학 교수들과 미국개혁교단 관련된 학자들인 David Moberg, Richard J. Mouw, Nicholas Wolterstorff, Lewis Smedes, Stephen Monsma, Paul Henry, 그리고 사회 정의 연합회(Association of Public Justice)의 James Skillen, Paul Marshall 과 Stephen Mott와 같은 학자 등이 주축을 이루었다. 이들은 신학적으로는 보수적이지만 정치적으로 전향적이면서 진보적인 입장을 지닌 소위 문화주의적 개혁주의자들과 또 그들과 유사한 성향을 지니고 있는 자들이라고 할 수 있다.[16]

B. 정치 신학과 사회 변혁 전략

이 그룹의 신학적 입장은 기본적으로 창조세계와 질서에 대한 긍정적 시각에서 출발한다. 하나님이 창조세계를 선하게 만드시고 그 창조계를 다시 인간이 다스리고 만들어 가도록 명령을 주신 것을 소위 문화적 명령으로 이해하는 동시에 인간들은 이 땅을 효과적으로 다스리기 위해 노력해야 한다고 주장하면서 바로 이 일을 위해 정치가 필요하다고 주

---

15) David O. Moberg, *The Great Reversal : Evangelism Versus Social Concern*(London : Scripture Union, 1972), 88.
16) J. Philip Wogaman, *Christian Perspectives on Politics, revised and expanded* (Louisville, Kent. : Westminster/John Knox Press, 2000), 136 ; George Marsden, "Reformed and America," in *Reformed Theology in America*, ed. David Wells (Grand Rapids : Eeremans Publishing Company, 1985), 10.

장한다. 즉 정치는 하나님이 이러한 일을 위해 창조 시에 이미 의도하신 제도라고 주장한다.

정치적 기관과 제도로서의 정부는 타락 전 이미 하나님이 의도한 제도로 이해하고 아울러 인간본성에서 말미암는 것으로 보기에 그리스도인들은 인간의 자유와 평등 그리고 사회의 정의를 수립하기 위해 정부의 기능을 적극적으로 활용해야 함을 주장한다.[17] 이 그룹은 인간의 죄가 미친 부정적인 현실을 무시하지 않는다. 그러나 이러한 왜곡된 부분은 예수의 구속 사역으로 말미암아 회복되었다는 것이다. 현재 정사와 권세에 의한 악한 영향에도 불구하고 이 세상과 창조의 제도들은 긍정적인 기능을 여전히 할 수가 있다는 것이다. 아울러 이 그룹은 현재 이 땅과 이 땅에서의 삶은 종말의 세계와 그곳에서의 삶과 무관한 것이 아닌 어떤 면에서 연속성을 지닌다고 주장한다.[18] 즉 종말은 창조세계의 완성과 정화된 변혁으로서의 새로운 세계로 보기 때문에 이 땅에서의 그리스도인의 정치적인 활동은 중요한 가치와 의미를 지니는 것으로 본다.[19] 이런 신학에서 강한 행동주의가 나오는 것은 당연한 귀결이라고 할 수 있다.

이들은 현 사회의 악은 개인적인 차원뿐만 아니라 구조적인 차원에서 보아야 한다고 주장한다. 따라서 많은 현대 사회의 문제들은 객관적 환경과 사회 구조의 변화 없이는 해결될 수 없다고 주장한다. 따라서 개인적인 개선의 노력으로는 충분하지 못하고 정부의 기능을 활용한 제도적

---

17) Robert D. Linder & Richard V. Pierard, *Politics : A Case for Christian Action* (Downers Grove, Ill. : InterVarsity Press, 1973), 44 ; Mouw, *Politics and the Biblical Drama*, 33.
18) James Skillen, "Christian Action and the Coming of God's Kingdom," in *Confessing Christ and Doing Politics*, ed. James Skillen(Washington, D.C : Association for Public Justice Education Fund, 1982), 92.
19) Richard Mouw, *Politics and the Biblical Drama*(Grand Rapids : Eerdmans Publishing Company, 1976), 137 ; *When Kings Come Marching In*(Grand Rapids : Eerdmans Publishing Company, 1983), 25-6, 34.

개혁 작업이 필요하다고 주장한다. 노인 문제, 장애우 문제, 빈곤의 문제는 단순히 개인이나 가족 그리고 교회의 지원으로는 해결할 수 없고 국가와 정부가 연금제도확충, 노약자, 장애우 특별지원법 등을 통해 구조적으로 간섭하고 해결해야 할 문제라는 것이다.[20] 이런 입장을 갖고 있기에 그리스도인들이 현실 정치적 활동에 적극적으로 참여하고 각종 제도를 통해 사회를 개선해 나가는 일에 앞장서야 한다고 주장한다.

실제로 현실 정치에 뛰어들어 미시간 주 상원 의원으로 활동한 교수 몬스마(Stephen Monsma)는 죄악된 현실이지만 악을 억제하면서 최선을 다해 노력한다면 보다 나은 사회를 만들어 나갈 수 있다고 보면서 기독교인은 이런 "전향적 현실주의(progressive realism)"의 입장을 가져야 한다고 주장한다.[21] 그는 이러한 현실을 개선하는 일을 위해 정부를 중요한 도구로 사용할 수 있다고 말한다. 역시 미시간 주 하원의원으로 정치활동을 했던 칼빈 대학 교수 폴 헨리(Paul Henry) 역시 죄로 인해 인간의 정치활동과 세상사는 갈등이 있지만 인간은 이 갈등을 넘을 합의를 서로 도출하고 평화와 정의를 제한적으로 구현해갈 수 있다고 주장한다.[22]

따라서 이 그룹은 신실한 그리스도인들을 정치의 영역에 많이 진출시키는 것이 사회를 공의롭게 변화시키는 중요한 길이라고 주장한다. 그리고 기독교 정치인들을 배출하는 것뿐만 아니라 기독교 시민들이 정치 연합회를 만들고 또 이에 가입하여 적극적인 사회를 위한 활동을 할 것을 강조한다. 첫째, 정치 연합회 활동을 통해 시민들에게 사회적 문제에 대해 바른 시각을 심어주어야 하고, 둘째는 전문가 그룹을 형성하여 그

---

20) Moberg, *Inasmuch : Christian Social Responsibility in 20th Century America* (Grand Rapids : Eerdmans Publishing Company, 1965), 105.
21) Stephen V. Monsma, *The Unraveling of America*(Downers Grove, Ill. : InterVarsity Press, 1974), 121.
22) Paul Henry, *Politics for Evangelicals*(Valley Forge, Penn. : Judson Press, 1974), 88-9.

들로 하여금 정책들에 대해 연구하여 제안하도록 하고, 셋째는 정부와 정치인들에게 직접적으로 영향력을 행사하도록 해야 한다고 주장한다.[23]

C. 주요 사회 문제에 대한 입장

첫째, 복음주의 진보 그룹은 기본적으로 미국은 구조적으로 다원적 사회이고, 다양한 종교와 문화로 구성된 국가로 이해한다. 기독교적 가치의 신장을 원하지만 그것을 국가나 정부에 강하게 요구할 수 없다고 생각한다. 정부가 공공의 정의를 추구해 나가는 것보다는 특정 이익단체와 그룹을 대변하는 정책을 펴 나가는 경우가 많음을 비판하면서, 정부는 국민의 다양한 가치관과 이념을 존중하여 평등하게 국민의 다양한 입장을 보장해야 한다는 다원주의(pluralism)적 입장을 견지한다.[24] 정치인들은 어떤 특정한 종교의 의견 또는 어떤 인종이나 계층의 의견이 비록 다수를 차지한다 하더라도 그것을 전체의 의견으로 생각하여 정책과 법에 과도하게 반영해서는 안 되는, 다양한 소수 그룹의 소리도 존중하고 함께 반영하는 비례적 정의를 추구해 나가야 한다고 생각한다.[25] 이 점에 있어서 공공 삶에서 군사적인 자세로 기독교적인 도덕주의를 관철하려는 단체들의 주장에 반대한다.

이 그룹은 자신의 사회에 기독교적 가치를 심기 위해 노력해야 하지만 주어진 사회의 다원성을 인정하면서 다른 견해에 관용하고 인내하는 태도를 병행해야 한다고 주장한다. 이 사회에서 기독교적 이상을 완전히 실현한다는 것은 불가능하다는 것을 인식하고 종말론적인 소망의 관

---

23) James W. Skillen, *Christians Organizing for Political Service*(Washington, D.C. : Association for Public Justice Education Fund, 1980), 66-9.
24) Ibid., 68.
25) Ibid., 44.

점에서 인내하면서 다른 견해와 사람에 대해 정중함을 잊지말고 점진적으로 정치적 절충과 대화를 통해 사회를 개혁해 나가야 한다고 주장한다.[26]

둘째, 이 그룹은 미국이 자국중심주의가 아니라 세계 정의의 관점에서 정치해야 한다고 주장하고 그러므로 기독교회도 편협한 애국주의와 민족주의에 사로잡혀서는 안 된다고 주장한다. 이런 점에서 이 그룹은 정부의 기능을 강조하면서 동시에 정부가 잘못하는 것에 대해 신랄한 비판을 가하고 이것을 변혁하기 위해 노력한다고 본다. 예를 들면 이들은 베트남전쟁과 같은 전쟁은 지구촌 전체와 베트남 국민을 우선으로 생각하여 일으키지 말았어야 할 전쟁으로 규정하면서 미국의 잘못을 비판했다. 이 그룹은 현실 정치에 있어서 미국의 국내 문제는 다른 국가와 긴밀하게 얽혀 있기에 항상 다른 국가의 시각을 반영하는 태도로서 정책을 결정하도록, 이를 위해서 기독교인들은 영향력을 행사해야 한다고 주장한다.[27]

셋째, 자유방임주의 경제 제도의 한계를 인식하면서 사회적 약자를 보호하고 돕기 위해 복지제도를 정부가 관여하고 조정해 나아야 한다고 주장한다. 즉 연방 정부가 적극적으로 국민의 삶에 관여하고 복지 국가를 향해 주도적인 역할을 해 나갈 것을 요구한다. 이 점에서 케네디 정부가 추진했던 "위대한 사회(Great Society)" 의 프로그램을 지지한다고 할 수 있다. 이 그룹에 속한 인물들과 그룹들은 정치적으로 어느 한 정당에 기울어지지 않으며 정책에 따라 다르게 정당을 선택하고 지지한다.

---

26) Richard Mouw and Sander Griffioen, *Pluralism and Horizons*(Grand Rapids : Eerdmans Publishing Company, 1993), 173-177.
27) Skillen, *Christians Organizing for Political Service*, 57-8.

IV. 급진 좌파(Evangelical Radical Left) 입장

A. 태동과 주요 인물/그룹

1960년대는 청년들의 반전운동과 반문화 운동이 끊이지 않았다. 청년들이 미국정치를 불신하고 기존질서나 문화, 그리고 전통적인 가치와 규범에 도전하면서 상당히 사회와 정치에 대해 냉소적이고 비판적이었다. 이런 가운데 1960년대 중 후반에 젊은 복음주의자들 중에 미국의 기본사회체제와 질서를 신랄하게 비판하면서 그리스도인들이 하나님의 나라를 실현하려고 하는 것은 기존 질서로는 안 되고 진정한 성경적인 새로운 질서를 지닌 공동체를 만들어 대안적인 삶을 확산해야 한다는 주장을 펴는 자들이 등장했다. 짐 윌리스(Jim Wallis), 존 알렉산더(John Alexander) 등의 젊은 복음주의자들이 바로 그들이다.

1971년 윌리스를 중심으로 창간된 잡지 Post-America(75년 이후 Sojourners로 개명)와 1965년 존 알렉산더(John Alexander)를 중심으로 만들어진 The Other Side라는 잡지를 중심으로 이러한 운동을 활발히 전개하였다. 이들 외에 아트 기쉬(Art Gish), 데일 브라운(Dale Brown), 그리고 윌리암 스트링펠로우(William Stringfellow)등 대부분 메노나이트 신학 전통을 가진 사람들이 이 운동의 핵심적인 인물이었고, 존 요더(John Howard Yoder) 같은 학자의 신학과 윤리학적 작업은 이 운동의 이론적 토대가 되었다.

B. 정치 신학과 사회변혁 전략

이들은 오늘의 자유주의적 자본주의 체제를 근간으로 하는 미국의 경제체제와 또 정치 · 사회 · 문화의 제반의 현상들이 근본적으로 성경의 가르침과 멀다고 생각하면서 미국의 정치·경제의 모습은 '근본적으로 변혁되어야 할 것', 다르게 말하면 '극복해야 할 것'이라고 주장한다.[28] 그러기에 미국을 변화시키는 것은 급진적인 방법, 즉 미국의 정치·경제 제도가 지닌 문제의 근본에 도전하고 현 체제에 대해 근본적인 대안을 제시하는 방법밖에 없다고 주장한다.[29] 이런 면에서 이들은 자신을 "급진적"인 입장이라고 부른다.

물론 이들은 정부가 가난한 자들을 돕는 복지 정책과 재화 재분배와 같은 정책을 펴는 것을 지지하지만, 그러나 이런 방법으로는 근본적인 개혁을 이룰 수가 없다고 본다. 정치는 기본적으로 권력을 획득하고 그것으로 자기의 이익을 추구하려는 것일진대, 현실 세계에서 부패하고 이기적인 세력들 간의 역학관계 속에서 힘, 돈, 관료조직을 이용하는 정부는 결코 전쟁, 빈곤과 같은 악을 종식하는 정의로운 결정을 내리기에는 구조적으로 한계를 지닐 수밖에 없다는 것이다.[30] 이들이 현실 정치 제도를 통해 선을 이루는 것에 비관적인 생각을 갖는 이유는 기본적으로 현 세상의 구조와 정치는 공중의 권세 잡은 자와 정사(powers and principalities)에 의해 조정을 받고 있다는 신학적 입장을 갖고 있기 때문이다. 따라서 사회를 개혁하는 길은 이런 현실 정치 사회 제도와 구조를 통한 방법이 아니라 그것과는 다른 "근본적인"(radical) 방법을 취해야 한다는 것이다.

이들에 따르면, 근본적인 변화는 이 세상의 정치와 삶의 방식과는 철저하게 다른 방식과 질서를 가진 제자들의 공동체 건설과 이들의 증거적 활동을 통해서 가능하다. 예수가 가르친 새로운 질서와 가치대로 철

---

28) Richard Quebedeaux, *The Worldly Evangelicals*(New York : Harper & Row, Publishers, 1978), 148.
29) Arthur G. Gish, *The New Left and Christian Radicalism*(Grand Rapids : Eerdmans Publishing Company, 1970), 7.
30) Fowler, *A New Engagement*, 125.

저히 사는 제자들 공동체는 하나의 사회적 실재로서 이 사회의 구조와 집단에 엄청난 교정적 기능을 할 수 있다. 이들은 공동체적 접근은 개인적 접근과 구조적 접근을 모두 포괄하는 기독교적인 대안이라고 주장한다.[31] 분노와 보복이 아니라 관용과 용서, 폭력이 아니라 평화, 착취가 아니라 이웃의 유익을 위해 희생하고 헌신하는 사람들로 구성된 공동체의 모습은 이 땅에 새로운 질서가 역사하고 있음을 보여주는 혁명적이고 선교적인 영향을 미치게 된다고 주장한다. 이들에 의하면, 가장 강력한 역사적인 예가 초대교회 공동체이다.

이 일을 위해 우선적으로 기존의 교회들도 철저히 성경의 가르침대로 사는 제자도와 본래의 모습을 회복해야 한다고 말하면서 교회는 특별한 사회윤리 정책과 전략을 세울 필요가 없다고 주장한다. 교회 자체가 사회윤리이기 때문이라는 것이다. 현대 교회의 근본적인 잘못은 이 사회의 악에 대해 비판하지 않는다거나, 그것을 제거하기 위해 사회적 행동을 소홀히 했다는 것이 아니라, 정작 교회 자신이 예수 그리스도에 철저히 순종하는 모습을 갖지 못하다는 것에 있다고 주장한다. 교회가 지역 사회에서 이 세상의 조직의 질서와 다른 새로운 삶의 방식을 지닌 공동체의 모습으로 나타나면 그것 자체가 사회에 미치는 영향력은 혁명적이라는 것이다.[32] 이것이 진정한 의미에서 기독교적 사회변화 전략이라고 주장한다.

C. 주요 사회 문제와 입장

첫째, 급진적 좌파의 입장은 성경적 관점에서 볼 때 미국의 현상과 정

---

31) John Howard Yoder, "The Biblical Mandate," in *The Chicago Declaration*, ed. Ronald Sider(Carol Stream, Ill. : Creation House, 1974), 96.
32) Jim Wallis, *The Agenda for Biblical People*(New York : Harper & Row, Publishers, Inc., 1976), 100.

치는 성경이 그리는 질서와는 동떨어진 철저히 부패한 사회이며 그런 제도가 횡행하고 있다고 비판한다. 미국은 물질주의, 자본주의적 경제, 개인주의에 의해 움직이고 있는 바벨론과 방불한 이교국가라고 주장한다. 교회와 신자 공동체는 여기에 둘러싸인 포로기의 예루살렘으로 비유하면서 그리스도인들은 이런 미국의 덕목과 가치에 대조되는 대안적인 가치와 덕목을 가지고 사회에 증거해야 한다고 주장한다. 이들은 기독교회는 미국이라는 국가에 대한 애국주의가 아닌 하나님의 백성으로서 세계의 평화, 정의를 추구하는 일을 우선적으로 해야 한다고 주장한다.

둘째, 이들은 정부가 사회 기금을 모아서 가난한 자들을 비롯한 약한 자들에게 복지혜택을 베풀고 또 새로운 법을 만들어 나가는 일의 필요성을 인정하지만, 기독교인들은 이것이 궁극적으로 사회를 개선할 수 있다는 환상을 버려야 한다고 주장한다. 사회적인 강제력과 정부주도의 행동을 통하여 결코 정의로운 사회는 이루어 질 수 없다고 보기 때문이다. 사회를 바꿀 수 있는 진정한 방법은 이 사회의 삶의 방식과 다른 대안적 삶의 방식을 가진 공동체를 이 사회에 확산시키는 것이다. 이것이 세상적 방식과 다른 진정하고도 궁극적인 기독교적 사회 변혁 방법이라고 주장한다.[33]

셋째, 이들은 그리스도를 따르는 자들은 평화주의 이외에는 다른 삶을 살 수 없다고 주장하면서 어떤 경우에도 무력을 사용해서는 안 된다고 주장한다. 오늘 많은 나라들이 자국의 이익을 위해 폭력과 전쟁을 정당화하는 경우가 많다고 주장하면서 베트남 전쟁이야말로 미국사회가 전혀 성경이 말하는 규범과 가치에 의해 움직이지 않았던 증거라고 비

---

33) Stanley Hauerwas and William Willimon, *Resident Aliens : Life in the Christian Colony*(Nashville : Abingdon Press, 1989), 82-3.

판하였다. 이들은 철저한 전쟁반대의 입장에 서 있다. 이들은 성경적 현실주의를 주장하면서 그리스도의 제자들은 약한 자, 소외된 자의 편에 서야 함을 주장하면서 여권신장(feminism), 흑인, 성적 소수자의 권리를 옹호하는 데 앞장서야 한다고 주장한다.

V. 근본주의 신 우파(Fundamentalist New Right) 입장

A. 태동과 주요 인물/그룹

1970년대 후반에 제리 포웰(Jerry Falwell)과 팻 로벗슨(Pat Robertson)을 필두로 한 영향력 있는 텔레비전 전도자들과 목사들은 미국 사회에 만연해 가는 동성애, 포르노, 마약, 이혼, 가정해체, 낙태 등 비도덕적 현상을 개탄하면서 이것들은 미국사회가 기독교적인 가치에서 떠나 인본주의와 세속화에 물든 결과라고 진단하고 이 현상은 결국 미국을 망하게 할 것이라고 주장하였다. 그러면서 미국을 사랑하는 사람들은 미국을 살리기 위해 새로운 종교적 도덕적 운동을 전개하고 이에 동참해야 한다고 역설했다. 포웰은 당시 미국의 진보주의 교회는 복음의 순수성을 잃어버리고 거의 모든 사회적인 문제에 좌파적인 입장에 기울어져 가정해체, 이혼급증, 낙태합법화와 도덕적 해이로 나아가는 데 일조했다고 비판하고, 전통적인 기독교적 가치를 지키고 회복해 나가야 한다고 주장했다. 그러기 위해서는 법제와 제도화가 필요하다고 주장한다.[34] 포

---

34) 필립 워가만과 조지 마스던은 이 점에 있어서 이 운동이 구약의 법과 성경의 명령이 오늘의 미국 시민법의 토대가 되어야만 한다고 주장하는 극우파적 칼빈주의자들로 구성된 신법주의 자들(Theonomists) 그리고 재건주의자들(Reconstructionists)의 입장과 상당히 유사한 성향을 보인다고 본다. J. Philip Wogaman, Perspectives on Politics, revised and expanded, 125-6 ; George Marsden, "Reformed and America," 9-10.

웰은 1979년 도덕적 다수(Moral Majority) 그룹을 창설하여 이 단체를 중심으로 소위 새로운 종교적 우파 운동을 전개하였다.[35]

포웰은 자신의 입장을 "근본주의"라고 유형화하는데 이는 복음주의와는 달리 자유주의 신학에 매우 전투적인 자세로 싸우고자 하는 자신의 입장을 강조하고 싶어하기 때문이다.[36] 이 운동은 80년대 대중매체의 시선을 집중적으로 받았고 실제로 정치와 사회에 무시 못 할 영향력을 행사하였다. 팻 로벗슨 목사가 주도한 기독교 연맹(Christian Coalition)도 유사한 이념과 목표를 갖고서 1990년대에 미국사회에 정치적인 영향력을 행사하였다.

B. 정치신학과 사회변혁 전략

이 입장은 하나님은 미국을 택하여 세계에 복음과 아울러 자유와 도덕을 전하려고 하시고 기독교인은 그 일을 위해 다시 미국에 기독교적 가치와 도덕을 회복해야 한다는 신앙적 애국주의 내지 믿음에서 출발한 운동의 성격을 많이 지니기에 체계적이고 세련된 정치 신학과 기독교 윤리적 독특한 토대를 갖고 있지 않다.[37]

포웰은 자신의 입장의 성경적인 기초를 잠언 14장 34절의 "의는 나라로 영화롭게 하고 죄는 백성을 욕되게 하느니라"에 둔다. 그는 미국이

---

35) Jerry Falwell, "An Appeal," in *The Fundamentalist Phenomenon : The Resurgence of Conservative Christianity* 2nd ed. by Ed Dobson, Ed Hinson & Jerry Falwell(Grand Rapids : Baker Book House, 1986), 159.
36) Ed Dobson, Ed Hinson & Jerry Falwell, *The Fundamentalist Phenomenon : The Resurgence of Conservative Christianity*, 2nd ed., (Grand Rapids : Baker Book House, 1986), 4-5.
37) Jerry Falwell, *Listen, America!*(New York : Bantam Books, 1981), 25.

다시금 위대한 나라가 되는 길은 하나님의 말씀에 따라 "바르게 사는 것" 즉, 도덕적인 순결에 달려 있다고 주장한다.[38] 현재 미국은 비도덕적인 문제로 비틀거리고 있는데, 옛 신앙과 도덕을 회복해야만 다시 살 수 있다고 주장한다.[39] 그래서 미국은 구약의 이스라엘 백성이 그랬듯이 십계명을 따르고 기독교적 가치와 도덕적인 삶을 살게 되면 미국이 선민으로서의 사명을 감당하게 되고 또 번영할 수 있다는 것이다.

미국을 강성한 나라와 도덕적인 나라로 만들기 위한 방법으로 포웰은 우선 탁월한 지도력을 가진 지도자가 미국의 정치 공직을 맡아야 한다고 주장한다. 초기의 대통령들과 미국의 독립을 위해 노력한 국부들과 달리 최근의 미국 사회의 지도자들과 미국사회 전체가 건국의 정신을 잃어버리고 점점 쇠퇴의 길을 걷고 있음을 지적하면서 미국은 본래의 영광과 위치를 되찾기 위해 기독교적 가치를 구현하려는 지도력을 가진 정치가가 나와야 한다고 주장한다.[40] 그리고 이 일을 위해서는 기독교적인 가치를 구현하는 제도와 법을 만들어야 하고, 도덕적 해이를 조장하는 법을 개정해 나가야 한다고 주장한다.

우선적으로 미국의 대중문화와 교육이 "세속적 인본주의"(secular humanism)에 의해 주도되고 이것이 도덕적 타락의 주범이라고 보면서, 우선 이 두 영역에서 개혁이 필요함을 주장한다. 대중문화 중에서도 먼저 텔레비전을 개혁해야 한다고 주장한다. 비도덕적 프로그램에 광고비를 제공하는 광고주에게 압력을 넣어 결국 비도덕적 프로그램을 도태시켜야 한다고 주장한다.[41] 교육제도 중에서도 공립학교에서 금지한 기도 모임을 종교적 자유옹호라는 차원에서도 회복시켜야 한다고 주장한다. 동시에 기독교 정신에 의한 사립학교들을 많이 만들어 자녀들을 보호하

---

38) Ibid., 17.
39) Ibid., 18.
40) Ibid., 43.
41) Ibid., 169.

고 제대로 가르쳐야 한다고 주장한다.[42] 공교육과 대중문화를 개혁하려는 도덕적 다수인 미국인들의 작업이 정치적인 운동으로 일어나야만 하고 그것을 법적으로 확립해야 한다고 주장한다.[43] 미국을 도덕적으로 바로 세우기 즉, 애국주의에 동조하고 협력한다면 기독교인이 아닌 일반 시민들도 누구든지 함께 협력하여 이 운동에 함께 동참할 수 있다고 주장한다.

C. 주요 사회 문제와 입장

첫째, 근본주의 신 우파들은 역시 철저한 애국주의에 기초하고 있고 또 미국은 독특하게 선택된 나라라는 관점에서 여러 가지 문제에 접근한다. 포웰은 정부는 이런 기독교적인 가치를 구현하고 사명을 감당하기 위해 노력해야 한다고 주장한다. 그래서 정부가 기독교적 가치에 반하는 행동을 조장하거나 보호하는 정책을 펴거나 제도화해서는 안 되고, 기독교인들은 이를 강력히 저지할 뿐만 아니라 기독교적인 가치를 제도화해야 한다고 주장한다. 구체적으로 낙태반대, 포르노그래피 지역사회 격리제도, 각종 반인륜적 범죄로부터 사회를 보호하기 위한 사형제를 비롯한 엄격한 형벌제도시행, 교육에 대한 지역사회 및 부모들의 통제권리 강화, 결혼과 가정을 보호하기 위한 간통죄 처벌과 이혼사유 인정, 그리고 가족세 감세 등과 같은 것들이다.

둘째, 이들은 국내 정치 문제에 있어서 하나님이 세우신 제도로서의 정부의 중요성을 인정하지만 정부가 그 권력을 과도하게 갖고 그 힘의 범위를 넓히는 것은 반대한다. 이 그룹은 연방정부의 권한의 삼분의 일

---

42) Ibid., 189.
43) Ibid., 193.

은 주정부와 비정부 기구에 넘겨주어야 한다고 주장한다. 인간의 속성상 지나친 권력 집중 현상은 부패하게 되고 이는 결국 권력 남용과 전제정치로 나아가게 된다고 생각하기 때문이다.[44] 구체적으로 정부 관료들의 힘이 커져 기업까지 간섭하게 되면 노동자들의 생산의욕이 저하될 수 있다는 것이다. 이렇게 되면 많은 기업이 국유화되어 가고 결국 미국 사회의 자유경쟁체제를 무너뜨려 미국 경제에 부정적으로 작용하게 된다는 것이다.[45] 포웰은 복지제도의 혜택을 받아야 할 사람들이 있음을 인정하지만 정부주도의 지나친 복지 제도는 미국을 비틀거리게 할 것이라고 경고한다. 현실적으로 미국 정부는 점점 복지 예산의 부담을 더 떠안고 있으며 이것을 해결하기 위해 과도하게 세금을 걷게 되어 점점 정부가 국민의 생활을 거의 담당하게 되는 사회주의 체제 쪽으로 나아가게 된다고 비판한다.[46] 이 점에 있어서 정부가 주도하는 복지 기능을 교회와 종교단체와 지역 공동체들에게 넘겨주어야 한다고 주장한다. 복지정책의 강화 경향은 미국시민들에게 근면과 노동의 가치 대신 느슨한 삶의 태도를 조장하게 된다고 비판한다.[47] 더 위험한 것은 정부가 국민 생활과 복지에 더 큰 영향을 미치게 되면서 국민들은 하나님보다 정부에 기대게 되고, 정부는 점점 오만하게 되어 궁극적으로 국민을 통제하고 조종하는 방향으로 나아가게 된다고 설명한다.[48]

셋째, 국제 관계에 있어서 정부는 세계에 민주주의를 수호하기 위해 소련 공산주의의 확산을 막아야 하고 이를 위해 강력한 국방체계를 갖추어야 한다고 이 그룹은 주장한다. 포웰은 공산주의자들의 악함을 과

---

44) Ibid., 12.
45) Ibid., 12.
46) Ibid., 11.
47) Ibid., 16.
48) Ibid., 15.

소평가하려는 진보주의자들의 생각을 무책임하고 순진한 생각이라고 비판하면서 정부와 의회는 자유주의자들의 비현실적인 이상적 주장에 현혹되지 말고 국방체계를 강화해야 한다고 주장한다. 특히 소련의 강력한 공격에 대처할 수 있는 첨단 방어 무기를 개발해야 한다고 주장했다. 포웰은 사회주의는 기독교 신앙이 아니라 오히려 무신론적인 사고에서 오는 것이라고 비판하고 현실적인 미국의 자본주의 제도를 적극적으로 옹호한 바 있다.[49]

VI. 각 입장에 대한 비판적 분석과 평가

A. 보수 입장

칼 헨리를 중심한 보수주의자들의 입장은 미국사회에서 드러나는 계속되는 악들이 "구조"에 의해 재생산되고 확대되는 것을 심각하게 인식하지 못하기에 구조적 접근과 구조 변화에 크게 의미를 두지 않는 헨리의 미시적이고 개인적인 접근 방식은 문제가 있다는 지적을 받았다. 예를 들면 인종차별제도가 엄연히 법으로 존재하는 사회 속에서, 선한 백인 또는 거듭난 성도들이 흑인들을 인격적으로 대하는 행동을 통해 집권자와 불신자들의 마음을 감동시켜 나쁜 제도를 철폐하도록 만드는 것이 과연 현실적으로 얼마나 가능하며, 또 가능하다 하더라도 그것이 효과적인가 하는 것이다. 그리스도인들은 먼저 인종차별을 제재하는 제도적 법적 장치를 만드는 것이 사회개선을 위해 더 효과적인 방법이라는 것이다.[50] 또 그리스도인들이 정부의 기능을 활용하고 정부적 행동을 통해 사

---

49) Ibid., 71.
50) Lewis Smedes, "The Evangelicals and the Social Question," in *Salt and Light*, 44.

회를 변화하려는 일에 대해 별 가치를 두지 않는 점에 대해서도 비판을 제기한다. 그리고 국민에게 자선을 베푸는 일은 결코 정부의 책무가 아니라는 주장 역시 성경적으로 타당한 이해인가 하는 비판을 제기한다. 아울러 헨리의 사회 윤리는 사회 개선을 위한 행동과 책임을 강조하지만 원론적인 수준의 명제 및 일반적인 진술에서 그치고 구체적으로 취해야 할 행동과 전략들을 제시하지 못한다는 평가를 일반적으로 받는다.[51]

그럼에도 불구하고 이 입장은 1950년대와 60년대의 시대적인 상황에서 볼 때 잠자던 복음주의 교회들에게 사회적 행동과 사회적 책임을 촉구하고 잘못된 이분법을 깨뜨리는데 크게 기여하였다. 그리고 사회적 행동에 대한 신학적 성찰과 이론적 작업을 통해서 젊은 복음주의자들에게 복음주의 사회 윤리학의 중요한 모델을 세우는 역할을 했다고 할 수 있다.

B. 급진 좌파 입장

이 입장은 타락한 세계와 그 세계 속의 제도와 기능을 정사와 공중의 권세 잡은 자의 조종을 받는 타락한 제도로 이해하기에 이 세상의 타락한 삶과 정치에 별 소망을 두지 않는다. 예수 그리스도 안에서 새로운 피조물이 된 공동체가 예수가 가져온 새로운 질서 즉, 평화와 정의와 사랑과 용서의 삶의 방식대로 삶으로써 세상을 변혁하고자 하는 이들의 방식은 분명히 급진적이고 독특한 기독교적인 방식임에는 틀림없다.

이들의 이러한 신학적 이해에 대한 평가는 차치하고, 이들의 사회 윤리 전략이 과연 얼마나 그들이 예상하고 바라는 결과를 가져올 수 있을 것인가? 힘을 가진 정부와 기득권자들이 이런 삶의 모습에 의해 설득당

---

51) Robert Fowler, *New Engagement*, 81.

하고 그들의 삶의 모습을 포기하고 새로운 삶의 모습에 동화되어 나갈 수 있을 것인가? 역사의 교훈은 오히려 이 질문에 부정적이라고 할 수 있다. 그리고 현 세상의 정부가 근본적으로 기독교적 가치와 질서에 역행하는 구조적인 힘에 의해 움직이기에 그리스도인들은 그들을 통해 사회를 변혁하려고 해서는 안 되고 또 그 방법은 궁극적으로 실패할 것인가? 이러한 점은 이 세상의 구조와 정치는 더럽고 부패한 것으로서 결코 그리스도의 제자가 함께 택할 수 있는 채널이 아니라는 신학이 갖고 있는 한계일 수밖에 없다. 이 세상의 정치와 제도는 그리스도인이 오히려 적극적으로 개입해서 기독교적 가치를 구현하는 채널이 될 수 있고 또 그런 채널로 꼭 만들어야 할 영역이라고 생각한다면 이 방법에는 어느 정도 유보적인 입장을 취하게 될 것이다.

C. 근본주의 신 우파 입장

20세기 기독교 정치 운동에 있어서 가장 활발했고 주목을 많이 받았던 이 운동은 미국을 보다 도덕적인 나라로 만들고 미국의 기독교적 가치 회복을 추구하려는 기독교회의 사회 행동주의요, 정치 운동이라는 점에서 긍정적으로 평가할 수 있다. 그러나 한편으로 이 입장은 미국사회가 선택의 자유와 권리, 그리고 민주주의적 다원주의 전통을 갖고 있는 사회임에도 불구하고 기독교가치와 도덕만을 정치, 사회의 규범으로 주입하려고 한 점에서 문제점을 가지고 있다. 그리고 이 운동은 세속적 인본주의를 그렇게 비난하고 있지만 실제로 이 운동 역시 정치적인 우파의 철학을 거의 답습하고 지지한다는 점에서 자신도 우파적 세속적 인본주의 즉 우파적 정치철학에 영향을 받고 있다고 할 수 있다.[52]

---

52) Gabriel Fackre, *The Religious Right & Christian Faith*(Grand Rapids : Eerdmans Publishing Com., 1982), 105.

이 운동은 처음부터 신학적으로 일관성 있는 토대를 가지고 출발한 운동이 아닌 "미국 사랑"이라는 애국심에서 출발한 기독교적인 운동이었다. 그래서 나중에는 미국사랑에 초점이 맞추어지면서, 몰몬교, 유대교, 로마 카톨릭 교회 그리고 기독교인이 아닌 다른 종교인이라 하더라도 미국 사랑을 위한 자기들이 제시하는 의견과 도덕적인 견해에 동의만 한다면 함께 운동을 전개해 나가고자 했다. 물론 사회정의와 평화를 위해 기독교인이 비기독교인과 함께 운동을 못할 것이 없으나 이 운동은 자신의 입장에 힘을 더하기 위해 실용적인 입장에서 다른 종교와 손을 잡게 되었다.[53] 결국 이러한 혼합주의적인 성격은 이 운동이 근본주의적 기독교 사회윤리 운동에서 도덕적 근본주의의 정치 운동으로 성격이 변질되는 인상을 주었고 결국 그 생명력의 약화를 초래하였다.

기독교 신 우파의 맹렬한 정치 운동은 사회적 파장만큼 구체적인 정책 수립에 실제로 크게 영향력을 미치지도 못하였다. 레이건 대통령 시대에는 우호적인 관계를 형성하고 표면적으로 깊이 관여했으나 실제로 그들의 의견이 구체적인 정책을 세우는 데에는 거의 중요한 영향을 미치지 못했다.[54] 이들은 법제화를 추구했던 낙태금지, 공립학교에서의 기도 허용, 교과서에 과학적 창조론 수록에 관한 법률도 결과적으로 성공하지 못했고, 비록 다양한 선거에 자신들의 영향력을 행사하였지만 결정적인 영향력은 행사하지 못했다.[55] 이들의 운동은 반대 성향의 단체들의 결집과 거센 저항을 촉발한 것도 영향력의 감소의 한 원인이라 할 수 있다.

---

53) Ibid., 1-3.
54) Fowler, *Unconventional Partners : Religion and Liberal Culture in the United States*, 118-119.
55) James Davison Hunter, *Evangelicalism : The Coming Generation*, 127.

D. 진보 입장

 이 입장은 보수 입장의 개인주의적 사회윤리입장에 만족하지도 않고, 현세상의 여러 구조와 제도들의 활용에 가치를 두지 않는 급진좌파의 입장에도 거리를 둔다. 신 우파의 입장에 대해서도 정치와 종교의 물리적 혼합과 성경의 자의적 곡해와 신학적 미성숙, 그리고 현대 사회 구조에 대한 바른 이해가 결여한 순진한 애국주의적 운동으로 규정하며 비판한다.

 현 세상은 죄로 부패하여 창조의 질서와 여러 제도들의 왜곡되어 오염되었지만 그러나 예수의 구속으로 말미암아 인간 관계와 인간과 자연의 관계가 회복되었고 또 하나님의 일반 은혜의 작용으로 여전히 창조계와 각종 제도는 선한 열매를 낳을 수 있는 곳이라는 신학적 이해는 그리스도인들로 하여금 일반인들과 함께 현 정치 제도와 정치과정을 통해서 인간의 자유와 평등 그리고 하나님의 공의를 이루기 위해 어깨를 맞대고 협력해 가도록 해 준다. 이렇기 때문에 그리스도인들은 이 사회에서 복지 국가를 향해 믿지 않는 자들과 함께 노력해야 하고 그리스도인들도 이것을 위해 정부적 행동과 법제화하는 것에 의욕을 갖고 나아갈 수 있다. 물론 복지 국가 제도가 국가의 재정적자, 관료조직의 비대화, 시민 사회 기능의 약화, 그리고 노동자들의 노동의욕 감소, 국민의 조세 부담증가, 그리고 국가 경쟁력 약화와 같은 문제를 발생할 소지를 안고 있고 실제로 20세기 중 후반 서구 사회의 역사가 이것을 보여준 바 있지만, 그럼에도 불구하고 이것은 지혜를 모아 개선해 나가야 할 제도이지 폐기해야할 제도로 보지 않는다.

 이 진보 입장은 비그리스도인들과 함께 이 세상에서 살아가고 또 사회 개선을 위해 함께 노력해야 할 그리스도인들에게 그들과 함께 머리를 맞대고 사회정의와 복지를 위해 함께 일을 해 나갈 수 있는 신학적 토대인 공공 신학(public theology)을 제공해 주는 제도라는 점에서 큰 의미가 있다고 할 수 있다.

VII. 나가면서 : 정리와 한국 교회를 위한 제안

미국의 복음주의 교회는 60년대 이후 지난 30여 년 동안 실제로 꾸준히 현 세상과 사회를 정의와 평화가 지배하는 곳으로 만들기 위해 이론적으로 부단히 노력했다. 이러한 복음주의 교회의 정치사상의 발전은 여러 차례 회합과 사회 책임에 대한 성명서, 그리고 학자들의 사회 윤리에 관한 저술 등으로 열매를 맺었다. 그리고 이들의 실제적 정치 행동은 정치, 경제, 사회, 교육, 복지에 관련된 다양한 기독교 시민단체 조직과 그 활동으로 나타났다.

그러나 이미 살펴본 바와 같이 교파와 신학적인 성향에 따라 복음주의 교회 안에서도 사회 변혁에 대한 방안과 행동은 달랐다.[56] 헨리와 같은 보수적인 성향의 개인적 사회 윤리의 입장은 젊은 복음주의자들에 의해 어느 정도 극복 혹은 보완되면서 젊은 진보적인 입장에 의해 비판을 많이 받았다. 그러나 급진 좌파는 기존 정치의 부패를 깊이 인식하고 이 세상의 정치 방식과 철저히 결별하고 새로운 방식으로 기독교적 공동체 운동을 전개하였다. 진보주의적 입장은 제도화와 구조의 힘을 이용하여 사회를 개선해 나가고 적극적으로 복지 국가로 나아가도록 힘을 경주했다. 이처럼 각 그룹은 각기 조금씩 입장이 다르지만 그들이 살고 있는 사회를 정의와 평화가 넘치는 곳으로, 그리고 기독교적 가치를 보다 높이 구현해 가고자 하는 데에는 뜻을 같이 하였다.

---

56) Fowler, *A New Engagement*, 241.

한국 복음주의 교회는 이러한 미국의 복음주의 교회의 정치 사상과 행동의 지난 역사를 통해 무엇을 배울 수 있을 것인가? 먼저 한국의 복음주의자들은 과거의 정치적 침묵주의에 대해 반성하지 않을 수 없다. 독재 정권 하에 있던 70년대와 80년대까지 한국의 대다수의 복음주의 교회는 가난한 자들의 인권을 착취하고 유린하는 사회 불의의 장을 보고 소식을 접하면서도 거의 이런 문제를 외면해 왔고 또 소리를 발해야 때 침묵을 지켜왔기 때문이다. 대다수 교회들이 그리스도인들의 사회적 책임과 자세에 대해 신학적으로 연구하고 행동 지침을 만들고자 하는 의식도 부족했고 실제적으로 그런 작업을 하지 못했다.

다행스럽게도 1980년대 중반기 이후 서서히 지성적인 교인들과 의식 있는 신학자들을 중심으로 교회의 사회적 침묵주의를 반성하면서 그리스도인들과 교회는 어떤 형태로든지 사회 정의를 증진하고 사회봉사를 실천해야 한다는 주장을 제기하기 시작했고 동시에 실제적인 자그마한 운동들을 전개하기 시작했다. 1990년도에 [복음과 상황]과 같은 잡지를 통해 의식 있는 복음주의자들이 복음의 빛으로 사회를 조망하면서 다양한 정치사회 문제에 대해 그리스도인에게 비판적 인식을 고양하고 사회 변혁을 위해 함께 반성하고 모색하는 지적 작업을 계속해 오고 있다. 그리고 '기독교윤리실천운동본부'와 같은 기독교 시민운동 단체들을 통해 사회 정책에 기독교적 가치를 반영하기 위한 정치적 행동을 전개하기 시작했다.

아울러 90년대 들어와서 의식 있는 일부의 중소형 교회와 한국교회를 주도하는 몇몇 대형 교회들을 중심으로 장애인, 호스피스, 북한동포 돕기와 같은 복지 사업을 전개하는 운동이 일어나고 있어 다행스럽게 생각한다. 그러나 이러한 미시적인 접근조차도 초보적인 상태에 머물고 있다. 아직도 대다수의 복음주의 교회들과 목회자들은 복음으로 사회를 바꾸는 일에 대한 의식과 헌신이 부족한 것이 일반적이다.

이제 한국교회는 먼저 교회의 정치, 사회, 문화의 관계에 대한 신학적인 검토를 하여 교단의 신학적 입장을 분명히 세우는 작업을 해야 한다. 이에 기초하여 교회와 그리스도인들에게 사회적 행동을 위한 지침을 제공하는 일을 해나가야 할 것이다. 이제 한국교회는 다원적인 문화와 종교의 사회 현실에서 어떻게 분파적이지 않는 도덕적 가치를 입법화시키고 그것을 사회정책에 반영할 것인가 하는 문제에 대해 고민해야 한다. 아울러 정부와 시민들에게 호소력 있는 적절한 정치적인 수사(修辭)를 개발하고 공공 철학을 형성하는 데 영향력을 미칠 수 있도록 다양한 방면에서 힘을 경주해 나가야 할 것이다. 한국교회 역시 신학적인 입장에 따라 사회 윤리 전략이 조금씩 다를 수 있을 것이다. 그러나 이 땅에 하나님의 나라의 공의를 구현하기 위한 한 목표 위에서 한국교회는 서로의 입장을 겸손하게 귀를 기울이고 대화하면서 이 사회를 보다 하나님의 뜻에 맞는 사회로 만들어 가기 위해 노력해야 할 것이다. 이 땅에 정의와 평화가 만날 때까지.

제 2 부

한국정치와 복지한국의 미래
／고 세 훈

한국교회와 시민정치
／박 득 훈

한국의 천민자본주의와 기독교
-1990년대 한국 체제의 윤리적 성격을 중심으로-
／백 종 국

한국정치와 복지한국의 미래

고 세 훈 (고려대학교)

1. 서 론

이 논문은 복지한국의 현황과 전망을 해방이후 한국정치의 전개의 맥락에서 검토하는 데 그 목적이 있다. 한국정치의 민주화과정은 국가-시민사회, 특히 국가와 노동운동과의 관계라는 틀 속에서 서술하고자 한다. 논의의 후반에서 기독교적 시각과 문제의식을 중요한 것으로 취급한다.

박정희 체제 이후 복지국가의 건설은 한국정치의 주요 담론 가운데 하나였다. 그러나 한국의 총국민소득 수준이 세계 10위에 가깝고, 일인당 소득은 30위 근처를 맴도는 오늘날에도, 한국의 복지수준은 OECD 35개국 가운데 최하위를 차지할 뿐 아니라, 전체국가들의 순위에서도 100위권 밖으로 밀려나 있을 정도로 열악하고 낙후되어 있다.[1] 우리는

---

1) 1999년도 한국민이 산출한 GDP에서 총조세부담이 차지하는 비율은 19.5% 정도였지만, 서유럽 국가들의 경우 그 수치는 40-50%에 이르고 있다. 이는 한국의 국가가 경제활동에서 차지하는 역할이 그만큼 작다는 것을 의미한다. 그러나 이렇게 상대적으로 작은 예산규모에도 불구하고 1997년 한국의 국세총액에서 사회개발비(복지관련비)가 차지하는 비율은 9%인데 반해 경제개

"공동체 안에서 태어났고, 공동체로 부르심을 받았으며, 공동체 없이 살 수 없다"는 인식이 정당한 것이라면 한국복지의 현실은 우리를 부끄럽게 한다.

복지(welfare)란 공동체 구성원들 누구나 기본생활과 관련한 최소의 안전망을 제공받고 지나친 빈부의 격차로 상대적 박탈감이 너무 커지는 것을 예방하거나 치유하는 것을 주 내용으로 한다. 요컨대 그것은 공동체 구성원의 아픔을 내 아픔으로 간주하는 '이웃사랑'의 실천이다. 근대 복지국가는 자본주의적 산업화를 진행하면서, 과거의 대표적인 복지제도들이 소멸하고 국가가 그 역할을 떠맡은 데서 시작하였다. 예를 들면, 봉건제 하에서 농노는 영주에게 노역의 의무를 지지만, 영주는 농노가족에 대한 최소한의 복지를 책임졌고, 교구(parish)라는 방대한 행정조직이던 교회는 빈민들의 자선기관이며, 대가족은 노동능력을 상실한 가족 구성원들에 대해 복지를 제공했다. 자본주의 사회에서 복지는 더 이상 이러한 제도들에 의존할 수 없다. 이러한 제도들(대가족, 교회, 봉건제)은 해체 혹은 소멸되거나 더 이상 복지기능을 수행하지 못하기 때문이다. 그런데도 자본주의가 낳은 빈곤과 빈부격차의 문제는 너무나 방대하고 또 체계적이다. 이러한 상황에서 복지를 책임질 수 있는 유일한 주체로서 국가가 등장하는 것은 너무나 당연하다. 국가만이 방대한 자원을 동원할 수 있고 정치만이 시장실패를 교정할 수 있기 때문이다. 더욱이 한국엔 교회나 봉건제같은 복지체제 자체가 아예 존재하지 않았다. 대가족제는 점차 해체되고 있지만, 가족이 엄청난 복지책무를 떠맡기에는 도무지 역부족이다. 얼마 전 언론매체를 통해 잇달아 보도되었듯이, 국가

발비는 25.5%에 달했다. 이러한 점은 1990년대초 영국, 미국, 프랑스가 전체예산의 20-40%를 복지관련비용으로 지출하고, 경제개발비는 10-15% 수준으로 오히려 전자가 후자의 2-3배에 이른것과 대비하면 그 편차가 너무 현격하다. 오늘날 GDP에서 총사회지출이 차지하는 비율이 한국의 경우 2-3% 정도인데 반해 서유럽국가들 평균은 20%를 훨씬 상회하며 북구복지국가들의 경우 30-40%에 달한다.

가 제공하는 안전망이 취약할 때, 이들은 친족들의 부담스런 눈길이나 학대를 피해 거리를 떠돌거나 노숙자로 전락하거나 혹은 온갖 질병으로 여타 가족구성원들에게 막대한 짐이 되기 십상이다. 자본주의적 경제체제 아래서 과거 농촌사회에서 보편적으로 관찰되었던 가족적 유대를 기대하는 것은 정녕 꿈같은 얘기다. 개인에 대한 도덕적 외침은 항상 있어야겠지만, 구조가 낳은 대규모적 체계적 폐해를 제거하기 위한 제도적 노력은 그보다 훨씬 다급하다. 자본주의의 문제점들을 일찌감치 감을 잡고 정치가 시장에 간섭한 결과가 다름 아닌 서구의 복지체제이다.

그런 점에서 복지국가는 경제(시장)와 정치(국가) 사이에 존재하는 긴장(가능성)을 전제하며, 그 긴장의 잠정적 타협 혹은 좌우 이데올로기간의 합의의 결과로 탄생한 정치경제체제이다. 복지국가의 발전은 먼저 시민사회의 주 갈등구조를 형성하는 계층 혹은 계급간 갈등이 정치적으로 대표될 수 있는, 즉 정치적 민주화를 그 전제조건으로 하는 것이다. 복지국가의 발전과 민주주의는 결코 분리해서 논의할 수 없다.

2. 복지국가와 민주주의

1970년대 초 '복지국가 위기론'이 대두되기 시작한 이래, 오늘날의 서유럽 복지체제는, 국가마다 다소의 차이에도 불구하고, 그 근간의 변화없이 여전히 건재하다. '위기론'을 증폭시켰던 세계화 논리 또한 이러한 현실에 별 변화를 주지 못하고 있다. 이유는 무엇인가? 우선 '위기론'의 정치적 이념적 성격을 지적할 수 있다. 이는 서유럽 복지국가들 가운데 복지의 양과 질이 가장 취약한 영국이나, 복지국가로 분류하지 않는 미국, 혹은 복지국가의 문턱에도 진입하지 못한 한국과 같은 나라에서 위기론을 가장 공격적 담론의 형태로 제기해 왔다는 점에서 일단

시사된다. 둘째, 서유럽 복지체제는 장구한 세월에 걸쳐 형성된 역사적 개념이다. 그것은 신자유주의적 세계화 담론으로도 쉽게 후퇴할 수 없는 '정치적 불가역성'(political irreversibility)을 안고 있다. 그것은 방대한 수혜자군(유권자)을 동반하는 민주정치의 산물이기 때문이다. 복지국가를 사회주의라고 매도했던 대처 영국수상도 자본편향적 공급측경제논리에 의존했던 레이건 미국대통령도 복지지출 증가율의 둔화 이외에 그것의 축소에는 성공하지 못했다. 셋째, 90년대 이후 왕성히 진행하는 세계화 대세는 복지에 대한 수요(욕구)를 오히려 증가시킨다. 자본의 이동성 증가로 인해 자본의 대노동, 대국가 협상력이 커지고 자본유인을 위해 국가마다 경쟁적 긴축전략(예, 급진적 노동시장 유연화 전략)에 몰입할수록 빈부격차가 증가하고 노동의 복지수요는 늘어날 것이 자명하기 때문이다.[2] 요컨대 "복지국가야말로 20세기 서유럽 문명의 가장 위대한 성취"라는 한 영국 사회학자(David Marquand)의 최근 진술은 매우 시사적이다.

익히 알다시피, 자본주의 체제는 시장적 경쟁에서 '비' 자발적으로 밀려난 수많은 사람들을 체계적으로 산출시킨다. 여기에는 장애자, 어린이, 노약자, 병든 자 등 원천적으로 시장진입이 어렵거나 시장적 경쟁에서 불리한 위치에 있는 사람들 뿐 아니라, 실업자나 저임금 노동자 등 최소생계를 유지할 수 없는 모든 사람들을 포함한다. 이들에게 시장은, 시장자유주의자들이 주장하듯, 자유의 영역이라기 보다는 오히려 억압과 소외의 공간이었던 바, 시장적 자유란 행사할만한 재산권을 가진 사람들의 자유만을 실제로 의미한다. 시장은 물질생산과 관련해서는 상대적으로 우월한 메카니즘임이 분명하다. 그러나 시장실패란 것이 있다. 빈

---

[2] 지금대로의 세계화가 방치된다면, 세계는 20(부유층) : 80(빈곤층) 혹은 30(고용안정자) : 30(불안정고용자) : 40(실업자) 상황으로 가리라는 전망이 제기되는 것은 이러한 맥락이다. Hutton(1999), Burbach외(1997) 참고.

부격차, 독점, 대량실업, 환경오염 등은 나태나 무절제와 같은 개인적 결함에 의해서 발생하는 것이 아니다. 시장의 불완전성을 방치할 때, 심화되기 마련이다. 만일 자본주의의 위기 때마다 정치가 개입하지 않았다면, 자본주의의 불가피한 몰락을 예고했던 막스의 예측은 적중했을지 모른다.

복지국가란 시장의 '보이지 않는 손'의 실패를 '보이는' 정치가 예방하고 수습해야 한다는 개념에 입각해 있다. 따라서 복지국가란 정치에 대한 일정한 신뢰에서 출발한다. 막스주의자들은 자본주의 경제체제에서 정치란 허구이며 자본가들의 경제적 지배를 은폐하기 위한 거짓 장치에 불과하다고 단정한다. 반면에 보수적 이론가들은 시장의 극대화와 정치의 극소화를 주장한다. 그들에게 시장은 자유와 생산의 영역이며, 정치는 부담스러운 소비의 주체일 뿐이다. 좌우 이데올로기 모두에서 정치는 불신의 대상인 것이다. 그러나 자본주의 '경제' 체제는 보수주의자들이 주장하듯이 그렇게 완벽한 것이 아니며, 또한 '정치'는 막스주의자들이 얘기하듯이 그렇게 무기력하지 않다. 그런 점에서 복지국가는 탈(脫)이데올로기적이다. 그것은 경제와 사회의 불평등을 정치를 통해서 완화 내지 교정할 수 있다는 소박한 희망에 근거해 있는 것이다.

물론 '정부(정치인과 관료)의 실패'도 있다. 정치인이 득표의 극대화를 통한 당선에 온통 몰입해 있고, 관료도 자신과 자신이 속한 부서의 이익 챙기기에 급급할 때, 정치에 대한 신뢰는 사라진다. 민주주의의 중요성이 이런 맥락에서 부상한다. 민주주의야말로 정치에 대한 신뢰를 유지시키는 최소한의 여건 혹은 장치이기 때문이다. 오늘날 정치가 냉소와 불신의 대상이 된 것도 민주주의를 제대로 실천하지 않기 때문이다. 민주주의는 1인 1표의 평등한 참여를 통하여, 돈의 지배를 다수의 지배로 전환시키는 제도이다. 숫자의 정치도 타락하면 중우정치로 전락한다는 점에서 민주주의는 분명 최선은 아니다. 그러나 민주주의는 책임정치의 이상을 구현하되, 그 구현의 정도는 인간의 노력에 따라 많은 영향을 받는다. 민주주의를 표방하는 수많은 나라가 모두 동일한 민주화 수준을 향유하는 것이 아닌 것은 이 때문이다. 무엇보다 인간의 운명을 물질(소수의 재산가)에 의해서 좌우하는 것보다 다수에 의해서 결정하는 것이 그래도 낫다. 정치가 사회내의 강자(가진자)의 이익만을 대변한다면, 정치의 매력은 사라진다. 인류가 정치적 민주화를 위해 많은 희생을 치룬 이유도 경제영역에서의 발언권이 열등한 경제적 약자를 정치적으로 편들어 줄 수 있다는 기대 때문이다.

서구복지체제의 발달은 거의 전적으로 민주주의에 빚지고 있다. 우선 시장에서의 불리한 처지를 만회하기 위하여 노동자들이 택한 방법은 숫적으로 연대하여 자신의 세력을 규합하는 일이었다. 그들은 노동조합을 결성하여 사용자와 대등한 협상력을 추구했고, 그것이 부족할 때 노동자정당을 만들어 정치적 해결을 모색했다. 노동조합과 노동자정당은 이미 존재하는 시장의 불평등 구조를 시정하기 위한 자구책이었던 것이다. 특히 정치적으로 동원된 노동자들은 의회에서 다수당을 형성하거나 다른 정당과 연대함으로, 시장이 강제했던 불이익들을 복지법안(정책)을 통해서 시정하려 했다.[3] 오늘날 서구 복지국가들 가운데 수권정당으로서 노동자 정당을 갖지 않은 나라는 없다. 지금은 그 숫자가 줄어들긴 했지만, 불과 1년 전 만해도 유럽연합(EU) 15개국 가운데 12개국이 사민(노동자)정당 혹은 그것이 주축이 된 연정에 의해 통치되었다. 이 모두를 가능케 한 것은 물론 산업과 정치영역 모두에서 집회, 결사, 참여의 자유를 일찍이 허용하였던 서구국가들의 민주주의 제도이다.

---

3) 스웨덴의 정치사회학자인 월터 코르피는 산업영역에서의 투쟁은 노/자의 권력자원의 불균등하다는 점에서 기본적으로 비민주적 투쟁이지만, 정치권에서의 투쟁은 1인1표의 형식적 원리가 확보되기 때문에 민주적 계급투쟁이라 했다. 당연히 노동계급은 노동시장에서 자본과의 직접대면 보다는 정치권에서의 투쟁을 선호하며, 노동자들은 정치력이 강할수록 사용자와의 단체행동을 통한 임금인상 등 단기적 경제이익에 집착하기보다는 복지제공 등 사회임금(간접소득이전)을 올리려는 정치적 교환을 채택하려 한다.(Korpi 1983)

이처럼 민주주의는 충분하지는 않으나 시장의 교정과 복지의 확대를 위한 구조를 제공한다. 민주주의가 이러한 함의를 지니는 한, 민주주의의 성장은 저절로 이루어질 수 없다. 특히 재산가들, 즉 시장에서 우월한 협상력과 경쟁력을 가진 사람들은 민주주의를 도입하는 데 적대적일 수밖에 없다. 서구 정치사에서 재산의 과다에 따라 결정하던 투표권을 노동계급에게 확대하고 서구의 시민들이 집회, 결사, 정치적 참여의 자유를 획득하기까지는 수많은 갈등과 희생의 연속이었다. 그것은 처음엔 부르주아지가 지주계급을 상대로, 그리고 다음엔 노동계급이 부르주아지를 상대로 부단히 요구하고 싸워서 얻은 결과다.

물론 물적 토대 없이 복지공여(즉, 재분배)는 불가능하다. 1980년대 이후 한국은 복지체계의 기본 틀이 완결되었던 60년대 초 서유럽국가들의 국부수준을 훨씬 능가한 상태이다. 산업화가 문제라면 한국의 경우 복지국가로의 진입을 위한 중요한 조건을 구비한 셈이다. 따라서 한국적 현실은 산업화가 복지국가 발전을 위한 충분조건이 아님을 보여준다. 문제는, 다시, 민주주의다! 한국은 일찍부터 보통, 평등선거에 입각한 정치적 민주주의를 실험해 왔다. 그러나 최근까지 한국의 민주주의는 노동계급의 산업적 활동을 갖가지 법적 장치들(예, 3자개입금지, 복수노조금지 등)을 통해서 제약해 왔다. 노동계급의(집단적) 정치참여는 아예 불법이었다. 이 모두는 서구국가들에선 한 세기 전에 용인된 것들이다. 김대중 정부가 들어서서 많은 법적 제약들이 해소되긴 했지만, 한국의 노동이 '실질적으로' 정치세력화 되기까지 우리는 권위주의시대가 물려준 수많은 제도적, 이데올로기적 장애들을 극복해야 한다. 서구의 복지체계는 노동계급, 즉 복지의 주수혜자들의 '소동'에 의해 성취된 것이다. 그러한 소동은 정치적 민주주의를 도입하기 이전엔 주로 거리(街)에서 민주화를 외치며, 그리고 민주주의를 제도화한 이후에는 주로 의회에서 복지의 제도화라는 이름으로 의회에서 표결로 이루었다.

노동계급의 실질적 정치세력화가 가능할 때까지, 민주주의는 불완전하고 복지국가는 요원한 일이다.

3. 한국정치의 전개 : 국가-노동관계를 중심으로[4]

한국은 미군정의 시작과 더불어 미국식 다원주의 정치제도를 도입하였다. 그러나 실제의 정치는 다원주의의 원칙에서 크게 벗어나는 것이었다. 해방직후에는 일제하에서 억눌렸던 시민사회의 참여욕구를 수많은 정당과 사회단체들의 결성과 더불어 일제히 분출했다. 미군정은 좌파진영의 정당, 사회단체들의 활동을 일거에 불법화함으로써 한국정치의 이데올로기 지형을 한민당과 이승만의 우파 중심으로 신속히 재정비하였다. 그 과정은 반공이데올로기의 일상적 동원과 미군에 의해 부활된 일제하의 식민관료, 경찰조직에 의해 강압적으로 수행되었다. 무엇보다 강력한 좌파노동운동을 완전히 괴멸하면서 노동배제적 산업화의 조건을 이 시기에 마련하였다.[5] 반면 남한 총자산의 80%를 차지하던 적산(敵産)이 미군정에 의해 독점, 분배되면서, 한국의 자본세력은 서유럽의 독자적, 패권적 부르주아지 아닌, 국가의존적, 종속적 부르주아지의 길을 걷기 시작했다.

한국전쟁은 세 가지 점에서 위로부터의 정치를 강화시켰다. 첫째, 전쟁의 참상을 직접 체험한 국민의 뇌리에 압도적 국가이데올로기로서의 반공주의가 요지부동의 생활이념으로써 각인되었고, 둘째, 전쟁 이후

---

4) 이 절(節)에서 활용된 사실자료는 인하대의 김용호(2001) 교수와 하와이대의 구해근(2002) 교수의 분석에 많이 의존하였다.
5) 다음에 보듯, 적어도 80년대 중반까지 한국노동운동은 산업적·정치적 침묵을 강요당한다. 구해근 교수에 의하면 "1945년 8월에서 47년 3월 사이에 6십만여명이 참가한 2,388건의 노동자시위가 벌어졌는데, 이 시기는 1987년 이전 한국의 노동사에서 노동쟁의가 가장 격렬한 시기였다."(구해근 2002, 51)

엄청나게 증강된 군대와 경찰 그리고 관료조직으로 인하여 이미 시민사회에 비해 불균형적으로 과대성장해 있던 한국의 국가는 시민사회의 탈정치화를 가속시킬 강고한 강제력의 기반을 갖게 되었으며, 셋째, 전쟁 직후 폐허가 된 한국의 경제는 미국으로부터의 (무상)원조물자 배분을 책임지던 국가에 대부분 의존함으로써 자생적 시민사회가 형성될 기회는 더욱 요원한 지경에 놓이게 되었다. 50년대 이승만 정권의 독재는 이러한 환경을 배경으로 한 것이었다. 특히 이 시기 노동운동은, 한국사회가 아직 전산업화 단계의 낮은 직업적 분화를 보였던 탓도 있지만, 거의 존재하지 않는 것이나 다름없었다. 1953년에 만들어진 노동법은 노동3권을 포함하여 노조의 정치활동까지 인정하고 있었다. 그러나 미군정의 후원하에 결성된 대한노총이 공식적으로 자유당에 통합되어 이승만 정권의 부속기관이 되면서 노동의 법적 권리는 사실상 유명무실한 것이 되었다. 이 시기 한국 노동운동의 정치화는 노동의 정치세력화와는 전혀 정반대로 진행된 '정치화'(어용화)를 의미했다. 그 전신이 지주계급의 정치적 방패막이인 한민당이었던 민주당도 신·구파 간의 이전투구식 권력싸움에 골몰한 채 전혀 시민사회의 대표역할을 수행하지 못했다.(송건호외 1985)

  그러나 민주주의의 이론과 권위주의적 실천간의 괴리를 무작정 방치할 수는 없었다. 1956년 대선에서 조봉암 후보가 예상외의 득표를 했을 때, 그것은 당시의 정치상황에서 시민사회가 보일 수 있는 최대한의 저항이었다. 이승만과 자유당은 권력의 끈을 이완시킬 의사가 전혀 없었다. 대선 직후 조봉암이 용공혐의로 법살당하고 그가 당수로 있던 진보당은 해체되고 말았다. 자유당의 독재가 3·15 부정선거까지 이르렀을 때, 4·19혁명에 의해 이승만 체제가 막을 내렸다. 4·19혁명은 아래로부터 독재체제의 종식을 가져왔다는 점에서, 부인할 수 없는 역사적 의의를 지니는 사건이었다. 그럼에도 불구하고, 그것은 기본적으로 학생,

교수, 언론이 중심이 된 일종의 지식인 혁명이었다는 점에서 한 정권의 붕괴를 넘어선 구조변화를 일구어내는 데는 한계를 지닌 것이었다. 아직 80%의 국민이 농업 등 일차산업에 종사하던 시절이었기 때문에, 시민혁명은 물론 계급혁명은 더욱 불가능한 상황이었다. 한국의 시민사회는 아직 본격적으로 형성되지 못하고 있던 상태였다.

해방공간이 그랬던 것처럼, 4·19 이후에 재차 열렸던 정치공간은 민주당의 실책과 그 실책을 혼돈으로 규정한 군부에 의해 또 다시 닫혔다. 박정희의 군사정권은 이제 한국의 시민사회를 보다 노골적인 병영 통제 하에 둘 것이었다. 약 1년간 지속된 장면정권 하에서 좌파성향의 교원노조를 비롯해 수많은 신규노조를 결성하였고, 노동쟁의 또한 급속히 증가했다. 그러나 노동운동의 이러한 '부활'은 군사정변과 더불어 일거에 원점으로 돌아갔다. 중앙정보부가 조직한 한국노총은 노동자의 이익과는 전혀 무관한 어용단체였다. 노동의 정치활동은 공식적으로 불법화되었다. 국가는 주로 안보논리를 동원하여 시민사회를 탈정치화 시켰다. 잠시나마 대북문제에서 호기(豪氣)를 보였던 학생운동은 박정희 정권의 반공주의를 더욱 경직된 것으로 만들었다. 때마침 미국의 경제지원 방식을 무상원조에서 차관으로 전환하면서 자립경제의 기틀마련을 위한 경제성장논리가 부상하였다. 이제 반공주의와 성장지상주의는 박정권의 정통성 보전을 위한 가장 강력한 체제정당화 기제였다. 한국의 국가는 군부출신의 정치인들이 정치질서의 상층부를 점유하는 가운데 경제자립의 유일한 길로서 수출입국을 국가주도로 추진하였다. 군대라는 당시 한국사회에서 '가장 근대화되고 합리적인 조직'의 문화가 국가와 산업조직 뿐 아니라 한국사회 전체의 권위관계와 조직문화를 지배하기 시작했다. 군대문화는 단일의 수직적 위계질서만을 용인하고 계급분화와 같은 시민사회의 현존하는 갈등을 용납하지 않는다.

박정권의 수출 드라이브정책은 국제경쟁력과 외국자본의 유치를 위한 저임노동에 전적으로 의존한 것이었다. 거기에서 노동을 하나의 생산비용 혹은 비교우위의 관점에서만 평가하였고, 혹독한 노동세계의 경험과 관련한 인권문제를 무시하였다. 노동운동은 산업적 영역, 즉 노조의 형성과 활동에서 극심한 탄압을 받았고, 노동3권에 대한 법적 보장은 현실 노동세계에서 거의 유명무실했다. 노동자의(집단적) 정치참여는 언감생심이었다. 노동자를 오로지 억압과 배제의 대상으로만 인식하는 사이, 한국의 자본은, 다양한 경로를 통해 정치와 유착했다. 자본은 금융과 재정상의 각종 특혜를 정부로부터 지원 받았고, 풍부한 노동력과 강압적 정치가 후원하는 무자비한 대노동전략을 거침없이 관철시켜 나갔다. 이 모든 과정을 반공주의와 경제성장 이데올로기의 일상적 동원하에 수행하였다. 그리고 그것을 방대한 관료체계와 물리적 강제력이 뒷받침하고 있었다. 60년대의 한국 시민사회는 정치적으로 무력했다.

정통성 부재는 부재의 악순환을 낳는다. 권위주의정권의 최대관심은 정권을 확정적으로 재창출하는 것이다. 정권교체의 가능성을 배제할 때, 민주주의는 설자리가 없다.[6] 1969년에 감행된 삼선개헌과 1972년에 선포된 유신헌법은 이러한 악순환의 전형적 예를 보여주었다. 전자는 집권당이던 공화당 내부의 숙청으로 일단락 되었지만, 후자가 한국 시민사회에 남긴 상처는 깊고도 오래갔다. 60년대 중엽에 채택된 박정권의 선성장-후분배, 수출위주의 산업화 전략으로 제조업생산과 수출은 눈부신 성장을 거듭했다. 그러나 60년대 말에 이르러 심각한 외환부족 현상과 외국인 투자업체들의 도산이 확산되었다. 임금체불, 해고, 공장폐쇄에 대항한 노사분규 또한 빈번해지기 시작했다. 1970년엔 외국 투자기업에 대한 파업을 전면적으로 금지하였고, 쟁의발생시 노조에 불리한 다양한 억제조치들을 도입하였다. 1970년 11월 13일에 있었던 22살

---

6) 쉐보르스키는 민주주의가 '불확정성의 원리'에 입각해 있다고 말한다.(Przeworski 1991, 12)

의 평화시장 노동자 전태일의 분신사건은 노동자의 참상에 대한 학생 등 지식인의 광범위한 관심과 각성을 불러일으켰다. 1971년의 대선에서 유권자들은 야당 대통령후보였던 김대중 후보에게 예상외의 많은 표를 몰아주었다. 95만이라는 박정희 후보와의 득표차이는 당시의 정치정황과 선거관행으로서는 없는 것이나 다름없었다. 김대중은 노동자, 농민의 불만 해소와 차관정치, 재벌정치를 타파하자는 슬로건을 내걸었다. 선거결과는 그간 박정권의 불균등 성장전략이 빚은 부문, 지역, 계층간 갈등과 무리한 정국운영으로 시민사회가 서서히 요동하고 있다는 증거였다. 특히 개발, 인사 등에서 차별을 받아온 호남인의 불만이 고조되고 있었다. 투표성향에서 뚜렷한 지역주의의 색깔이 드러나기 시작한 것이 또한 이번 대선에서였다.

정치사회가 국가와 시민사회의 매개역할을 적절히 수행하지 못할 때 거리가 시끄럽기 마련이다. 권력의 초집중화와 그것이 불러온 폐해에 대해 시민사회는 다양한 대응을 모색했다. 거리가 시끄러울수록 시민사회에 대한 정부탄압의 강도는 그 정도를 더해 갔다. 70년대 중반에 시작된 이른바 긴급조치시대는 민주세력에 대한 탄압의 정점을 형성했다. 반유신체제라는 목표를 중심으로 야당 뿐 아니라 학생, 문인, 기자, 교회 그리고 노동자들이 느슨하되 광범위한 연대를 형성하기 시작했다. 노동운동이 기댈 법적 정치적 통로가 봉쇄되는 동안 국가는 완전히 친자본적인 태도를 취하였다. 대자본들은 금융(신용)대출과 투자기회의 배분을 독점하던 국가와 유착했다. 그들은 제조업, 특히 중화학부문의 투자 뿐 아니라 투기적 투자, 즉 부동산투기와 사채업 등 지대추구를 통해 막대한 규모의 자본을 축적했다. 이미 수백만 명의 농촌인구가 영구이농의 형태로 도시로 몰려들고 있었다.[7] 미숙련 혹은 반숙련 노동이 방대한

---

7) 1965-85년의 20년 동안 농촌의 도시이주 인구는 모두 1,100만 명으로, 이는 매년 4.7%의 농촌 인구가 도시로 이동했음을 의미한다.

산업예비군의 형태로 존재했고 생계비에도 훨씬 못미치는 저임노동이 만연했다. 더욱이 노동의 대자본 협상력은 거의 존재하지 않았다. 대부분의 수출산업은 노조를 아예 가지고 있지 않았고, 그나마 있는 노조는 경영층에 의해 통제되는 어용노조들이었기 때문이다. 당연히 인력개발이나 노동조건의 개선 혹은 기술개발을 통한 생산성향상 전략은 기업운영과는 원천적으로 무관했다. 그 결과 70년대 말에 이르면 재벌로의 자본집중은 예컨대 30대 재벌이 전체 상품수출의 36%, 전체고용인력의 22.3%를 점유하는 수준에 이르렀다.

70년대 중반 이후 노동쟁의가 증대되기 시작했다. 국가와 자본의 연합에 의한 탄압이 보다 노골화되자 종교단체 뿐 아니라 지식인 집단의 관심과 후원이 증가하였다. 국가는 이들을 '외부의 불순분자들'로 그리고 노조지도자들을 그들의 사주을 받은 친공산주의 세력으로 매도했다. 이러한 국가의 이념공세야말로 고용주에게는 노동자들을 분열시키고 자주노조의 건설을 원천적으로 제압할 수 있는 최상의 무기였다. 당연히 집회, 농성, 시위가 지식인에 의해 주도될 때마다, 공안조직의 무자비한 탄압이 뒤따랐다. 그러나 70년대 내내 한국정치에 대한 사실상의 가장 큰 저항은 사회적 최하층의 공장, 특히 노동집약적 수출부문의 여성 노동자들에 의해 수행되었다.[8] 이는 한국의 수출드라이브 정책이 주로 섬유, 피복, 전자산업의 여성노동력에 의존하고 있었다는 점과 관련이 깊었다. 70년대 후반 전체 생산직 노동자에서 여성노동자가 차지하는 비율은 53%에 달했다. 이들은 "대부분 농촌출신에, 나이가 어리고, 미혼에, 학력이 낮으며, 가족부양의 책임을 떠맡고 있는 대단히 동질적인 집단"으로서 상대적으로 단순기술과 높은 노동규율을 요구하는 일에 종사하고 있었다. 당시의 대표적 노동쟁의 사례였던 풍산금속, 동일방

---

8) 구해근(2002) 교수는 특히 이 문제에 관한 탁월한 분석을 수행되었다.

직, YH무역에 근무하던 여공들의 눈물겨운 파업이 이때 전개되었다. 이들의 투쟁은 회사노조 대신 자주노조를 건설하기 위한 데 초점이 두어진 것이었다. 노동자들은 카톨릭 노동청년회나 도시산업선교회와 같은 진보적 교회단체들이 적극적으로 후원한 소그룹 활동과 노동자 야학을 통해서 노조의 중요성과 노동자로서의 계급의식을 체득하였다. 유신체제가 출범하면서 한국노총 산하의 공식적 노조들이 국가의 조합주의적 노동통제 수단으로 전락해 있었다. 당연히 교회야말로 노동자들이 의존할만한 유일한 조직체계를 갖춘 집단이었던 것이다.

  국가의 공세를 가열할수록 노동운동은 오히려 정치화되기 쉽다. YH무역 여공들의 신민당사 농성과 그 파장은 대표적 예이다. 60년대 중엽 가발수출업체로 출발했던 YH무역이 가발산업의 침체와 더불어 공장폐쇄를 결정한 것은 70년대 말이었다. 이미 자주노조를 가지고 있던 YH무역노조의 여성노동자들은 공장폐쇄에 반대하는 일련의 파업을 전개했다. 여공들은 파업을 강제해산 하려는 공권력과의 극한 대립 속에서 농성장소를 야당인 신민당사로 옮길 것을 결정하였다. 1979년 8월의 신민당사 농성은 야당당수이던 김영삼이 노동자들에 대한 지지를 선언하면서 긴장이 고조되었다. 그러나 경찰의 폭력적 난입과 진압으로 여공들의 투쟁은 실패로 끝났다. YH무역 여성노동자의 투쟁은 노동운동을 정치화하고 노동투쟁과 민주화투쟁을 결합시키는데 크게 기여했다. 실제로 이 사건의 정치적 파장은 컸다. 박정권은 이 사건을 빌미로 김영삼의 국회의원직을 박탈했다. 김영삼 지역구인 부산에 이은 마산에서 대규모 시위가 일어났다. 시민사회의 저항이 전국적으로 확산될 조짐을 보이면서 유신체제는 위기에 직면했다. 유신체제의 위기는, 종말에 즈음한 체제가 언제나 그렇듯이, 지배집단 내부의 균열을 가져왔다. 박대통령의 암살과 함께 유신체제는 막을 내렸지만, 그 배후엔 70년대 중엽 이후 점증하던 시민사회의 저항이 있었다.

새로운 정치적 기회는 한국의 시민사회를 갑자기 부활시켰다. 특히 노동쟁의의 발생건수가 급속히 증가했다. (1979년의 100여건에서 1980년의 400여건으로) 강원도 사북탄광촌과 부산 동국제강의 파업이 소위 '서울의 봄' 기간 중에 발생한 대표적 분규였다. 군내부의 하극상과 광주항쟁의 유혈진압을 통해 전두환 군부체제가 시작되었다. 전두환 체제는 시민사회에로의 민주적 개방을 극도로 억제했다는 점에서 유신체제의 연장선상에 있었다. 5공화국헌법은 대통령과 국회의원 선거에서의 반민주적 관행을 단지 형식만을 바꾸어 제도화했다. 비경쟁적 정당정치의 형식인 패권정당으로서의 집권당(민자당)의 위상도 여전하였다. 때마침 주요 경제지표들이 호황을 가리킨 것은 전정권에게는 행운이었다. 80년대 중엽에 이르면 10대재벌이 전체 판매액의 30.2%, 전체고용의 11.7%를 차지할 정도로 자본의 집중은 고도화되고 있었다. 반면, 한국의 노동자들은 여전히 세계에서 가장 긴 시간을 노동하고 있었고 산업재해율도 선진국의 5-10배에 달하였다. 그러나 3백만 공장노동자라는 엄청난 잠재력을 지닌 노동진영은 수동적, 비정치적, 비조직적이었고, 의식수준은 낮았다. 노동운동은 아직도 학생, 교회, 재야지식인, 야당정치인 등 외부의 민주화세력의 이념적, 정치적, 조직적 자원에 의해 견인되고 있었다. 노동운동에 대한 산업적, 정치적 제약도 변함 없이 존속되었다. 전정권은 권력장악과 더불어 시민사회에 대한 강도 높은 탄압을 시작했다. 새로 결성된 독립노조를 차례로 분쇄했고, 노동운동가들을 노조지도부에서 축출하였으며, 노조운동에 가담했다는 이유로 해고한 수천 명 노동자들의 재취업을 봉쇄하였다. 국가와 기업에 의한 탄압의 결과로 노조와 조합원 숫자는 급감하였다. 노조운동이 수면상태에 들어간 대신 노동자들의 저항은 점차 외부의 반정부 민주화운동과의 긴밀한 동맹관계를 형성하기 시작했다. 시민사회가 꽁꽁 얼어붙고 산업영역에서의 탄압으로 궁지에 몰린 노동자들이 기댈 곳은 정치(민주화) 밖에 없었던 것이다. 특히 학생들은 강력한 국가 자체가 문제의 핵심에 있다고 인식하면서 민주진영의 광범위한 동맹을 추구했다. 이른바 노학연대가 급진전되기 시작한 것이 이즈음이었다.

전정권은 1983년 말부터 아세안게임과 올림픽을 앞두고 시민사회에 대한 부분적 자유화를 허용하기 시작했다. 정치활동과 노동운동에 대한 강력한 통제가 완화되었다. 1985년 초의 대우자동차 부평공장의 파업과 구로공단 노동자들의 연대투쟁은 이러한 유화국면을 틈타 급속히 증가된 노동쟁의들 가운데 대표적 사례였다. 전자는 재벌기업에서 일어난 최초의 조직적 파업이었고 후자는 기업간 연대 뿐 아니라 노동자, 학생, 반정부집단 간의 민주동맹의 성격을 띤 정치투쟁이었다. 정치권도 심상치 않았다. 1985년의 총선을 통해서 자생적 반대당이었던 신민당이 소위 관제야당이었던 민한당을 누르고 제2당이 되었다. 총선결과는 두 차례의 군부체제에 대한 국민적 염증을 반영한 것이었다. 이미 시민사회에는 30여 년의 국가주도 경제성장전략이 낳은 효과, 즉 물질적으로 풍요한 도시중산층과 상대적 빈곤감에 허덕이던 방대한 노동계층이 형성되어 있었다. 사회경제적 변화의 누적은 민주화에 대한 시민사회의 욕구와 열망을 자극했고 그것이 일정부분 총선결과로 나타난 것이었다. 무엇보다 자본을 마음놓고 활용하였던 70년대의 풍부한 노동력의 시대가 막을 내리면서 노동운동이 새롭게 부상할 수 있는 조건이 마련되었다.

대통령 직선제를 요구하는 개헌운동이 본격적으로 전개되기 시작했다. 개헌운동은 총선 이듬해 2월 신민당이 재야세력과 함께 개헌을 위한 1천만 서명운동에 돌입하면서 그 절정을 맞이하였다. 1987년초 정국이 극단적 대립상황에 있을 때 두 대학생에 대한 고문치사와 성고문 사건이 폭로되었다. 집권세력의 호헌전략은 재야와 반대당의 결사적 반대와 더불어 전국적 가두시위와 농성에 직면하였다. 대통령 직선제를 포함한 4개항의 이른바 6·29선언이 탄생한 것은 이러한 상황에서였다. 6·29

선언은, 4·19혁명과 10·26이 그랬던 것처럼, 시민사회의 소동과 저항이 이루어낸 성과였다. 그러나 그것은, 4·19와는 달리, 노동계층을 포함한 중산층의 광범위한 참여를 동반했다는 점에서 각별한 역사적 의의를 지닌 것이었다. 민주화는 시민사회의 성장과 궤를 같이하는 것이다. 민주화 열기의 봇물은 곧바로 7.8월 노동자 대투쟁이라는 시민사회의 대분출로 이어졌다. 그것은 규모와 성격에서 종래의 노동운동과는 현격한 차이를 보이는 것이었다. 두 달여 동안 일어난 노동쟁의의 건수는 지난 20여년간 일어난 총 쟁의건수를 훨씬 웃돌았고, 10인 이상을 고용한 기업체의 정규직 노동자들의 거의 1/3에 해당하는 120만 명이 거기에 참여했다. 4천 개의 민주노조가 불과 1년도 못되어 새롭게 결성되었는데 이는 전체 노조수의 절반에 해당하는 수치였다. 노동운동의 이러한 격렬하고 급속한 분출에는 중화학공업 중심의, 지리적, 기업구조적으로 집중된 산업적 환경이 중요한 요인으로 작용했을 것이다. 그러나 더욱 중요한 것은 열려진 정치공간, 즉 민주화의 효과였다. 7,8월 대투쟁이 자본과 노동 간 권력자원의 거대한 불균형을 배경으로 한 것은 사실이었다. 그러나 그간 국가의 친자본적 노동억압적 후원에 익숙해진 자본은 민주화 대세와 함께 돌연 국가가 후퇴하면서 갑자기 무력감을 느꼈다. 한국 시민사회의 형성에서, 국가가 행사해온 역할이 얼마나 큰 것이었나를 단적으로 증명하는 것이었다. 7,8월 대투쟁은 계급의식의 억제와 촉진이라는 상반된 측면과 관련하여 폭압적 정치권력의 효과가 갖는 양면성을 여실히 보여주었다.

예상대로, 민주화 이후 나타난 가장 두드러진 변화는 집권당의 정치적 위상의 추락이었다. 그리고 그러한 변화는 점차 노골화되는 지역감정의 정치적 표출을 동반하였다. 김대중, 김영삼의 분열하에 치뤄진 87년 말의 대선은 민정당의 노태우를 과반수에 훨씬 못미치는 득표율(36.6%)에도 불구하고 대통령으로 당선시켰다. 무엇보다 이번 대선은 4

명의 후보자 모두 전국득표율과 출신지역득표율 사이의 현격한 차이를 보였던, 즉 지역감정을 가장 적나라하게 표출한 선거였다. 노태우, 김영삼, 김종필 세 후보의 전국과 출신지역 득표율 차이가 30% 전후에 머물렀던 반면, 김대중 후보의 그것은 그 두배인 60%를 훨씬 상회했다. 장기간의 차별과 광주항쟁 이후 누적된 호남민심의 정서가 그대로 드러났다. 이듬해 초에 있었던 총선에선 제1당인 대통령 소속당이 사상 처음으로 과반수획득에 실패하여(34%) 의정사상 초유의 분점정부가 탄생했다. 유권자들의 지역주의 투표성향은 이번 총선에서도 지속되었다.[9] 압도적 지역정서에 눌려 진보혁신을 표방한 한겨레당이나 민중의 당은 의회진출에 실패하였다.

　1988년 말 공안정국이 시작되었다. 3저 호황과 같은 유리한 외적 조건들이 사라지면서 국가와 자본은 노사관계의 안정을 위하고 87년 이후 권력자원이 급속히 증대된 노조운동을 통제하기 위한 공세에 나섰다. 특히 89년 봄에 있었던 문익환 목사의 방북사건과 동구권의 붕괴 같은 일련의 정세변화는 반공안보개념을 전면에 내세운 공안정국의 시작을 정당화했다. 때마침(90년초) 3당합당으로 거대여당(민자당)이 탄생하면서 제2당이던 김대중 평민당은 하루아침에 무기력해졌다. 13대 총선을 통해 국민이 만들어준 분점정부는 단숨에 원점으로 돌아갔다. 한국의 정당체계가 이념이나 정책이 아닌 인물중심의 보수정당 일색이었음이 드러난 것이다. 무엇보다 3당합당은 차후의 한국정치가 지역감정을 그 기본축으로 전개되는 결정적인 계기를 형성해 주었다. 종래의 민주/반민주의 2분구도를 여지없이 약화시키면서 김대중의 평민당을 중심으로한 호남세력을 완전히 고립시켰다. 보수대연합이라는 명분하에 진행된 3당합당이 비호남세력의 야합이라는 비판에 직면한 것은 이 때문이

---

9) 민정당은 대구, 경북지역의 29개 의석 중 25석, 평민당은 사실상 광주, 호남지역의 38개 의석 전체, 민주당은 부산의 15개 의석 중 14석, 공화당은 충남의 13개 의석 중 13석을 확보하였다.

다. 노동운동에 대한 국가와 자본의 강력한 역공세가 본격화되었다. 이미 전년도에 풍산금속과 서울지하철공사, 현대중공업의 파업이 경찰력에 의해 무력진압 되었다. 87년 대투쟁 이후 활발히 전개되었던 지역과 전국수준에서의 연대활동은 전혀 진전을 보지 못하고 있었다. 불법단체로 결성된 전노협은 정부의 탄압과 노동자들의 저조한 참여로 연대를 위한 구심점이 되는 데 실패했다. 더욱이 '신경영전략' 혹은 경영합리화의 이름으로 추진된 자본의 대노동전략으로 노동운동은 전반적으로 약화되어 갔다.[10]

1992년 3월의 14대 총선에서 거대여당 민자당의 의석수는 13대 국회의 218석에서 무려 69석이 줄어든 149석을 획득했다. 3당합당을 통해 인위적으로 만들었던 단점정부가 다시 국민에 의해 분점정부로 전환되었던 것이다. 민주화 이후 지난 대선과 총선에서 현저히 드러났던 지역주의 투표는 변함없이 재현되었다. 민주당은 호남지역에서 2석을 제외한 전 의석을 석권한 반면, 민자당은 부산의 전 의석을 차지하였다. 한편 현대재벌의 정주영 회장이 급조한 국민당이 원내교섭단체 구성에 필요한 20석을 훨씬 상회하는 31석을 차지하는 기염을 토했다. 국민당현상은 일개 재벌이 단시간 내에 순전히 금력으로 이뤄낸 정치적 성과였다. 한국의 부르주아지는, 서구의 패권부르주아지와는 달리, 노동에 대한 압도적 경제적 우위에도 불구하고, 혹은 그렇기 때문에, 도덕적, 이념적으로 시민사회에 대한 헤게모니 구축에는 실패하였다. 국민당현상은 차후의 한국정치가, 자유화의 이름으로 자본이 정치적 거래로부터 자유롭게 될수록, 얼마나 신속히 효과적으로 금권정치화 할 수 있는가를 상징적으로 보여주었다. 반면 노동의 정치세력화는 아직 얼마나 요원한 일

---

10) 그 초점은 성과급 임금체계나 직무평가제와 같은 새로운 인사제도, 생산공정의 자동화 등 노동유연성 고양을 위한 제조치 그리고 가족주의에 기댄 노사협조주의적 담론의 확산을 통한 국제경쟁력 강화에 있었다.(최장집 1996, 333-45)

인가! 노/자 간의 이러한 권력의 비대칭이야말로 그간 한국 권위주의정치의 시민사회 탈정치화전략이 실은 얼마나 자본편향적 성격을 지닌 것이었던가를 단적으로 보여주고 있다.

　시민운동단체들의 공명선거캠페인에도 불구하고 92년의 대선은 각종 탈법, 부정선거로 얼룩진 선거였다. 대선결과 한국정치는 32년 만에 문민정부를 맞게 되었지만, 그것은, 예기됐던 바대로, 반공주의와 지역주의가 긴밀히 연결되면서 나타난 결과였다. 투표를 1달여 앞두고 발표된 간첩단사건과 선거운동 내내 김대중 후보를 용공으로 매도한 색깔론이 김영삼 후보가 호남을 제외한 다른 모든 지역으로부터 지지를 얻었다는 사실과 결코 분리할 수 없었다. 대선에서 민자당의 김영삼 후보는 전국적으로 42%, 부산과 경남에서 각각 73.3%와 72.3%의 지지를 얻었고, 민주당의 김대중 후보는 광주, 전남, 전북에서 95.8%, 92.2%, 89.1%의 지지를 얻음으로써 5년 전의 대선보다 더욱 심화된 지역투표 성향이 나타났다. 요컨대, 김대중-용공-호남의 연상심리가 여전히 유권자의 안정화심리를 자극했다. 김대중은 대선직후 정계은퇴를 선언했다. 이러한 상황 속에서 노조조직율과 노동쟁의 건수는 해가 갈수록 현저히 감소하고 있었다. 그러나 90년대에 들어서 병원, 통신, 언론, 공부문, 금융 등 화이트칼라 노조가 급성장했다. 전교조 같은 단체들이 불법으로 출범했고, 전노협, 업종회의, 대노협과 같은 보수적 한국노총에 대항하는 새로운 전국연맹체를 시도하고 있었다. 이러한 추세는 노동문제에 관한 국가의 억압적 개입이 현저히 줄어들었다는, 요컨대 한국사회의 민주화 혹은 시민사회의 자율성이 그만큼 증가되었다는 점을 보여주었다. 1995년에는 전국연맹체들이 민주노총이라는 전국단위의 노조로 통합되었다. 민주노총은 강력한 국가의 탄압에도 불구하고 창립 첫해에 50만의 조합원을 확보할 수 있을 정도로 성장해 갔다. 1996년 말 김영삼 정부가 비밀리에 통과시킨 새 노동관계법은 노동자의 해고와 임시직 그리고 대체노동력의 고용에서 고용주의 권한을 대폭 인정한 것이었다. 이로 인해 대한민국 정부수립 이후 최초의 전국적 총파업이 민주노총과 한국노총이 연대하에 발생했다. 그러나 3백만 노동자가 3개월 가깝게 진행시킨 총파업은 세계화논리와 신자유주의 이데올로기가 대세를 이루는 가운데 별다른 성과없이 끝나고 말았다. 산업적 영역에서의 좌절은 정치적 각성을 자극하기 마련이다. 총파업은 민주노총과 한국노총의 정치세력화에 대한 새로운 각성을 불러일으켰다.

한편 총파업 실패 이후 얼마 안돼서 불어닥친 IMF 구제금융 상황은 IMF가 요구하는 구조조정의 과정에서 대량해고(1년 사이 실업자수는 전년도에 비해 3배로 늘어났다)와 급격한 임금삭감이 동반된, 한국전쟁 이래 최악의 경제위기를 가져왔다. 1997년의 대선을 통해 마침내 김대중이 대통령에 당선되고 한국정치는 처음으로 집권당내의 수직적 교체가 아닌 정당간의 수평적 정권교체를 이루어 냈다. 이번 대선에서도 지역투표성향을 매우 강하게 나타났는데, 김대중이 전국적으로 40.3%, 호남지역에서 90%를 얻었고, 이회창은 전국득표율 38.7%, 영남지역에서 60%를 훨씬 넘어서는 득표를 했다. 특히 김대중은 대전, 충남, 충북에서 각각 40.5%, 48.3%, 37.4%를 얻어 각각 29.2%, 23.5%, 30.8%를 얻은 이회창 후보를 훨씬 앞질렀다. 이는 이들 지역이 과거 대통령 소속당을 지지하는 경향을 보였던 점에 비추어, 김대중과 김종필 간의 지역선거연합의 효과를 나타낸 결과로 볼 수 있다. 대통령 취임 1년도 못되어 야당인 한나라당 의원들이 국민회의와 자민련으로 당적을 옮긴 결과 공동정권의 의석수는 다시 과반수를 확보하였다. 국민이 만들어준 분점정부가 또 다시 인위적으로 단점정부로 변한 것이다.

김대중 정부는 노조운동과 관련하여 과거 정부와는 다른 일련의 전향적 조치를 취해 나갔다. 3자개입과 복수노조 금지 그리고 노조의 정치활동 금지를 완화 혹은 폐지하였다. 무엇보다 서유럽의 조합주의 모델을 따라 노사정위원회를 조직하여 한국 노동자들이 최초로 국가적인 의사결정기구에 실질적 일원으로 참가할 수 있게 만들었다. 금융위기로 인해 한국 노동자들의 삶과 생계는 유린당했지만, 노사정위원회를 통하여 조직노동의 정치적, 사회적 지위를 많이 향상할 수 있었다. 그러나 서유럽의 노사정체제는 노동운동의 역량을 전제로 실험되고 성공한 제도였다. 반세기 자본친화적, 노동억압적 국가정책의 유산으로 인해 한국의 노동운동은 낮은 노조조직율, 기업별로 분산된 노조운동, 심각한 고용불안정, 노동자정당의 부재 등으로 심각한 열세에 있었다. 김대중 정권은 노사정위원회를 통해 한국역사상 처음으로 노조운동을 공식적 협상 파트너로서 인정했다. 그러나 국가는 노/자간 권력자원의 현저한 간극을 - 여기에 대한 한국국가의 책임은 얼마나 막중한가! - 스스로 보충해주는 데까지는 나가지 않았다. 이러한 상황에서 노사정위원회에 특별한 성과를 기대하는 것은 무리이다. 노사정위원회는 그런 점에서 실패하였다.(최영기 2001, 15)

2000년 4월 총선에서도 정당마다 하향식 밀실공천은 여전했고 선거마다 기승을 부리던 지역주의는 변함 없이 지속되었다. 호남유권자의 지역투표는 여전한 가운데 영남유권자의 지역주의 투표는 과거보다 오히려 강화되었다. 영남에서 한나라당 외에 다른 정당이 1석도 차지하지 못한 것처럼 호남에서도 무소속 외에 다른 정당이 1석도 차지하지 못했다. 호남에서 당선된 4명의 무소속 의원도 당선직후 모두 공약대로 민주당에 입당하였다. 무엇보다 한나라당에서 이탈한 영남정치인들을 중심으로 급조된 민국당이 지역감정을 노골적으로 선동하며 영남정권 재창조론을 주창한 것은 아직까지 한국정치에서 지역감정이 얼마나 큰 정치적 자산인가를 단적으로 보여주는 사례였다. 총선투표율(57.2%)은 민주화 이후 지속적으로 하락하던 투표율의 최하수치를 기록하였다. 특히 2-30대 젊은 유권자들의 기권율이 매우 높아, 기성정치에 대한 불신과 냉소주의가 여전하다는 점을 확인시켰다. 4개 지역정당간의 경쟁이었기 때문에 처음부터 어느 정당도 과반수를 차지하는 것이 어려운 상황이었다. 민주당은 과반수에 미달은 물론 처음으로 대통령 소속당으로서 제1당의 지위를 상실하고 원내 제2당의 지위를 차지했다. 이러한 전혀 새로운 정치현상은 김대중 정권의 실패에 대한 국민적 심판의 성격도 있지만, 한국정치가 아직 지역주의에 근거해 있다는 점을 여실히 보여주었다.

한국의 시민사회는, 서구국가들에 비해, 빈부의 문제를 제외한다면, 이렇다할 갈등구조를 갖지 않은 나라다. 이미 살펴본 바와 같이, 한국사회의 대표적 갈등이며 시간이 흐를수록 오히려 그 강도를 더해온 지역갈등과 계급갈등은 정치권에 의해 의도적으로 창출되고 활용된 측면이 강하다. 시민사회에 만연된 냉전반공주의와 지역주의는 노동자정당을 비롯한 진보정당의 실질적 정치진입을 가로막는 심각한 비합리적 정서다. 소선거구제와 기존 보수정당들의 담합(카르텔화)도 노동운동의 정치화를 제도적으로 방해한다.(장의관 2000, 125-41) 그간 한국의 진보정당들은 한결같이 정치적 진입에 실패하고 해산하였다. 2001년 1월 민주노총은 민주노동당을 창당하였고, 현재 2002년 대선을 앞두고 한국노총 또한 독자적 노동자당 창당을 위해 분주히 움직이고 있다. 2002년 6월의 지방선거에서 총득표율 8.3%를 획득한 민노당이지만, 이러한 추세가 총선으로 연결될지는 또 다른 문제다. 신자유주의적 세계화 논리가 대세를 이루면서 자본의 직접적 공세를 더욱 노골화하고 있다. 무엇보다 자본의 노동유연화 전략은 빈부격차를 증가시킬 뿐 아니라 비정규직(임시, 일용직), 대체노동 등을 통해 노동의 고용안정을 직접적으로 위협하고 있다.[11] 소비주의가 만연하고 환경, 여성문제 등을 주쟁점으로 삼는 이른바

---

11) 한국 실업율의 하향추세는 이와 같은 비정규직의 증가에 따른 것이며 이로 인해 고용불안정 은 더욱 증가하고 있다. 비정규직 노동자의 비율은 1996년 43.4%에서 2001년 8월 현재 55.7% 로

신사회운동이 부상하는 현상도 노동운동의 분산과 무력화를 부추기고 있다. 자유화가 반드시 민주화를 의미하는 것이 아니라면, 국가의 민주화와 민주화된 국가의 시민사회에 대한 개입은 적어도 당분간 노동운동의 불균등한 권력자원을 보충하는, 그리하여 시민사회의 경쟁질서를 확립하는, 즉 시민사회의 민주화를 위해 절실한 사안이다. 노동운동의 정치세력화는 그러한 과제를 앞에 둔 노동운동의 시급한 과제이다.

4. 기독교, 민주주의, 한국정치 : 결론을 대신하여

자본주의는 막스도 감탄할 정도의 생산력을 발전시켰다.[12] 막스에게 사회주의가 갈등없는 인간의 낙원일 수 있는 것도 그 전단계인 자본주의가 가져온 그러한 풍요 때문이었다. 과연 오늘날 자본주의 하에서 물자는 풍요하고, 의료발전은 인간의 수명을 연장시켰고 과학은 인간의 지식을 확장시켰다. 우리는 물자와 놀라운 의료발전과 지식이 주된 보상체계로 자리잡은 시대에 살고 있다. 성경은 그것이 모두 하나님의 배려라고 가르친다. 하나님만이 '증가'(increase)시키는 분이기 때문이다. 지구상의 모든 사람은 물질과 의료발전과 교육을 동등하게 누릴 '기회'가 주어져야 한다. 돈이 없어서 굶주리고 병들고 배우지 못한다면, 그것은 하나님의 형상대로 만들어진 인간의 권위(dignity)를 경멸하는 것이

늘어났다. 상위소득층 20%에 대비한 하위소득층 20%의 소득비율도 1997년의 4.49%에서 2001년의 5.36%로 약 20%가 증가했다. 2000년 현재 빈곤층의 규모는 대략 700-1000만의 규모로 추정된다.(박동 2002, 28)

12) 이미 150여년 전에 막스는 유명한 『공산당 선언』(1848)에서, "부르주아지는, 100년도 안되는 지배를 하면서 이전 모든 세대와는 비교할 수 없을 정도로 막대하고 대규모적인 생산력을 창출했다. 도대체 사회적 노동의 무릎 아래 이러한 엄청난 생산력이 잠자고 있을 줄을 과거에 어느 누가 상상이나 했겠는가? 고 탄복한 바 있다. 여기에서 막스가 주목하는 것은, 인간이 자연을 정복하는데는 성공했지만, 인간활동의 산물이며 어디에나 존재하는 사회(society)를 정복하기는 커녕 오히려 도처에서 사회적 질곡에 허덕인다는 점이었다. 막스의 소외론은 이러한 인식에서 시작된다. (Howard and King 1985, 17-8)

며, 하나님의 배려와 목적과 의도를 거부하고 배반하는 행위이다 (Lloyd-Jones 1976, 118-23). 인간은 오늘의 불의하고(unjust) 불행한 세계에 대해서 하나님께 답해야 한다.

우리가 정의(justice)를 말할 때 그것은 통상 2종류의 개념(definition)을 동반한다. 하나는 특정 개인이나 집단의 행위에 대한 보상과 처벌을 동반하는 응보적(retributive) 정의이다. 다른 하나는 사회 내의 자원배분의 적절성을 추구하는 분배적(distributive) 정의이다. 그런데 이 두 정의 개념은 모두 성경이 말하는 정의와 부합한다. 전자의 하나님은 독생자를 십자가에 달리게 할 정도로 죄문제에 철저하신 하나님에서 발견된다. 후자의 하나님은 신구약 전체를 통해 너무 명료해서 변명의 여지가 없다. 따라서 성경이 말하는 두 정의는 모두 사랑에 닿아 있다. 믿음이 사랑으로 증시되는 것처럼(갈 5:6), 사랑은 또한 정의로 표출된다. 정의는 언제나 신학적 함의를 지니는 것이다. 복음적 삶을 사는 크리스챤이라면 복지에 관심을 갖는 것이 당연하다.

성경적 관점은 정의에 대한 급진적인 요구를 한다. 하나님의 왕국이란 하나님의 완벽한 통치, 곧 완벽한 정의를 실현하는 것을 의미하기 때문이다. 그러나 그것의 수행방식은 개혁적일 수밖에 없다. 크리스챤의 비전은 역사 속에서 '하나님의 통치' 자체가 아닌, 거기에 가능한 근접하는, 현실보다 나은 하나님의 통치가 되어야 하기 때문이다. 하나님 통치의 '역사적' 실현은 단계적, 점진적이다. 이처럼 하나님의 초월성은 곧 인간의 상대성을 부각시킨다. 이런 점에서 크리스챤은 두 단계의 비전을 소지해야 한다. 첫째, 전혀 새로운 질서로서의 하나님 통치, 하나님 왕국에 대한 절대적 비전이고, 둘째, 하나님 왕국은 인간역사의 모든 현실 위에 초월적으로 존재하기 때문에 현실에 비춘 상대적 비전이다. 전자만 있을 때, 수단이 급진화 되기 쉽다. 인간의 구체적 역사 속에서 의를 실현하는 하나님임에 비추어 혁명과 같은 급진적 수단은, 그 이상의 완벽성에도 불구하고, 그 자체가(혁명적 열정은 언제나 '자기의'에의 유혹을 부른다) 하나님의 의를 훼손하기 쉽고, 또한 혁명 이후의 상황이 완벽한 정의와 조화, 하나님의 통치를 보장해 주지 않는다는 확신 때문이다. 반면 후자만 있을 때, 하나님의 완벽한 통치, 왕국에 비추어서 언제나 부족한 현실의 부적절성을 민감하게 깨닫지 못하기 때문에 자칫 현실안주의 경향에 빠질 수 있다. 요컨대, 모든 변화는 궁극적으로 하나님왕국의 비전에 의해 영감되어야 하지만, 역사적 실재로서의 인간은 언제나 '현실'에 비춘 상대적 개선을 추구해야 한다. 이는 현실의 부정의가 전면적이고 급진적 변화를 요구할 정도로 심각할 때에도 마찬가지이다. 아무리 선한 현실도 그 안에 악을 담고 있는 것처럼, 아무리 악한 현실도 그 안에 선을 담고 있기 마련이다(Wogaman 2000, 142-3 참조).

민주주의가 반드시 선한 결과만을 보장하지는 않지만, 민주주의는 적어도 열려진 공간을 제공함으로써 비판, 토론, 다수결원칙과 같은 점진적 변화의 규칙을 제공한다. 시민사회는 다양한 갈등들(계급, 언어, 종교, 인종, 지역 등)의 내연가능성을 본래적으로 안고 있다. 민주주의란 그러한 갈등들이 평화적으로 해결할 수 있는 차선의 수단이다.[13] 특히 한국을 포함한 자본주의 사회에 체제적인(systemic or embedded) 계급갈등은 민주주의적 장치, 즉 정당과 같은 정치사회의 매개를 통해 정치적으로 교정 혹은 해소된다. 서유럽 민주국가들의 정당체계가 좌우이데올로기에 따라 정연하게 배열되어 있음은 이를 시사한다. 당연히 복지의 주수혜 계층인 노동계급이 정치적으로 대표될 수 없다면 복지국가의 발전은 요원한 일이다.

복지국가는 산업화의 진행과 더불어 자연스럽게 발전하는 것도 아니고 기득권층의 시혜 혹은 일방적 양보에 의해 발전한 것도 아니다. 그것

---

13) 소위 '밀(J. S. Mill)의 불안'(Mill's misgivings)로 명명될 수 있는 '다수(즉, 우민)의 횡포'에 관해서는 시립대 이근식 교수(1999)가 자세히 논의하고 있다.

은 노동계급이 산업영역에서 자본가와 대등한 협상력을 추구하고 민주주의의 평등원리에 따라 정치권에서 자기의 목소리를 낼 수 있을 때 비로소 시작한다. 서유럽국가들 가운데 노동자의 노조가입율이 높고 노조운동의 구조가 기업별노조가 아닌 산업별로 연대해 있고, 노동자정당이 오래 집권했던 북구국가들의 복지수준이 월등히 높은 것은 놀랄 일이 아닌 것이다. 한국은 비정치적 요건들, 특히 산업화의 정도와 인구구성비의 변화 등과 관련해서는 복지국가의 발전을 위한 사회경제적 단계에 충분히 도달해 있다. 문제는 바람직한 정치적 선택이 형성될 수 있는 제도적 텃밭의 확립이다. 우리가 절차적 민주주의를 소중히 하는 이유는 그것이 아래로부터 요구를 정치화하고 정책적 압력으로 전환하는 통로를 마련해 주기 때문이다. 더욱이 복지입법이 예산배분을 둘러싼 첨예한 갈등을 동반한다는 점을 고려할 때, 복지의 가장 큰 수혜자일 수밖에 없는 노동계급의 실질적 정치세력화가 갖는 의의는 실로 막중하다. 복지국가는 절차적 민주주의를 통해서 정치적 동원에 성공한 노동계급이 의회에서 강력한 누진세제로 재정적 뒷받침된 복지법안을 하나하나 입법화시킨 결과로 탄생한 것이다.

해방이후 한국의 시민사회는 미군정과 한국전쟁 그리고 일련의 군사권위주의 통치를 겪으면서 반공이념의 전일적 지배 속에 일체의 정치적, 이념적 타협의 기회를 갖지 못했다. 오히려 한국의 권위주의정치는 시민사회의 요구를 물리적 강제력과 이데올로기적 탄압을 통해 탈정치화 시킴으로써 정책과정을 왜곡해 왔다. 정치적 민주주의를 끊임없이 제어하고, 그에 따라, 노동운동의 산업적 집단활동을 불법화하였으며(제3자개입금지, 복수노조금지 등), 노동자들을 정치적으로 대변할 노동자정당이 아예 존재할 수 없었다(노조의 정치활동 금지). 한국의 정치사회가 국가와 시민사회의 매개역할을 수행하지 못하는 사이, 한국의 자본은 다양한 통로를 통해서 산업적·정치적 자원을 동원할 수 있었다. 이러한 상황에서, '가진 자' (haves)로부터 '가지지 못한 자' (have-nots)로의 재분배원리에 입각해 있는, 복지체계가 발전되리라고 기대하는 것 자체가 순진한 욕구였다. 따라서 현 DJ 정부가 노동운동 관련 악법들을 폐지하고, 특히 노동자정당을 통한 노동자의 집단적 정치참여를 허용한 것은 만시지탄이지만 한국복지의 앞날을 위해서는 더 없이 고무적인 일이다. 그러나 아직도, 최근의 몇몇 파업의 귀추에서 드러났듯이, 국가와 시민사회가 노동운동에 대해 지닌 부정적 인식에는 큰 변화가 없는 듯이 보인다. 이러한 인식은 과거의 권위주의적 정치가 물려준 잘못된 유산이다. 한국의 노조가입율은 아직 10% 전후에 불과한 데 비해 복지선진국인 북구국가들의 그것은 80%를 웃돈다. 산별노조 중심의 서유럽 노조운동과는 달리 한국의 노조운동은 아직 기업별로 분산되어 있다. 더욱이, 노동의(집단적) 정치참여가 허용된 이후 민주노동당이 창당되었지만, 정치적 진입에는 실패하였다. 선거법(소선거구제)은 기존정당의 기득권을 옹호하고, 시민사회는 아직 냉전반공논리와 지역감정의 폐습에 젖어 있으며, 노동운동에 대한 시민사회의 거부감이 만연되어 있는 한 노동운동의 '실질적' 정치세력화로의 도정은 참으로 험난할 것이다.[14] 노동의 객관적 권력자원이 이처럼 열악한 상황에서도 노사분규와 같은 문제들이 불거질 때마다 노동자에게 그 책임을 전가하는 것은 아무리 생각해도 정당화할 수 없다.

한국의 크리스챤들은 국민복지의 일차적 책임은 국가가 질 수밖에 없다는 점을 인식해야 한다. 복지에 대한 요구는 광범위하고 아직 국가만이 누진세 등을 활용하여 방대한 자원을 동원할 수 있다. 복지는 국가의

---

14) 최근 영국의 대표적 여론조사기관인 MORI의 조사('Social Values' Poll)는 영국민의 68%가 스스로를 노동계급으로 분류하고 있다고 밝혔다.(Daily Express, August 21, 2002) 최근 영국의 경제상황이 호황을 기록하고 영국처럼 '객관적' 계층지표상으로 중산층의 비율이 높은 나라에서 이처럼 '주관적' 노동계급의 비율이 높은 것은 한국과 비교할 때 놀라운 일이다. 한국과 달리, 노동계급이 당당한 사회의 구성원으로서 정치적으로 문화적으로 대표되고 인정되는 풍토가 오랜 세월 조성된 결과가 아니라 할 수 없다.

일반회계에 의해서 공여될 때, 소득보전 즉 안전망 제공과 분배구조의 개선을 위해 가장 효율적이다. 한국은 복지선진국에 비해 조세부담율이 턱없이 작을 뿐 아니라 조세의 구조 또한 아직 역진적 성격을 지닌 간접세가 누진적 효과를 지닌 직접세에 비해 비중이 높고, 한계소득세율은 서유럽국가들에 비해 한참 낮은 실정이다. 복지국가가 방대한 예산배정을 동반할 수밖에 없을 때, 그것은 곧 세입의 규모와 세제개혁에 직접적으로 관련된다. 그런 점에서 복지는 정치적 선택의 산물이다. 이처럼 복지가 곧 정치적 문제일 때 우리 사회의 저소득 계층, 특히 복지의 주수혜자인 노동계층이 하나의 대항적 정치세력으로서 정치에 참여하게 만드는 제도, 즉 민주주의는 무엇보다 중요하다. 보수주의 일색인 우리의 정치가 자발적으로 복지를 허용할 것을 기대하는 것은 너무 안이하다. 이런 점에서 사회경제적 약자에게 마땅히 관심을 기울여야 하는 이 땅의 크리스챤들은 민주화노력과 노동운동에 대해 보다 전향적인 사고를 할 필요가 있다. 노동조합이나 노동자정당은 모두 이미 존재하는 자본주의의 불균등한 권력구조에 대한 대항개념으로 출발한 것이고, 그 모두는 지극히 '자본주의적'인 현상이며 자본주의의 발전에 오히려 기여한 바 크다. 역사는 "대표없이 복지없다"라는 명제를 거듭 확인시킨다. 우리는 별수 없는 인간이라도 자꾸 선한 방향으로 사용할 수 있도록 구조를 만들어가야 한다. 복지는 민주주의라는 구조 위에서 가능하다.

또한 우리는 시민운동단체들이 정치의 민주화를 촉진할 뿐 아니라 구체적으로 정부정책을 감시하고 대안을 제시할 수 있도록 최대한의 관심과 협조를 보여야 한다. 서구 복지국가의 주관심이 생계를 위한 안전망 제공이라는 일차적 개념을 넘어서 상대적 박탈감을 완화한다는 보다 적극적인 개념으로 발전한 지 오래다. 이는 곧 국가의 모든 정책이 이모저모로 국민복지에 관련되어 있다는 의미이며, 따라서 정치적 민주화 뿐 아니라 사회의 구석구석에 자원을 효율적으로 배분할 수 있도록 제도를 확립하고 감시체제를 구축하는 것은 매우 중요한 일이다. 자본주의가 아직 천민적 수준이고 정치가 미숙아의 수준에 있는 우리의 실정에서 시민운동의 역할은 막대할 수 밖에 없다.

　마지막으로, 교회적인 수준에서, 현재 교회나 크리스챤 개인들에 의해 행해지는 자선행위들을 보다 조직적이고 통합적으로 운영해야 한다. 이를 위하여 우리는 범교회차원의 가칭 <기독복지 기금>같은 것을 출범시켜 항구적 제도로 만들 필요가 있다. 이러한 복지기금의 성패에는 일반성도와 교회차원의 기부금 뿐 아니라 특히 기독실업인들의 기여가 결정적으로 작용할 것이다. 이런 점에서 우리는 현재 평신도 일각에서 진행하는 '유산안남기기 운동' 같은 것을 전 크리스챤의 운동으로 확산하고 거기에서 얻어진 자원을 복지기금을 위해 적극적으로 활용해야 한다. 오늘날 부자들의 부는 부모로부터 상속받았거나, 이자, 지대처럼 자기노동의 결실이라고 볼 수 없는 재산소득에서 발생하는 경우가 대부분이다. 자유주의 논거에 따르면, 재산권이 신성한 것은 그것이 그 소유자의 노력(노동)의 산물이기 때문이다. 따라서 오늘날 재산권에 대한 일정한 제약은 자유주의철학의 논리에 기대더라도 정당화된다. 특히 유산은 그 자체가 자본주의 사회에서 공정한 경쟁을 해치고 불평등을 항구화시키는 가장 큰 원인일 뿐 아니라 핏줄 아닌 언약의 종교로서 기독교의 원리와도 상충한다. 그리하여 물질이 아닌, 사회의 가장 천대받고 소외된 형제들에 대한 우리의 사랑을 자손에게 계승할 수 있도록 가능한 한 좋은 구조를 만들어 가야한다.

참 고 문 헌

고세훈.
   2001.『복지국가의 이해 : 이론과 사례』서울 : 나남출판.
구해근.
   2002.「한국 노동계급의 형성』신광영 역. 서울 : 창작과 비평.
김용호.
   2001.『한국 정당정치의 이해』서울 : 나남출판.
박 동.
   2002. "한국노청 독자정당 창당의 조건과 전망"『2002년 대선, 한국노동자의 선택과 개혁적 국민정당』한국노총. '대선선택을 위한 정치 심포지움 Proceedings.'
송건호 외.
   1985.『해방 40년의 재인식 I』서울 : 돌베게.
이근식.
   1999.『자유주의 사회경제사상』서울 : 한길사.
장의관.
   2000. "선거제도의 쟁점, 사례 및 제도화의 방향" 박호성 외.『한국의 권력구조논쟁 II』서울 : 풀빛.
최영기.
   2001. "DJ 정부의 노동정책 : 평가와 과제" 사회정책포럼. '2001 사회정책토론회 Proceedings.'
최장집.
   1996.『한국 민주주의의 조건과 전망』서울 : 나남출판.

Burbach, Roger, et al.
 1997. *Globalization and Its Discontents : The Rise of Postmodern Socialisms. London* : Pluto Press.
Hutton, Will.
 1999. *The Stakeholding Society : Writings on Politics and Economics.* Cambridge : Polity Press.
Howard, M. C. and J. E. King.
 1985. *The Political Economy of Marx.* London : Longman.
Korpi, Walter.
 1983. *The Democratic Class Struggle.* London : Routledge & Kegan Paul.
Lloyd-Jones, D. Martyn.
 1976. *Studies in the Sermon on the Mount.* Vol. II. Leicester: IVP.
Przeworski, Adam.
 1991. *Democracy and the Market.* Cambridge : Cambridge University Press.
Wogaman, J. Philip.
 2000. *Christian Perspectives on Politics* : Revised and Expanded. Louisville, Kentucky: Westminster John Knox Press.

한국교회와 시민정치

박 득 훈 (기윤실)

2001년 10월『시사저널』지(제 626호)는 한국을 움직이는 가장 영향력 있는 집단/세력에 대한 여론조사를 발표한 적이 있다. 그 조사에 의하면 응답자의 43.5%가 정치권을 가장 영향력이 있는 집단/세력이라고 답하였다. 정치권이 압도적인 1위를 차지한 것이다. 이 점은 통계에서만이 아니라 우리 삶의 한가운데서 깊이 경험하고 있는 바이다. 그 동안 줄지어서 터진 각종 게이트 사건들은 정치인들의 힘이 얼마나 큰가를 보여주었다. 문제는 정치권의 영향력이 한국사회에 바람직한 방향으로 작용하지 못했다는 점이다. 우리가 그동안 온 몸으로 느꼈듯이 여전히 정치권은 이념과 정책에 근거한 정정당당한 경쟁보다는 각종 연고주의와 집단적 이기주의에 기대서 치졸한 정쟁을 일삼으며 권력과 각종 이권에 집착하고 있다.

이를 바로 잡기 위해서는 시민이 일어나야 한다. 시민운동은 특히 21세기에 접어들면서 지구 도처에서 매우 강력한 사회적 힘으로 부상하고 있다. 인류 공동체의 제반 문제들이 주권 국가들과 그들의 연합체들의 주도하에 다루어지던 시대가 이제 지나가고 있다. 다행히 이러한 사회적 변동은 한국에서도 강력하게 일어나고 있는 중이다. 특히 1987년 민주항쟁 이후에 한국의 시민운동과 그들을 통한 시민정치가 꾸준히 성장해 왔다. 우리의 삶에 중대한 영향을 미치는 선거와 각종 정치적 사안에 대한 국민의 여론을 형성해 가는데 있어서 시민운동을 중심으로 한 시민정치는 매우 중요한 세력으로 자리를 잡아가고 있는 것이다. 한편 정당정치와는 달리 시민정치는 정치적 권력의 직접적 행사를 추구하지 않는다는 점에서 부패와 타락으로부터 비교적 자유로울 수 있다는 장점을 가지고 있다. 여전히 완전하지는 못하지만 상대적으로 좀더 투명하고 신선한 정치참여의 길이 시민들에게 열리게 된 셈이다.[1]

그러나 안타까운 것은 많은 기독교인들이 여전히 시민정치에 적극적으로 참여하여야 하는가에 대한 시원한 답을 갖지 못하고 있다. 어쩌면 아예 그런 사안에 대해서는 신경을 끄고 신앙생활을 하는 사람들이 더 많을 지도 모른다. 이런 현실을 극복해 나가려면 우선 시민정치의 역사적 맥락과 성격을 간단하게 살펴 볼 필요가 있다. 그리고 많은 기독교인들이 시민정치 참여에 무관심하거나 머뭇거리고 있는 이유를 정확히 파악하고 그 정당성을 검증해보아야 한다. 보다 적극적으로는 기독교인의 시민정치 참여에 대한 신학적 근거를 분명히 할 필요가 있다.

1. 시민정치의 역사적 맥락과 한국교회의 반응

1) 시민정치의 역사적 맥락

시민사회는 서구 사회에서 봉건주의 사회가 무너지면서 태동하였다.

---

[1] 그 동안 우리 나라에서는 시민운동에 대한 비판의 음성이 있었던 점을 간과해서는 안될 것이다. 그러나 이러한 비판도 결코 시민운동 자체를 부정하기 위한 것이 아니라 시민운동의 건강한 성장을 지향하는 과정에서 일어난 것임을 기억해야 한다. 본고에서는 바람직한 시민운동에 대한 비판적 성찰보다는 기독인의 시민운동 참여의 당위성이라는 보다 일반적인 주제를 다루고자 한다.

봉건시대까지는 사회의 구조와 인간의 양심 사이에는 별다른 괴리가 없었다. 기존의 권력구조와 경제 체제를 자연스럽고 당연한 것으로 받아들여 왔기 때문이다. 그러나 프랑스 혁명을 분수령으로 해서 사회는 스스로 만들어 가는 것이라는 자각이 일기 시작했다. 이로 인해 근대 민주주의 국가가 태동하고 국가의 절대적 통제에서 벗어난 새로운 영역, 즉 시민사회가 형성되기 시작한 것이다. 이와 함께 발전한 것이 다름 아닌 자유경쟁을 그 축으로 하는 새로운 시장체제이다.

이제 중요한 것은 국가, 시장 그리고 시민사회가 어떤 역학 관계를 맺어야하느냐이다. 물론 민주사회의 시민들은 이 관계에 대해 자신의 의견을 확립하고 피력할 수 있는 자유가 있고 또 보장되어야 한다. 성숙한 시민사회라 함은 바로 이런 견해차를 민주적 토론과 절충을 통해 합의에 이를 수 있는 역량을 가진 사회라 할 수 있겠다. 한국의 경우 시민사회의 진정한 태동은 1987년 민주항쟁에서 비롯되었다고 하는 데 큰 의의가 없을 것이다. 1970년대에는 대학생들과 기독교계의 진보적인 지식인들 그리고 각계의 민주인사들이 주축이 되어 자유민주주의 사상에 근거한 인권운동을 전개했고 그 운동이 중심 축을 이루었다. 80년대에 들어서면서 저항운동은 한 걸음 더 나아가 자본주의 체제를 근본적으로 뒤집으려는 혁명적 성격을 띠었고 성공의 가능성을 어느 정도 가지고 있었다. 그러나 87년을 분기점으로 해서 위로부터의 '보수적 민주화'가 추진되면서 급진적 민중노선은 주변화 되고 비교적 온건한 시민운동이 무대의 중앙을 차지하게 되었다.

이에 대한 해석과 가치 판단은 쉬운 일이 아니다. 그러나 한가지 분명한 것은 뚜렷한 대안이 없는 상태에서 제반 시민운동을 단순히 현 자본주의 체제의 상부구조에 기생하는 한 부분으로만 이해하고 무시하거나 적대시하는 것은 바람직하지 못하다는 것이다. 이 점에서 진보적 시민사회운동의 이론적 근거를 세워가고 있는 조희연 교수는 그람시의 이론을 빌어 시민운동공간의 성격을 잘 설명해주고 있다고 본다 ; '시민사회 영역은 부르주아적 생산관계로만 환원될 수 없는 "동의의 창출이 이루어지는 헤게모니 투쟁의 장"으로서의 성격을 지니게 된다.'[2] 이렇게 볼 때 시민운동은 포기하거나 무시할 공간이 아니고 오히려 적극적으로 참여하여 자신의 이념을 실험하고 추진해 나가야 할 영역으로 삼아야 할 것이다. 이런 노력을 통해 시민사회는 보다 급진적 진영에게도 자유롭게 경쟁할 수 있는 여백을 마련할 수 있다고 본다. 민중운동의 피를 통해 시민사회가 열렸다면 시민사회는 민중진영에 대해 빚진 자의 심정을 잃지 않아야 할 것이다.

국가 - 시장 - 시민사회의 역동적 관계와 관련해서 현재 시민운동의 주축을 이루고 있는 흐름은 그렇게 보수적이지만은 않다고 판단한다. 소위 신자유주의가 주장하는 '자유방임적 시장질서'를 지양하고 시민사회의 의견을 공공영역을 통해 민주적 절차를 거쳐 수렴함으로써 국가의 의지로 전환하여 시장을 규제하려는 뚜렷한 움직임을 볼 수 있기 때문이다. 이는 신자유주의적 시장경제가 실업, 노동의 소외, 여성에 대한 차별, 심각한 빈부의 격차, 향외효과로 말미암는 환경오염 및 생태계의 파괴 등의 문제를 자체적으로 해결하는 능력을 갖고 있지 못하다는 인식에 기초한다. 더 나아가 영국의 정치철학자이며 노동당의 이론가인 레이몬드 플란트가 잘 지적한 것처럼 시민 혹은 시민권이라는 단어 자체가 어느 정도 보편적으로 받아들여 질 수 있는 사회윤리적 당위를 함의하고 있다고 볼 수 있다 : '시민권이란 함은 모든 시민들이 자신의 선에 대한 신념을 자유롭게 추구해나갈 수 있도록 제 권리와 자원을 보장받을 수 있는 권한을 말한다. 이러한 시민사회의 공동체성을 구체적인 공동목표 보다는 시민권 보장을 위한 공동자원 및 수단들에 대한 합의에 반영한다'.[3]

---

2) 조희연, 「한국의 민주주의와 사회운동 : 비판·실천담론의 복원과 재구성을 위하여」(서울, 당대, 1998), 238쪽.
3) Raymond Plant, 'Citizenship, rights and socialism', *Fabian Tract* 531(Oct 1988), p. 1

그러나 시민운동이 이러한 방향으로 계속 나가려면 풀어야 할 많은 과제가 있다. 우선 반민주적 잔재를 척결하는 차원에서는 절차적 민주주의에서 실질적 민주주의로 발전, 천민적 자본주의 극복, 냉전체제 폐쇄성 극복, 왜곡된 보수적 시민사회 극복 등이 중요하다. 둘째로 물적 토대의 변화와 새로운 사회 구조 속에서 제기되는 새로운 문제들을 풀어 나가는 시민사회의 대응 능력을 강화하는 것이다.[4]

2) 한국교회의 반응

시민으로서 살아가는 오늘의 기독인은 바로 이러한 상황을 대면하고 있다. 그럼에도 많은 그리스도인들은 이런 현실에 눈을 감고 살고 있다. 물론 모든 교회와 그리스도인들이 정치적 상황에 무관심한 것은 아니다. 70년대에는 군사독재에 대항하는 인권운동과 민주화 운동에 진보적인 신학자들과 운동가들이 앞장섰다. 이때 태동한 것이 바로 민중신학이다.[5] 복음주의적 개혁신학의 입장에서 볼 때 민중신학은 해방신학과 같이 성경해석학이나 구원론을 비롯해서 신학적으로 여러 가지 문제점을 안고 있는 것이 사실이다. 그러나 대다수의 보수신학자들과 그리스도인들이 불의한 현실에 대해 적극적인 동조 내지는 침묵을 지켜온 상황에서 그들이 한국교회사에 기여한 바를 과소평가해서는 안 된다고 생각한다.

그러나 80년대에 들어서면서 민중신학과 진보적 그리스도인들은 운동의 중심에서 물러서게 된다. 사회과학적 지식과 이념으로 무장한 운동세력이 강화되어 주도적으로 운동을 전개할 수 있었기 때문이다. 그

---

4) 조희연, '국가-시장-시민사회의 바람직한 관계', 「'99 제 1기 기독시민아카데미 자료집」(서울, 기윤실, 1999), 7-11쪽.
5) NCC 신학연구위원회편, 『民衆과 韓國神學』(서울, 한국신학연구소, 1982).

이후 민중신학은 영향력에 있어서 많이 약화된 것은 사실이지만 여전히 민중신학의 새로운 정체성 확립을 위한 다각적인 노력을 계속하고 있다.[6] 90년대의 시민운동의 부상과 함께 그리스도인의 정치참여에 앞장 섰던 진보세력들은 더욱 약화되어 왔다고 해도 과언은 아닐 것이다. 한편 보수적인 교회들의 경우 일각에서는 세계관 운동과 소위 복음전도와 사회참여의 균형을 강조하는 신복음주의의 영향을 입은 사람들이 있어서 정치참여에 깊은 관심을 기울여 왔지만 굳어진 교회전체의 흐름을 바꾸기에는 여전히 역부족인 상황에 놓여 있다. 시민정치의 장이 새롭게 열리고 있지만 그 장에서 교회는 어떤 역할을 할 것인가에 대한 진지한 성찰과 고민을 찾아보기가 매우 어려운 형편이다.

이런 현실은 한국교회에 큰 도전이 아닐 수 없다. 여기서 새로운 활로를 찾지 못한다면 교회가 세상의 소금과 빛이 되는 길은 점점 요원해질 가능성이 농후한 가운데 있다. 이런 암울한 현실을 타개하고 활짝 열리고 있는 시민정치의 장에서 교회가 적극적인 역할을 하려면 먼저 한국교회가 아직도 전반적으로 정치에 무관심한 이유는 무엇이며 과연 정당화 될 수 있는 것인지 묻지 않을 수 없는 것이다.

2. 정치적 무관심의 원인

한국 그리스도인들의 정치적 무관심은 다양한 얼굴을 갖고 있다. 이 얼굴을 잘 파악하는 것이야말로 정치적 무관심에서 벗어나는 첫 걸음이 될 것이다.

---

6) 한국신학연구소편, 『1980년대 한국민중신학의 전개』(서울, 한국신학연구소, 1990). 竹薰 西南同 牧師 기념논문집 편집위원회, 『전환기의 민중신학』(서울, 한국신학연구소, 1992).

1) 왜곡된 이원론적 사고

　세계를 통상 물질 세계와 정신 혹은 영적 세계로 구분한다. 이러한 구분 자체는 세계를 설명해주는 유용한 도구가 될 수 있다. 그러나 문제는 이러한 구분에 형이상학적 가치판단을 첨가하는 것이다. 즉 영적 세계는 거룩하고 영원하기 때문에 가치가 있는 영역이고 물질 세계는 속되고 사라지기에 천박한 영역이라는 관념이다. 교회사를 보면 이러한 형이상학적 이원론은 일찍부터 존재해 왔다. 기독교가 유럽사회에 뿌리를 내리면서 플라톤 주의의 영향을 너무 깊이 받은 결과라고 일반적으로 설명되고 있다. 그래서 일찍이 유세비오스는 완전한 그리스도인은 육체 노동에 방해받지 않고 전적으로 하나님을 섬기는 사람이라고 생각했다. 이런 전통은 중세교회 당시 보편화되었다. 수도원에서 하나님을 묵상하는 데 거의 모든 삶을 바치는 사람이야말로 일류 크리스천이고 세상에서 일상적인 일에 열중하면서 그리스도를 믿는 사람은 이류 크리스천으로 간주하였다. 이러한 흐름은 종교개혁을 통해 상당 부분 극복한 것이 사실이다.
　그러나 불행하게도 한국에 들어 온 기독교는 그러한 종교개혁 정신을 잘 전달해주지 못하였다. 오히려 은근히 정치와 경제를 천하게 여기고 선비를 귀하게 여기는 한국사회의 이원론적 전통에 접목이 되어 버리고 말았다. 그래서 한국교회의 경우 소수의 급진적인 그리스도인을 제외하고는 거의 대부분의 그리스도인은 왜곡된 이원론적 사고에 매우 깊이 젖어 있다고 해도 과언은 아닐 것이다. 이러한 사고는 자연히 정치적 무관심으로 이어질 수밖에 없었다. 정치는 함께 모여 사는 인간사회의 물적 생활과 그 토대를 집중적으로 다루는 영역이기 때문이다. 자연히 교회는 이렇게 천박한 정치영역에서 일하게 될 정치인을 키워내는 일에 깊은 관심을 기울일 수가 없었던 것이다. 그리스도인은 이와 같은 이원론이 과연 올바른 것인가를 깊이 성찰해봐야 한다.

2) 정교분리 원칙에 대한 그릇된 이해

대한민국 현행 헌법 제20조는 "① 모든 국민은 종교의 자유를 가진다"와 "② 국교는 인정되지 아니하며 종교와 정치는 분리된다"로 되어 있다. 이러한 정교분리원칙의 헌법적 선언의 원조는 일반적으로 미국헌법 수정 제1조(1791년 인준)에서 찾는다 : "의회는 국교의 수립에 관한 혹은 종교의 자유로운 행사를 금지하는 법을 제정할 수 없다." 토마스 제퍼슨이 제 3대 대통령으로 취임한지 얼마 안 되어서 어느 침례교 신자로부터 대선을 격렬하게 치르면서 생긴 상처로부터 회복하기 위해 '금식의 날'을 전국적으로 선포해줄 것을 요청 받았다. 그러나 제퍼슨은 연방정부가 종교적인 이유 때문에 어느 한 날을 선정하는 것은 정당치 않다고 생각했다. 그래서 그는 1802년 1월 1일 다음과 같이 답장을 보냈다:

> 종교는 오직 사람과 그의 하나님 사이에서 일어나는 일에 관련되어 있다고 믿습니다. 그러기에 그의 신앙과 예배에 대하여 그 어떤 사람에게도 의무가 없습니다. 또한 정부의 입법권은 행동에만 미칠 뿐 견해들에 대해서는 미치지 못합니다. 이에 대해 당신도 저와 같은 신념을 가지고 있으리라고 생각합니다. 그래서 저는 엄숙한 존경심을 가지고 의회는 '국교의 수립에 관한 혹은 종교의 자유로운 행사를 금지하는 법을 제정할 수 없다' 고 선언한 미국국민 전체의 행위에 대해 깊이 생각하지 않을 수 없습니다. 이 선언이 의도한 바는 교회와 국가사이에 분리의 벽(wall of separation)을 쌓아 올리는 것입니다.[7]

---

7) A.A. Lipscomb & A.E. Bergh, editors, *The Writings of Thomas Jefferson*, Vol. 16(Washington, 1907), p. 281. 번역은 필자의 것임.

물론 이 글에 나타난 제퍼슨의 종교에 대한 이해가 지나치게 개인주의적이라는 점에서 신학적으로 문제가 있다.[8] 그러나 여기서 제퍼슨이 주장하고 이해한 바에 의하면 미국헌법 수정 제1조의 취지는 정부가 종교의 영역까지 뛰어들어 국교를 세움으로 어떤 특정종교가 법적 정치적 특권을 누리도록 해서는 안 되며 한편 종교의 자유로운 행위를 억압해서도 안 된다는 것이다. 즉 종교가 국가의 힘에 의존하게 됨으로 생기게 될 여러 가지 문제점들을 우려했다. 그러므로 이 조항은 쉐이퍼가 잘 지적한 것처럼 우리가 흔히 생각하는 대로 종교는 정치·경제 문제와 관련해서는 일체 침묵을 지킬 것을 요구하고 있는 것이 아니었다.[9]

그런데 이러한 정교분리원칙이 종교를 향해 정치에 대해서는 완전히 손을 털 것을 요구하는 원칙으로 잘못 이해되어 온 것이다. 이러한 흐름의 단초는 이미 아퀴나스의 신학사상에서 보여진다. 왜냐하면 그는 삶의 사회적이고 경제적이며 행정적인 측면은 자연에 속한 것으로서 교회와는 완전히 분리된 정치적인 영역에 속하는 것으로 보기 시작했기 때문이다.[10] 이러한 분리는 밀뱅크가 자세히 분석해 주는 것처럼 중세시대가 막을 내리고 근대사회가 열리면서 본격화되었다고 볼 수 있다.[11] 근대사회 이전에는 힘에 의한 통치로 대변되는 세속적인 면, 즉 정치는 따로 독립된 자율적 공간이나 영역으로서가 아니라 타락과 종말의 중간시대라고 하는 시간적 측면에서 불가피한 것으로 이해하였다.[12] 그러나

---

8) J. Philip Wogaman, *Christian Perspective on Politics* (London, SCM, 1988), p. 194.
9) *The Complete Works of Francis A. Schaeffer : A Christian Worldview*, Vol. 5, Book 4, 'A Christian Manifesto' (Wechster, Crossway Books, 1982), pp. 433-436. Cf. Wogaman, ibid, pp. 193-195. 199. 미국에서도 정교분리의 원칙이 교회의 정치참여를 법적으로 금지한 것처럼 이해되는 경우가 있는데 미국대법원이 이러한 해석을 일축한 적이 있다 : "특정 신앙의 신봉자나 개 교회는 … 자주 법적·헌법적 입장을 강력하게 지지하는 것을 포함해서 공적인 쟁점에 대해 자주 강한 입장을 취한다. 물론 세속적인 단체와 시민 각자가 가진 만큼 교회도 그런 권리를 가지고 있다." (Walz v. Tax Commission of the City of New York, 379 U.S. 670, 90 S. Ct. 1409 (1970) ; Wogaman, ibid, p. 199에서 재인용함).
10) John Milbank, *Theology and Social Theory : Beyond Secular Reason*(Oxford, Blackwell, 1990), pp. 407.
11) Ibid., pp. 9-143.
12) Ibid., p. 9.

근대사회가 열리면서 정치는 기독교로부터 확실히 독립된 공간과 영역을 쟁취하고 교회는 인간의 내면세계를 돌보는 것으로 밀려나기 시작했다. 이것이 소위 신앙의 사사화(privatization) 과정이다.

이러한 현상은 오늘날 세계적으로 보편화 되어가고 있는 자유주의 정치사상과 맞물려 있다. 폴 마샬이 잘 지적한 것처럼 자유주의자들이 말하는 종교의 자유는 어디까지나 영혼의 구원과 관련되어 있는 것이다.[13] 그 자유는 공적이고 정치적인 영역까지 확대되지 않는다. 이러한 종교적 자유의 허상을 보면서 하우어와스는 '왜 종교의 자유가 교묘한 유혹인가' 라는 질문을 던진다.[14] 그런데 불행하게도 많은 그리스도인들은 이런 신앙의 사사화 과정을 교회가 성경에서 원래 의도된 자리를 회복하는 긍정적인 현상으로 이해하였다. 선교사들에 의해 초창기 한국에 들어온 기독교는 이런 신학에 깊이 젖어있었다. 사사화 되어버린 신앙에 대한 간헐적인 반성과 도전이 있었지만 대세를 뒤집는 데는 역부족이었다. 이렇게 정교분리에 대한 그릇된 이해는 정치적 무관심을 교회 안에 정착시키는 데 매우 중요한 역할을 해왔다.

3) 성경에 대한 자의적 해석

정치적으로 무관심하고 훌륭한 기독정치인을 키워내지 못하면서도 교회는 거의 양심의 가책을 느끼지 않았다. 이것이 가능했던 것은 성경의 몇몇 구절을 자의적으로 해석했기 때문이다. 예를 들면 '가이사의 것은 가이사에게 하나님의 것은 하나님께 바치라' 는 말씀(막 12:16,7), '내

---

13) 폴 마샬 지음 · 진웅희 옮김, 「정의로운 정치 : 기독교 정치 사상과 현실 정치」(서울, IVP, 1997), 176-191쪽.
14) Stanley Hauerwas, *After Christendom? : How the Church is to behave if freedom, justicem, and a Christian nation are bad ideas* (Nashville, Abingdon Press, 1991), pp. 92.

[예수님의] 나라는 세상에 속한 것이 아니라'는 말씀(요 18:36), 그리고 '위에 있는 권세들에게 굴복하라'는 말씀(롬 13:1)등이 대표적이다. 이 말씀들을 정치적 무관심이나 정적주의(quietism)를 권장하는 말씀들로 해석했던 것이다. 이러한 해석에 비추어 볼 때 기독정치인을 길러서 정치의 장에 파송한다거나 직접 시민정치에 참여함으로 정치의 장을 변화시켜나가는 일은 교회의 소중한 에너지를 낭비하는 쓸데없는 일이 돼버리고 만다. 그러나 곧 다시 살펴보겠지만 이 말씀들의 진정한 뜻은 오히려 그 반대이다.

그러면 왜 신학자들과 기독인들은 성경의 뜻을 왜곡하는 것일까? 앎과 삶의 분리가 문제의 핵심이다. 커크는 이 점을 성서의 인식론으로 잘 설명해준다(요 7:17) : '지식은 이론적 사변을 통해서가 아니라 구체적이고 역사적인 행동으로 표현하는 순종을 통해서 얻는다'.[15] 하나님이 요구하시는 행동을 거절하고 불순종할 때, 결국 성경 본문을 바로 볼 수 있는 해석학적 열쇠를 상실하고 왜곡된 이해를 하게 되는 것이다. 이 점은 자신에게 유리하다고 판단할 때는 정치적인 발언을 서슴지 않으면서 불리하다 싶으면 정교분리의 원칙을 들어 정치참여를 억누르는 교회의 모순된 모습에서 그 어두운 정체를 드러낸다. 하나님의 뜻을 행동으로 옮기는 정통실천(orthopraxis)이 결여되어 있으면 결코 정통교리(orthodoxy)에 도달할 수 없다는 것을 잊어서는 안 된다. 성경에서 정통실천은 약한 자들의 고통을 함께 나누며 그들의 권익을 회복시켜주는 삶이다(사 1:10, 17 ; 렘 5:28-29 ; 22:1-19 ; 마 25:31-46). 이런 삶을 외면하게 되면 하나님 말씀의 진정한 뜻에 대해 점점 눈이 멀게 된다. 그리고 원래의 뜻과는 정반대로 이해하면서도 전혀 문제의식조차 갖지 못하는 단계에 이르게 되는 것이다. 그러면 왜 한국교회는 약한 이들의 삶에

---

15) J. Andrew Kirk, *Liberation Theology : An Evangelical view from the Third World* (Basingstoke, Marshall Morgan & Scott, 1979), p. 199(필자의 번역임).

서 점점 멀어졌을까? 이는 외부의 압력과 교회의 전체적 신분상승에 연결되어 있다.

4) 외부의 압력과 교회의 사회적 신분상승

잘 알려진 대로 개신교 초창기에는 선교사들의 비정치성과 기독인의 적은 숫자에도 불구하고 정치적인 면에서 매우 활발하였다. 소수의 의식 있는 기독지식인들과 대다수를 차지하는 밑바닥의 성도들이 성경을 스스로 읽으면서 자연스럽게 정치의식을 가질 수 있었기 때문이다.[16] 그러나 이는 오래 지속되기는 어려웠다. 끊임없이 이어지는 일제의 전체주의적 통치와 해방 후 군부독재로 말미암아 정치참여 의식은 소수의 급진세력에 국한되었다. 이런 과정에서 공산주의 체제하의 북한, 그리고 세계적인 냉전체제를 효과적으로 이용한 것은 주지의 사실이다. 이러한 분위기에서 약자의 편을 조금이라도 들라치면 곧 계급투쟁 정신으로 무장된 용공주의자로 몰리기가 십상이었다. 그러므로 약자들의 고통을 끌어안고 정치적 해결을 모색하는 것은 너무나 어려운 길이었다. 사회적 약자들이 시야에서 점점 멀어짐과 함께 성경에 대한 이해는 왜곡될 수밖에 없었던 것이다. 이는 정치적 무관심을 낳았고 존경받을 만한 기독정치인의 부재라는 비극적 현실을 만들게 된 것이다.

한편 개발독재하에서 가능해진 불균형 압축성장 속에서 혜택을 입은 이들이 교회로 몰려들었다. 이와 함께 초창기와는 달리 한국교회의 사회적 신분은 급격히 상승하기 시작한 것이다. 현재 그리스도인의 분포도가 제일 높은 곳은 바로 서울 강남구 압구정동이라는 것은 주지의 사

---

16) 주재용, '한국민중과 개신교사', NCC 신학연구위원회편, 『민중과 한국신학』, 219-227쪽. Kim, Yong-Bock, 'Korean Christianity as a Messianic Movement of the People', CTC · CCA ed., *Minjung Theology* (New York, Orbis, 1983), pp. 80-119.

실이다. 대체적으로 그 지역인구의 50-60%정도가 교회를 다닌다고 한다. 반면에 가난한 지역으로 갈수록 교인의 분포도는 일반적으로 낮아진다. 이렇게 해서 교회 안에서도 중산층과 상층의 성도들과 목회자들이 실질적 주도권을 행사하는 주류를 이루게 되었다. 이들은 대부분 기존체제의 혜택을 입은 이들이기 때문에 자연히 정치경제체제의 변화를 원치 않는 세력이 되었다. 그러므로 기존체제유지를 위해서는 최소한의 정치적 행동을 하고 기존체제에 저항하는 급진적인 행동을 볼 때는 정교분리의 원칙을 들어 반대하게 된 것이다.

그러므로 정치·경제현실과는 무관하게 영해(靈解)된 말씀들은 이들을 참으로 편하게 해주는 것이 되었다. 예컨대 하나님 나라의 중요한 본질 중에 하나는 가난한 자들에게 인간의 존엄성을 회복시켜주는 하나님의 통치다(눅 4:18 ; 6:20 ; 7:18-22 ; 마 20:1-15). 그러나 오랜 동안 기독교는 가난한 자의 실질적 고통을 애써 외면하기 위해 복음의 본질은 심령이 가난한 사람들에게 하늘의 위로를 주는 것이라는 한 면만을 부각시켰던 것이다(마 5:3). 그러면 하나님 나라 복음의 정치적 함의를 실종하고 만다. 정치참여는 복음적 선교와는 거의 무관한 것이 돼버리고 마는 것이다.

이러한 현상에 대한 마르크스의 종교비판은 여전히 유효하다고 볼 수 있다. 기독교는 종종 정치·경제적 억압과 착취의 현실을 외면하기 위해 그러한 실질적 문제와 질문에 대해 신비하고 추상적인 신학적인 용어를 사용하여 영적이고 관념적인 해답만을 제공하곤 하였다. 그렇게 되면 결국 신학은 현실세계에 아무런 변화를 가져올 수 없게 된다.[17] 그래서 마르크스는 종교를 '민중의 아편', '억압당하는 피조물의 한숨, 심장을 잃은 세계의 감성, 영혼을 상실한 현실적 조건들의 영혼' 이라고 신

---

17) Clodovis Boff, *Theology and Praxis : Epistemological Foundation*(N.Y., Orbis Books, 1987), pp. 12-14.

랄하게 비판하였던 것이다. 그리스도인은 마르크스의 무신론적 인본주의 세계관을 절대로 받아들일 수 없다. 그러나 마르크스의 비판을 기독교 자체에 대한 비판이 아니라 현실 속에 나타난 왜곡된 기독교에 대한 비판으로 이해할 때 많은 부분 겸허하게 받아들여야 할 부분이 있음을 시인해야 한다. 교회로서는 부끄러운 일이지만 어쩌면 마르크스는 유대교가 신앙의 진정성을 상실하고 형식적인 종교의 껍데기만을 뒤집어쓰고 있었을 때 유대교 자체의 신앙적 정체성을 본질적으로 부인하고 나선 선지자의 역할을 했다고도 볼 수 있는 점이 있는 것이다.[18] 세속적인 선지자의 말이라도 겸허하게 받아들인다면 그리스도인들은 사회적 신분상승이 주는 유혹에서 벗어나 성경을 바로 읽게 되고 정치적 관심을 회복할 수 있게 될 것이다.

5) 현실 사회주의의 붕괴와 신자유주의의 승리

마지막 원인은 국제정세와 깊은 관련이 있다. 80년대 말과 90년대 초반에 동구 유럽과 구 소련이 몰락한 것은 세계의 정치판도에 지각변동을 일으켰다. 이를 계기로 자유민주주의라는 정치체제와 자본주의라고 하는 경제체제의 결합으로 이루어진 신자유주의를 마치 역사적 진화의 최종단계인 것처럼 간주하고 찬양해 왔다.[19] 물론 여전히 사람들은 현재의 사회체제가 완전하지 않다는 것을 인정한다. 그러나 불완전한 인간으로서 도달할 수 있는 정점에 와있다는 생각들을 하고 있다. 그러므로 여기서 조금 더 나아가는 것은 좋은 일이겠지만 그렇게 우리가 관심을 집중시킬 만한 가치가 없다는 것이다. 이러한 생각은 우리 사회가 이제

---

18) J. Andrew Kirk, *Loosing The Chains : Religion as opium and liberation*(Lndon, Hodder & Stoughton, 1992), pp. 436-40, 47-50.
19) 프랜시스 후쿠야마 지음, 『역사의 종말』(서울, 한마음사, 1997).

는 '생존'의 단계를 지나서 '문화'의 단계에 도달하였다는 인식과 그 궤를 같이 하고 있다.[20] 그래서 기독인들은 정치에는 무관심한 대신에 문화에는 상당한 관심을 보이고 있는 실정이다.

그러나 이상의 원인들이 그리스도인으로 하여금 정치와 더 나아가 시민정치에 무관심한 것을 정당화할 수 없다는 점을 확인하기 위해서 시민정치참여의 신학적 당위성을 살펴보고자 한다.

3. 시민정치 참여의 당위성

기독인은 과연 일반 정치·경제 사회에서 일어나고 있는 사안들에 대해 관심을 가질 뿐 아니라 시민운동의 현장에 뛰어들어 능동적 역할을 해야 할 사명과 권리가 있는 것인가? 이 질문을 염두에 두고 시민정치 참여의 당위성을 현실적 당위성, 기독교 세계관, 신학적 근거라는 측면에서 다루고자 한다.

1) 현실적 당위성

우선 우리가 원하든 원치 않든 간에 현 사회의 정치·경제적 구조는 우리의 윤리적 판단과 삶에 심각한 영향을 미친다는 현실을 직시할 필요가 있다. 그래서 모트는 정치란 마치 공기나 물과 같은 점이 있음을 지적하였다.[21] 정치와 무관한 삶을 살아가는 것은 실질적으로 불가능하다. 그렇기 때문에 정치참여를 할 것인가 말 것인가라는 질문은 그 자체가 문

---

20) 신국원, 『신국원의 문화이야기』(서울, IVP, 2002), 20-22쪽.
21) Stephen Charles Mott, *A Christian Perspective on Political Thought*(N.Y., Oxford University Press), p. 3.

제가 있는 것이다. 더 정확한 질문은 어떻게 정치에 참여할 것인가? 이다. 이러한 삶의 피할 수 없는 현실이 정치참여의 당위성을 강력하게 시사해주고 있는 것이다.[22] 윤리란 나와 자신, 나와 이웃 그리고 나와 환경과의 관계에서 생기는 문제들을 다루며 그와 관련해서 바른 삶과 규범을 제시하는 것이다. 그런데 그 관계는 직접적인 만남을 통해서도 형성하지만 사회의 정치·경제제도라고 하는 매개를 통해서 간접적으로 형성한다. 그 뿐만 아니라 제도를 통한 간접적인 만남이 상당부분 직접적인 관계를 제약하기도 하며 강화하기도 하는 것이다. 그러므로 각종 제도의 윤리성 문제를 정확히 다루지 않은 채 개인적 윤리만 강조한다면 실제로 윤리적 삶을 세상가운데서 살아간다는 것은 매우 어려워진다.[23]

한 가지만 예를 든다면 IMF 관리체제가 시작된 이후 김대중 대통령을 위시하여 많은 지도층 인사들이 반복하여 강조한 것이 있다 : '노동자의 30%가 희생해서 국민경제 전체가 살 수 있다면 그 길을 가야하지 않겠습니까?' 얼마나 설득력이 있는가? 그러나 우리는 왜 이런 질문을 던져 볼 수 없는 것일까? : '재벌의 30%가 희생해서 국민경제가 살 수 있다면 그 길을 가야하지 않겠습니까?' 왠지 이 질문은 도발적으로 들리기도 하고 경제학적으로 무식하게 들리기도 한다. 그 이유는 간단하다. 우리의 윤리적 판단이 이미 현 사회의 지배적 구조의 배후에 있는 신자유주의에 의해서 경도되어 있기 때문이다. 우리가 정교분리원칙 뒤에 숨을 수 없는 이유가 바로 여기에 있다. 정치 문제에 의식적으로 참여하지 않고 있을 때도 우리는 이미 정치활동을 하고 있는 셈이다. 침묵은 곧 현 구조에 대한 지지로 이용될 수밖에 없고 그 구조는 나와 다른 시민들의 윤리적 판단까지 그 영향을 미친다. 그렇다면 한국교회는 정치에 대

---

22) Wogaman, ibid., pp. 14-15, 136-137. Cf. 고세훈, '기독교와 자본주의, 정치 그리고 민주주의', 『'99 제 1기 기독시민아카데미 자료집』(서울, 기윤실, 1999), 79, 85쪽.
23) 아르투르 지음, 강원돈 옮김, 『경제윤리 1』(서울, 한국신학연구소, 1993), 44-75쪽.

한 신앙적 성찰을 진지하게 수행하면서 정치의 장에 기독교적 가치를 실현해나갈 수 있는 정치인을 길러내는 데 힘을 쏟는 것은 너무나도 명백한 당위인 것이다.

2) 기독교 세계관

앞에서 언급한 것처럼 사회문제와 관련해서 한국교회를 잘못 오도하는 관점은 그릇된 정교분리 사상이다. 물론 화란개혁신학의 영역주권이론에서 잘 밝혀진 것처럼 정치와 종교의 상대적 자율성을 완전히 무시하고 같은 원리에 의해서 다루려는 것은 잘못이다. 그러나 정치는 인간의 물질적·사회적 삶의 차원을 다루고 종교는 인간의 정신적·개인적 삶의 차원을 다룬다고 생각하는 것 또한 비기독교적 발상이다. 기독교 세계관에 있어서 가장 기본적인 틀은 창조·타락·구속이다.[24] 창조는 하나님이 좁은 의미의 종교적인 영역의 하나님일 뿐 아니라 자연세계의 하나님이심을 말해 준다. 다시 말하면 양분화 해서 이해하고 있는 거룩한 영역(the sacred)뿐 아니라 세속적인 영역(the secular)을 함께 아우르시는 하나님이시다. 하나님께서 제일 먼저 하신 일은 천지, 즉 물질세계를 창조하신 것이다. 그리고 무척 긍정적인 평가를 내리신다(창 1:31). 인간에게는 소위 문화명령(cultural mandate)을 주셔서 물질세계를 정복하고 가꾸는 청지기의 사명을 맡기신다(창 1:26-28). 공동체가 자라가며 다스림의 영역을 확장해 감에 따라 이 사명의 완수는 치밀하고 효과적인 협력을 요구한다.

이러한 효과적 협력을 위해 경제구조의 틀을 짜고 공동체를 건설해 가는 것이 바로 정치가 아니고 무엇인가? 폴 마샬은 '정치란 가능성의

---

24) 알버트 월터스 지음, 양성만 옮김, 『창조·타락·구속』(서울, IVP, 1992).

예술이다'는 통상적인 정의를 응용해서 보다 더 낳은 정의를 제시한다 : '정치는 옳은 일을 가능하게 만들며 또한 그것에 대한 지지를 획득하는 예술이다'.[25] 이런 의미에서 정치는 하나님이 피조세계에 부여하신 변치 않는 구조(structure)의 중요한 한 부분인 것이다. 물론 타락은 원래의 정치를 변형시키게 되었다는 점을 간과해서는 안 된다. 모든 것이 불완전할 수밖에 없다. 때로 무력의 강제가 필요하고 타협과 절충을 추구해야 하는 장이다. 그러나 이런 점이 기독인들로 하여금 정치로부터 머리를 돌리게 해서는 안 된다. 왜냐하면 하나님은 타락 후 새로운 인류역사를 시작하시면서 노아에게 문화명령을 갱신하셨기 때문이다(창 9:1-9). 또한 로마제국에서 선교활동을 하던 바울은 모든 권세가 하나님께로부터 온 것이요 칼을 쥔 자가 하나님의 사자임을 인정함으로써 세속적인 정치의 신학적 정당성을 부여했다(롬 13:1-7). 구속받은 하나님 나라 백성의 사명은 불완전할 수밖에 없는 정치세계를 하나님 나라의 정의에 좀더 접근할 수 있도록 견인차의 역할을 한다.

타락은 하나님이 부여하신 구조의 변화를 가져온 것이 아니라 그 방향의 변화를 가져온 것이다. 하나님이 부여하신 정치적 구조가 하나님의 영광과 이웃의 행복을 위해서가 아니라 오직 인간의 영광과 이기적인 욕망충족의 수단으로 전락해 버린 것이다. 하나님의 구속은 그리스도인들로 하여금 창조 때 주어진 구조를 떠나 새로운 영역으로 들어가게 하는 데 있는 것이 아니다. 오히려 타락한 세상의 한 복판으로 보내서 비뚤어진 방향을 바로잡게 하기 위함인 것이다. 그러므로 기독교 세계관은 A. 카이퍼(Kuyper)가 주장한 것처럼 인간의 전(全) 실존(實存)이 신(神) 의식(意識)에 젖을 것을 요구하고 있는 것이다.[26] 즉 정치·경제를 포함하여 인간의 모든 삶의 분야에 신앙이 스며들어야 함을 의미한

---

25) 폴 마샬, 위의 책, 103쪽.
26) 아브라함 카이퍼 지음, 김기찬 역, 「칼빈주의 강연」(서울, 크리스챤 다이제스트, 1998), 68쪽.

다. 하나님께서 이사야(사 11:9)와 하박국(합 2:14)에게 주셨던 비전은 여전히 유효하다. 즉 물이 바다를 덮음같이 여호와의 영광을 인정하는 것이 다시 말하면 여호와를 아는 지식이 온 세상에 가득하기를 열망하며 그 목표를 향하여 살아야 한다. 이것은 인간사회의 모든 삶의 분야에서 하나님의 통치가 이루어져 가는 것을 의미한다. 이러한 세계관을 가진 하나님의 백성들이 정치에 무관심하다면 너무나 이율배반적 행위에 지나지 않는 것이다. 한국교회가 하나님의 영광이 온 세상 구석구석 가득 차기를 원한다면 당연히 교회의 정체성을 근본적으로 위협하지 않는 한도 내에서 다양한 방법을 통해서 시민정치에 참여하여야 할 것이다.

정치에 대한 교회의 침묵과 소극적 태도를 강요하는 것은 기독교 세계관이 아니라 위에서도 언급한 것처럼 신앙의 사사화를 주장하는 소위 근대자유주의의 영향이다. 하나님은 예언자들을 통하여 가난한 자들의 권리를 보호하는 정치·경제적인 사명을 등한시한 채 제사, 금식 그리고 각종 집회 등 좁은 의미에서의 '종교행위'에만 몰두하는 것을 얼마나 역겨워 하시는지를 분명히 선포하셨다(사 1:10-17 ; 58:3-12 ; 미 6:6-8, 슥 7:1-10). 그러한 종교행위는 자기의 유익을 위해서 다른 하나님을 섬기는 우상숭배나 본질상 다름없기 때문이다. 사이더가 잘 지적한 대로 이스라엘은 결국 이러한 우상 숭배의 결과로 멸망했다(렘 7:5-7 ; 22:3-9).[27] 이러한 사상은 신약에도 이어진다. 진정한 경건은 고아와 과부 등 작은 자들을 돌아보는 것이다(약 1;27). 더욱이 하나님은 언약의 백성 이스라엘을 사랑하시듯 이방 백성들도 사랑하신다(암 9:7). 하나님은 이스라엘 뿐 아니라 이방나라들도 다스리신다(단 4:32). 하나님은 모든 피조세계의 주권자이시다(시 33:13-15). 이렇게 볼 때 불신자들이 같이 어우러져 사는 사회 속에서 정의로운 정치활동을 펼쳐나가는 것은

---

27) Ronald J. Sider, *Rich Christians in an Age of Hunger* (London, Hodder & Stoughton, 1990), pp. 50-54.

매우 중요한 그리스도인의 삶의 한 부분이 되어야 하는 것이다. 여기에 한국교회가 좀더 적극적으로 정치인을 길러내야 할 또 하나의 당위성이 있는 것이다.

3) 신학적 근거

칼빈은 누구보다도 인간의 부패에 대해 잘 알고있는 사람이었다. 그러나 그는 기독교 강요에서 놀랍게도 공직(civil authority)은 '인간의 생애를 통틀어서 모든 소명 중에서 가장 성스럽고 명예로운 것'이라고 말한다.[28] 죄악된 세상에서 문화명령(창 1:26-28)을 수행하기 위해서 기꺼이 손에 때를 묻히는 것은 매우 귀한 일임을 믿었기 때문이다. 이러한 결론에 도달하기 위해서는 우리가 익숙해져 있는 신학의 주제들을 새롭게 성찰해 볼 필요가 있다.[29]

첫째는 성경에 나타난 하나님을 좀더 깊이 있게 이해하면 정치적 행동의 당위성을 찾을 수 있다. 의롭게 하시는(justifying) 하나님은 곧 정의(justice 혹은 righteousness)의 하나님이시다. 정의는 정치의 핵심적 내용이다. 그래서 다니엘은 바벨론의 왕 느브갓네살에게 조언을 하면서 정의를 행하고 가난한 자들을 돌보는 것이 하나님이 가장 기뻐하시는 통치임을 분명히 한다(단 4:27). 메시아 통치의 핵심도 정의이다(사 11:1-5). 그러나 특히 종교개혁 이후 기독교는 이신칭의의 진리를 강조하다가 정의의 하나님을 잊어버리는 경향이 있었다. 이것은 로마서에 가장 뚜렷하게 나타난 '하나님의 의(*dikaiosynē*)=righteousness 혹은

---

28) Calvin, *Institutes of the Christian Religion*, ed. John McNeil, trans. Ford L. Battles (Philadelphia, The Westminster Press, 1960), p. 1490.
29) 아래의 논의의 기본적인 틀은 John Stott, *Issues Facing Christians Today* (Basingstoke, Marshalls Paperbacks, 1984), pp. 15-25에 의존했지만 각 내용은 대부분 필자의 것임을 밝혀 둔다.

justice)'가 담고있는 뜻을 바르게 이해하지 못한데서 기인한다.

의(히브리어의 ṣedeq혹은 ṣedēqāh, 헬라어로는 dikaiosynē)라는 단어는 그리스 로마 전통이나 지배적인 서구사상에서는 이상적이고 절대적인 윤리적 규범을 의미한다. 그러나 구약에 담겨진 히브리 사상에서는 관계성의 개념이다.[30] 즉 관계성으로부터 파생하는 모든 요구를 충족한 상태를 묘사하는 것이 바로 정의이다. 정의로운 사람이란 바로 관계성에 기초해서 다른 사람이 나에 대해 요구할 수 있는 것을 모두 충족시켜 준 사람이다. 하나님은 인간과 언약의 관계를 맺으셨다. 하나님의 정의란 인간과 맺은 언약의 관계를 충실하게 지키시는 것이다. 즉 언약의 백성인 이스라엘을 원수의 손에서 구출해내 그 언약의 공동체를 회복시키시는 것이다. 또한 죄 가운데 빠진 이스라엘 백성을 버리지 않고 용서하시고 하나님의 백성으로 살도록 도와주시는 것이다. 그러므로 하나님의 정의는 실제로 구원이란 말과 같은 뜻을 가지고 있다.[31] 이렇게 구원받고 회복된 공동체는 하나님 앞에서 정의롭게 살아야 할 사명이 있다. 그것은 하나님과 그의 백성이 맺은 언약이 요구하는 바다. 언약이 요구하는 정의는 하나님을 바르게 경외하며 하나님이 정하신 공동체 구성원간의 정의로운 관계를 유지하는 것이다. 그것은 흔히 가난한 자의 권리를 회복하는 것을 의미한다.[32] 하나님께서는 이것이 단순히 개인적인 시혜

---

30) Gerhard von Rad, *Old Testament Theology*, vol. 1 (N.Y., Harper & Row, 1962), p. 371. James D.G. Dunn and Alan M. Suggate, *The Justice of God* (Gtand Rapids, Eerdmans, 1993), pp. 32-42.
31) 삿 5:11 ; 시 31:1 ; 35:24 ; 51:14 ; 65:5 ; 71:2, 15 ; 98:2 ; 143:11 ; 사 45:8, 21 ; 46:13 ; 51 : 5, 6,8 ; 62 : 1-2 ; 63 : 1, 17. Stephen C. Mott, *Biblical Ethics and Social Change* (Oxford, Oxford University Press, 1982), p. 63.
32) 렘 5 : 28-29 ; '… 가난한 자들의 권리(히브리어로 mišpāṭ)를 옹호하지 않는다. 내가 이런 일을 보고서도 어떻게 그들을 벌하지 않겠느냐? …' (현대인의 성경) 여기서 mišpāṭ 는 구약에서 매우 자주 ṣedeq와 나란히 사용한다(사 5:16 ; 렘 9:24 ; 암 5:24). 영어로는 justice 혹은 judgement로 번역한다. Christopher J. H. Wright는 그의 저서, *Living As the People of God : The Relevance of Old Testament Ethics* (Leicester, IVP, 1983), p. 134에서 ṣedeq와 mišpāṭ의 관계를 잘 요약해 주고 있다 : 'mišpāṭ는 공동체의 구성원과 환경을 ṣedeq/ ṣedēqāh의 상태로 회복하기 위해 구체적으로 행해져야만 되는 것을 의미한다.'

의 차원에서만 이루어져서는 안 되고 정치·경제 구조적 차원에서 시행해야 한다는 것을 가난한 자들의 권리에 대한 사회적 법을 제정하심으로 분명히 하셨다(신 24:10-22).

바울은 롬1:17에서 바로 이러한 구약 언약의 배경을 가지고 하나님의 의라는 단어를 사용하였다.[33] 이는 롬 1:16에서 하나님의 의가 나타난 복음을 구원을 베푸시는 하나님의 능력이라고 말한 데서 매우 분명해진다.[34] 즉 하나님의 의는 예수 그리스도의 복음을 통하여 구원받은 언약의 공동체를 창조하시는 능력이다. 이것은 곧 죄인들을 구원의 공동체로 이끄실 뿐 아니라 그 안에 머물 수 있도록 보존하시는 능력이다. 이렇게 볼 때 하나님의 의는 포괄적인 의미를 가지게 된다. 구원하시는 하나님의 주관적인 행위와 하나님이 죄인에게 선물로 주시는 객관적 의를 포괄한다. 즉 죄인을 믿음을 통해 '의롭다고 인정하시는 것'(to count righteous)과 '의롭게 만드는 것'(to make righteous)을 포함한다.[35] 그러니까 하나님의 의는 단순히 우리의 법적 지위를 의롭게 하시는 것만이 아니라 실제로 죄인의 삶을 정의롭게 만들어 주시는 능력이다.[36]

이렇게 믿음으로 의로워진 그리스도인에게는 하나님 앞에서 정의로운 삶을 살아야 할 사명이 있는 것이다. 이 때 정의로운 삶이란 위에서 말한 것처럼 하나님을 경외하고 이웃과의 정의로운 관계를 유지하는 것

---

33) James D.G. Dunn, *Romans 1-8* (Dallas, Word Books, 1988), pp. 40-42. Mott, , p. 63.
34) M. Douglas Meeks, *God the Economist : The Doctrine of God and Political Economy* (Minneapolis, Fortress Press, 1989), p. 77 : '하나님의 의는 무(無)에서부터 삶을 창조하고 해방시키는 하나님의 능력을 말한다.'
35) Dunn, *Romans*, p. 41. 이 점은 교회사 속에서 특히 종교 개혁이후 로마 카톨릭과 개신교 사이에 매우 예민한 논쟁의 주제가 되어 왔다. 이 논쟁이 많은 부분에서 서로에 대한 오해에 기인하고 있음을 Alistair E. McGrath는 그의 저서 *Christian Theology : An Introduction* (Oxford, Blackwell, 1997), pp. 437-449에서 간략하게 잘 설명해 주고 있다.
36) 바울의 정의(dikaiosyne)에 대한 이해를 좀더 자세히 연구하기 위해서는 eds. G.F. Hawthorn, R.P. Martin, D.G Reid, Dictionary of Paul and His Letters (Leicester, IVP, 1993), pp. 827-837을 참조하라.

이다. 그래서 사도 바울 자신도 가난한 자들을 돌보는 것에 목숨을 걸만큼 매우 중요한 사명으로 인식했으며(갈 2:10 ; 행 20:22-24 ; 21:13 ; 24:17 ; 롬 15:26) 그것이 바로 하나님의 정의(dikaiosyn , 고후 9:9)임을 밝혔다. 물론 이는 오늘날 우리가 이해하는 정치적 행위는 아니다. 그래서 많은 사람들이 이 정의로운 관계를 봉사의 차원에서만 국한시키고 정치·경제의 구조변혁과는 무관한 것으로 생각하려고 한다. 그러나 구약의 정의가 그리스도인을 교육시키는 데 여전히 유효하다는 말씀(딤후 3:16)을 생각해 볼 때 신약의 정의 역시 정치·경제의 구조적인 면을 포함해야 할 것이다. 바울이 좀더 적극적으로 정치적 행위에 동참하지 않은 것도 아래에서 좀더 자세히 살펴보겠지만 원리적 차원보다는 그 당시의 교회의 입지와 정치적 형편 속에서 이해해야 할 것이다. 이렇게 본다면 믿음으로 의로워진 그리스도인이 하나님의 의를 은혜 가운데 실현하기 위해 정치적 사명을 감당하는 것은 너무나도 자연스럽고 당연한 의무인 것이다. 그러므로 이 사명을 그리스도인들이 잘 감당할 수 있도록 시민정치 참여의 독려를 비롯해서 다방면으로 노력하는 것은 한국교회의 중대한 사명이라 아니할 수 없다.

둘째로 인간이 하나님의 형상대로 창조되었다는 것의 정치적 의미를 좀더 깊이 있게 이해할 필요가 있다. 그것은 한 사람의 생명이 누구도 침범할 수 없는 존엄성을 간직하고 있음을 의미한다(창 9:6 ; 약 1:27). 이는 사실 개신교의 정의관에서 가장 근본적인 원칙이었음을 기억해야 한다.[37] 또한 인간이 창조될 때 영혼만 지닌 존재가 아니라 공동체 속에서 살아가는 영과 육을 가진 존재(a body-soul-in-community)였음을 잊어서는 안 된다.[38] 그러므로 개인의 영혼만을 너무 소중히 여긴 나머지 인간의 육체적이고 물질적인 삶과 공동체적인 삶을 주 내용으로 하는 정

---

37) Brunner, *Justice*, pp. 39, 232, 233 (no. 13).
38) Stott, *Issues*, p. 18.

치·경제적 영역을 등한시하는 왜곡된 이원론적 인간관은 매우 잘못된 것이다. 인간은 본질적으로 정치적인 존재로 창조되었다. 미구에즈 보니노가 잘 지적한대로 인간의 존엄성은 공동체적 협력을 통해 세계를 다스리고 가꾸는 정치·경제적 사명을 서로 평등한 존재로 수행할 수 있을 때 비로소 성취되는 것이다.[39] 이런 정치환경을 만들어 갈 사명이 바로 그리스도인들에게 있는 것이다. 이렇게 볼 때 한국교회가 시민정치참여에 소홀하다면 심각한 문제가 아닐 수 없는 것이다.

셋째로 그리스도에 대한 이해를 좀더 깊이 해야한다. 우선 예수 그리스도의 성육신과 새로운 육체로서의 부활은 인간의 육체적이고 사회적인 삶의 중요성을 강력히 뒷받침해 준다. 그리고 눅 4:18,19에 나타난 예수님의 공생애 취임사를 누가복음의 전체적인 맥락에서 볼 때 그의 사역이 가난한 자들과 억압당하는 자들을 돌보고 세상의 억압구조에서 해방시키는 정치·경제적인 사명을 내포하고 있음을 분명히 알 수 있다. 더구나 예수님의 취임사는 구약의 희년선포를 연상케 해주고 있다. 이를 일방적으로 영해한다는 것은 성경을 왜곡시키는 것이다.[40] 예수님은 평화의 길(눅 1:79 ; 2:14 ; 19:41-42)을 열기 위하여 가슴에 눈물을 담고 그 당시 종교, 정치, 경제의 중심지였던 예루살렘 성전체제에 도전하여 과감히 척결한 사건을 깊이 생각해 봐야 한다. 예수님은 지도자들을 강도라고 불렀다(마 21:13). 백성을 탈취하는 이스라엘 사회의 억압과 탈취 구조의 핵심을 지적하신 것이다. 더구나 예수님은 제자들에게 하나님 나라의 정의(*dikaiosynē*)를 추구할 것을 명하신다. 물론 여기서 의는

---

39) Jose Miguez-Bonino, 'Liberation Theology and Peace' in Robin Gill, *A Text Book of Christian Ethics* (Edinburgh, T&T Clark, 1985), p. 392. 또한 Mott, A Christian *Perspective*, pp. 42-49, 58-60을 참조하라.
40) Sharon H. Ringe, *Jesus, Liberation, and the Biblical Jubilee : Images For Ethics and Christology* (Philadelphia, Fortress Press, 1985) ; Paul Hollenbach, 'Liberating Jesus for Social Involvement' , *Biblical Theology Bulletin* 15 (1985), pp. 151-157 ; Thomas D. Hanks, *God So Loved The Third World : The Bible, the Reformation, and Liberation Theologies* (N. Y., Orbis Books, 1983), pp. 97-104, 109-114.

바리새인의 형식적인 의를 말하는 것이 아니다. 그러나 그것이 구약에 나타난 정치・경제적 정의(ṣedeq)와 무관하다고 생각해서는 안 된다. 예수님은 율법을 완성시키러 오신 분이기 때문이다. 또한 위에서 언급한 것처럼 구약에 나타난 정의(ṣedeq 혹은 *dikaiosynē*)는 여전히 그리스도인을 교육시키는 데 유효하기 때문이다(딤후 3:15-17).

예수님은 제자를 세상의 빛과 소금으로 보내신다(마 5:13-16 ; 6:33). 우리는 이 사명을 상당히 소극적으로 해석하는 경향이 있다. 그러나 스티븐 C. 모트는 성경에서 빛은 어둠과 대항에서 싸우는 적극적이고 공격적인 힘을 나타낸다고 말했습니다. 그는 이사야 9:2-7에 주목하면서 빛의 역할은 바로 '피 흘리는 전쟁터에서 압제자의 막대기를 꺾는 것이요 정의를 세우는 것임을 역설하였다'.[41] 이렇게 볼 때 '세상의 빛'이 된다는 것은 세상의 정치・경제체제를 하나님의 정의에 비추어 개혁해 나가는 적극적인 사명도 포함한다는 것을 알 수 있습니다.

이런 그림 속에서 보면 위에서 언급한 예수님의 말씀들도(막 12:16,17 ; 요 18:36) 새로운 각도에서 이해할 수 있게 된다. 먼저 '가이사의 것은 가이사에게 하나님의 것은 하나님께 바치라'는 말씀은 왜곡된 정교분리원칙을 가르치는 것이 아니다. 오히려 쉐이퍼가 잘 지적했듯이 모든 시민정부는 하나님의 법 아래 있으므로 만일 그 법을 어기면 그의 몫은 박탈당할 수밖에 없으며 따라서 시민은 불복종할 권리가 있음을 시사해 주는 것이다.[42] 또한 '내[예수님의] 나라는 세상에 속한 것이 아니라'는 말씀도 자세히 보면 주님의 나라는 정치・경제 영역과는 아무런 관계없이 오직 영혼의 구원에만 적용한다는 말씀이 아니다. 오히려 커크가 잘 간파했듯이 주님의 나라는 우리의 실제적인 삶을 모두 포괄하

---

41) Mott, *Biblical Ethics*, p. 140.
42) *The Complete Works of Francis A. Shaeffer : A Christian Worldview, Vol. 5, A Christian View of the West* (Westchester, Crossway Books, 1982), p. 468.

지만 세상나라의 가치관과 다른 가치관을 가지고 있으며 하나님의 진리와 정의를 온전히 실현하는 새로운 사회임을 시사하는 말씀이다.[43]

그러므로 예수님은 소위 비정치적인 인물이 아니셨다. 예수님의 대중적 지지도가 높아지자 대제사장과 바리새인들은 공회를 소집하여 대책회의를 한 적이 있었다. 그들은 예수님을 언급하면서 '만일 저를 이대로 두면 모든 사람이 저를 믿을 것이요 그리고 로마인들이 와서 우리 땅과 민족을 빼앗아 가리라' (요 11:48)고 우려를 표명하였다. 왜 그들은 예수님과 그 지지세력을 로마정권에 위협적인 존재가 되리라고 생각을 했을까? 예수님의 사역이 그야말로 순수한 종교행위였다면 있을 수 없는 일이다. 한국의 박정희 독재정권 시절 빌리 그래함 목사가 여의도 광장에서 100만 명의 군중을 모아놓고 전도집회를 한 것은 전혀 정권에 위협이 되지 않았다. 왜냐하면 순수한 전도집회였기 때문이었다. 그러나 앤드류 커크가 잘 지적한 것처럼 예수님과 그 추종자들의 움직임은 적어도 기존 정치·경제질서에 도전하고 저항하는 정치적 함의를 띄고 있었던 것이다.[44] 그렇지 않고는 대제사장과 바리새인들의 우려를 이해할 수가 없는 것이다. 한국교회는 그 동안 세상의 불의한 질서에 대해 위협적인 존재가 되기는커녕 오히려 철저한 지지세력이 되곤 했다. 이제는 이런 불명예스러운 자리를 떨치고 일어나 하나님의 정의와 평화라는 깃발을 높이 들고 예수님의 발자취를 좇아야만 한다. 이것은 교회가 정치적 사명을 절감하고 다양한 방법을 통해 정치에 참여함으로 성취되어져 갈 수 있다. 이 점에서 시민정치참여는 매우 효과적인 방법일 수 있다.

넷째로 구원의 개념도 좀더 폭넓게 이해해야 한다. 구원은 단순히 영혼의 구원이 아니다. 이는 구원이 하나님의 나라와 직결되어 있다는 점

---

43) J. Andrew Kirk, *A New World Coming : A Fresh look at the Gospel for Today* (Basingstoke, Marshalls Morgan & Scott, 1983, pp. 53, 54.
44) Ibid., p. 132.

에서 분명해진다(사 52:7 ; 10:24-26). 예수님 자신도 구원을 하나님의 나라와 동의어로 사용하고 있다(눅 18:24-27). 하나님의 나라는 지리적 '영역'을 뛰어넘는 대단히 포괄적인 개념입니다. 그래서 보다 적절한 번역은 '하나님의 통치'(the reign of God)이다.[45] 당연히 하나님의 통치는 정치적 영역까지도 포함한다. 하나님은 온 세상 만민의 통치자이시기 때문이다. 그러므로 하나님의 나라를 구한다는 것은 단순히 우리 내면세계에 하나님의 통치를 받아들여 영혼의 구원만을 경험하는 것이 아니라 정치·경제를 포함한 온 세상의 모든 영역이 하나님의 통치에 굴복하게 하는 것을 의미하는 것이다.

이것은 물론 하나님의 은혜로 가능한 것이다. 그렇다고 우리는 그냥 수동적으로 기도하고 가만히 기다리고 있어야만 하는 것을 의미하지 않는다. 하나님의 나라의 구원의 은혜는 사랑의 사명을 늘 동반하기 때문이다(갈 5:6 ; 약 2:17,18 ; 요일 3:17 ; 딛 2:14). 그리고 사랑의 삶은 정치·경제적 사명을 동반한다. 그래서 지극히 작은 자를 돌봄으로 정의로운 자(dikaios)가 되어야 진정한 구원이 가능해짐을 예수님은 분명히 하셨다(마 25:31-46). 이는 행위 구원을 말하는 것이 아니오 '구원의 은혜'와 '정의를 실현하는 사랑의 삶'을 구분할 수 없는 것임을 말해주는 것이다. 구원의 은혜를 경험한 하나님의 백성들은 정치의 장에 관심을 가져야 하며 특히 그 영역에 부르심을 받아 정치의 은사를 갖게 된 사람은 전문적인 정치인으로 나서야 하는 것이다. 한국교회는 구원받은 사람들의 은사에 정치의 은사도 포함해서 격려하고 활성화시켜야 할 책임이 있는 것이다.

마지막으로 교회에 대한 이해가 깊어져야 한다. 교회는 세상적이(of the world) 되어서는 안되지만 세상 안에(in the world) 있어야 한다(요

---

45) Mott, *Biblical Ethics*, pp. 82-106.

17:15, 16, 18). 세상을 이원론적으로 완전히 부정하거나 세상에 동화되어서는 안 된다. 끊임없이 세상에 도전하여 변혁을 꾀하는 공동체가 되어야 한다. 이를 스토트는 거룩한 세속성(holy worldliness)라는 말로 적절히 표현했다.[46] 그러나 교회와 세상(좀더 광범하게 말해서 '문화')의 올바른 관계에 대해서는 그 동안 많은 논쟁이 있었다. 이 문제가 신약에서 얼마나 선명하게 다루어졌는지, 신약의 가르침을 오늘 현대 사회에 그대로 적용해야 되는 것인지 가름하기가 어렵기 때문이다. 우선 신약을 보면 대략 세 가지 형태를 찾아볼 수 있다. 예수님의 공생애 동안에 함께 했던 핵심적인 제자들의 공동체의 모습은 가정을 떠난 방랑공동체의 성격을 갖고 있다. 둘째는 트로엘취의 표현을 빌리자면 '사랑의 공산주의'를 실현한 예루살렘 생활 공동체의 형태다(행 2:41-47 ; 4:31-37).[47] 셋째는 바울의 선교를 통해 세워진 어느 정도 제도화된 교회 공동체의 형태이다. 이 교회에서는 국가를 인정하고, 일반사회의 구성원으로 모범적인 삶을 살 것을 가르친다.[48] 로마제국의 정치 경제 제도에 대한 직접적인 도전을 담고 있는 내용을 찾아 볼 수 없다. 예를 들면 그 당시 사회 갈등 구조의 핵심이면서도 자연스럽게 받아들여진 노예제도를 폐지하자는 운동을 벌이지 않았다. 이것이 교회사 속에서 오랫동안 교회를 정치적 무관심 속에 발목을 붙들어 매는 구실을 하였다. 그러나 이것은 바울에 대한 철저한 오해에 비롯된 것이다. 문제는 왜 바울이 소극적이었는가를 잘 이해해야 한다.

첫째, 바울이 노예제도에 원칙적인 동의를 했는가 하는 것이다. 그렇지 않다. 엡 6:5-9에 나타난 주인과 노예의 관계에 대한 바울의 권면을

---

46) Stott, Issues, p. 24. 스토트는 Alec R. Vidler, *Essays in Liberality* (London, SCM, 1957), pp. 95-112에서 인용함.
47) Ernst Troeltsch, *The Social Teachings of the Christian Churches* (London : George Allen & Unwin Ltd, 1931/56), pp. 62, 63.
48) 앞의 책, pp. 80, 81.

주목해 보라. 바울은 그리스도 앞에서 주인과 노예가 동등한 존재임을 밝히면서 서로 귀하게 여길 것을 명하고 있다. 그 당시의 관행에 비추어 보면 혁명적인 발상이 아닐 수 없다. 만일 이 말씀을 구체적으로 실천하고 사회 전체적으로 확산한다면 사실상 노예제도는 폐지된 것이나 다름 없다. 그리고 이 사회사상을 법제화한다면 그것은 곧 노예제도의 폐지로 표현할 수밖에 없는 것입니다. 그래서 신약학자인 리처드 롱게네커는 바울이 비록 직접적으로 노예 제도 폐지를 주창하지는 않았지만 폭발력이 잠재되어 있는 사상을 제시함으로써 그 목표를 향해 출발했다고 해석했다. 또한 바울의 급진적인 사회 사상은 적절한 토양과 환경 위에 뿌려져 자랄 수 있도록 준비된 씨알과 같다고 이해했다.[49)]

둘째, 이렇게 볼 때 우리는 좀더 객관적인 시각을 가지고 바울의 소극적 자세를 이해할 수 있게 된다. 바울은 로마제국에 복음 전파를 본격적으로 시도하는 첫 선교사의 사명을 띠고 일하고 있었다. 교회는 너무나도 작은 공동체였다. 이런 정황 속에서 그 당시 로마 경제의 기반인 노예제도 폐지 문제를 직접적으로 건드리는 것은 상상하기도 어려운 일일 뿐 아니라 지혜로운 일이라고 판단하기 어렵다. 아마 그랬다면 교회는 싹도 트기 전에 짓밟혔을 가능성이 높다. 이렇게 볼 때 바울의 상대적으로 소극적인 자세를 오늘날 한국교회의 소극적 자세의 신학적인 근거로 삼는 것은 마땅치 않다.

이런 맥락 속에서 보면 롬 13:1-7의 말씀을 보는 시각도 달라져야 한다. 바울의 관심은 어느 특정 정권에 대한 지지여부를 밝히는 것이 아니었다. 로마의 그리스도인들이 처해 있는 특정한 정황에서 자연히 발생할 수밖에 없는 질문에 대한 일반적인 답을 주고자 함이 그의 목적이었다. 구약시대의 이스라엘 백성은 하나의 왕국에서 살았다. 종교적 헌신

---

49) Richard Longenecker, *New Testament Social Ethics for Today* (Grands Rapids, Eerdmans, 1984), pp. 51-69.

과 정치·경제적 삶을 분리하지 않았던 것이다. 쉽게 말하면 십일조를 내면 그것이 곧 국세를 내는 것과 마찬가지였던 것이다. 그러나 신약시대에 들어서면서 특히 이방세계의 그리스도인들은 소위 두 개의 왕국에서 살게 된 것이다. 그들의 종교적인 삶과 정치·경제적인 삶이 서로 다른 축을 가지고 움직이게 된 것이다. 자연히 이런 정황에서 통치 권력과 세금납부에 대해서 어떤 태도를 취해야 할 것인가에 대한 질문이 생길 수밖에 없었던 것이다. 바울의 답은 정치권력을 인정하고 세금을 납부함으로써 세상으로부터 완전히 독립된 공동체를 형성할 것이 아니라 세상 한 가운데에서 살라는 것이었다.

그러나 이러한 일반적인 말씀에도 자세히 보면 혁명적인 요소가 담겨있다. 그 당시 로마 황제는 천하를 호령하는 '주'로서 신적인 존재였다. 그러나 바울은 지금 그의 권위가 하나님께 받은 이차적인 것임을 선언함으로서 만약 그가 하나님이 부여하신 사명인 정의 수호를 제대로 수행하지 않고 하나님의 자리를 찬탈한다면 적절한 권위를 상실하게 됨을 넌지시 말해주고 있는 셈이다. 쉐이퍼가 말 한대로 롬 13:1-7에서 추론할 수 있는 '가장 중요한 핵심은 어떤 지점에 이르게 되면 국가에 불순종하는 것이 권리일 뿐 아니라 의무라는 점이다'.[50] 이렇게 보면 바울의 교회론은 그리스도인의 정치참여, 더 나아가 기존체제에 대한 저항적 정치운동을 반대하고 있는 것이 아니라 오히려 넌지시 지지하고 있는 셈이다. 한국교회는 더 이상 바울을 '비정치성'이라는 감옥에 가두어두고는 그의 이름으로 자신의 정치적 무책임성과 그리고 비겁한 이중성을 정당화해서는 안 된다. 바울을 바울 되게 풀어 놓아야만 한다.

또한 바울이 세운 신약 교회 이후에도 교회는 변화되는 현실 속에서 사회와 올바른 관계를 맺어 보려고 다양한 형태로 노력해 왔다는 점을

---

50) *The Complete Works of Francis A. Schaeffer*, p. 469. 참조 : 양낙흥,「개혁주의 사회윤리와 한국장로교회」(서울, 개혁주의신행협회, 1994), 212-218쪽.

주목해야 한다. 리처드 니이버는 이 교회사의 여정을 분석하면서 다섯 가지 이상형을 찾아내고 있다 ; '문화에 대항하는 그리스도', '문화를 지키는 그리스도', '문화 위에 서 있는 그리스도', '문화와 역설적 관계에 있는 그리스도', '문화를 변혁시키는 그리스도'.[51] 그렇다면 20세기를 살아가고 있는 한국의 그리스도의 교회는 정치·경제 체제와 관련해서 어떤 관계를 설정해야겠는가? 이 점에서 영국의 지도적인 기독교 사회윤리 학자인 프레스톤의 제시는 매우 설득력이 있다고 보여진다. 그는 다른 유형들의 유효성을 어느 정도 인정하면서도 '문화를 변혁시키는 그리스도' 유형이 현대와 같이 사회변동이 급격한 시대에는 가장 적절하다고 판단한다.[52] 이는 교회는 온전한 공동체의 모습을 회복하는 것 자체만으로는 사회에 대한 사명을 다한 것이 아님을 말해 주는 것이다.

물론 이런 소공동체 운동의 소중한 역할을 결코 부정하는 것이 아니다. 프레스톤의 주장대로, '현재 이미 존재하지만 좀 더 풍성하게 실현하기 위해 애쓰는 하나님 나라의 종말론적 예표로, 여러 다양한 기독교적 증거 중에 하나로' 간주해야 함에 틀림없다.[53] 그러나 보다 적극적으로 정치에 참여함으로서 수많은 사람의 삶과 죽음이 달려있는 정치·경제제도를 개혁할 수 있는 데도 불구하고 철저히 기독교적이지 못하다고 등한시하고 오직 소공동체 운동만을 고집한다면 선의에도 불구하고 '세상의 빛'이 되는 사명을 유기하는 것일 수밖에 없는 것이다.[54] 커크

---

51) H. Richard Niebuhr, *Christ and Culture* (New York : Harper Torchbooks, 1975). 본 논고의 입장에서 보면 '문화'를 '정치 및 경제'로 대체해서 이해한다고 해도 별 무리가 없다고 여겨진다.
52) R. H. Preston, *The Future of Christian Ethics* (London, SCM, 1987), p. 45. Niebuhr 에 의하면 Augustine과 Calvin이 이 노선에 속한다고 보는 데 적절한 분류라고 볼 수 있다. 개혁주의 사회윤리에 대해서는 양낙흥, 위의 책을 참조하라.
53) R. H. Preston, *Church and Society in the Late Twentieth Century : The Economic and Political Task* (London : SCM Press, 1983), p. 141 ; *Confusions in Christian Social Ethis : Problems for Geneva and Rome* (London : SCM Press, 1994), pp. 146, 160, 169, 170.
54) Richard H. Roberts, "Transcendental Sociology? : A Critigue of John Milbank's

가 잘 제시하고 있는 것처럼 교회는 한편으로 하나님의 정의를 실현하는 아름다운 기독교 공동체를 자체적으로 창조해갈 뿐 아니라 또 다른 한편으로는 세상의 정치현장으로 깊숙이 파고들어 정의구현을 위한 투쟁의 대열에 참여하고 때로는 지도적인 역할을 감당해야 할 것이다.[55] 그러므로 교회가 그리스도인들을 격려하여 각종 시민운동에 적극적으로 참여하여 사회정의를 실현해 나가는 시민정치의 한 몫을 감당하도록 하는 것은 교회의 사명 중에 중요한 한 부분임을 잊어서는 안 될 것이다.

맺음말

우리 앞에는 시민정치의 시대가 활짝 열리고 있다. 이제 시민사회의 공간은 '침노하는 자'의 것이라고 볼 수 있다(마 11:12). 그런데 이 열린 공간을 등한시한다면 기독교인은 이중적인 죄를 범하는 것이 된다. 우선 그 공간은 그냥 열린 것이 아니다. 수많은 사람들의 피와 땀이 서려 있다. 그렇게 고귀한 공간을 사용하지 않고 내팽개쳐 버린다면 그들에 대한 모독이요 배은 망덕이 아닐 수 없다. 그들의 피가 호소할 것이다.

Theology and Social Theology Beyond Secular Reason," *Scotish Journal of Theology*, vol. 46 (1993), p. 534. 로버츠는 공동체운동을 유일한 대안으로 제시하는 밀뱅크 입장의 약점을 한마디로 잘 요약해 준다 : "그는 기독교의 근원적 담론(meta-discourse)를 포스트 근대주의적으로 다시 복원시키고 그의 세속이성에 대한 승리를 주장함으로써, 세계의 역사의 모든 문제들을 해결할 것을 제한한다. 그러나 결국에 가서 이는 동면의 한 형태를 장려하게 되는 것은 당연한 일이다. 왜냐하면 실천이라는 이름으로 종말론적인 정치적 불가능주의(impossibilism)를 가장하고 있기 때문이다."

55) Kirk, *Liberation Theology*, p. 201 ; '새로운 실천은 두 가지 헌신을 포괄한다. 하나는 기독교 공동체를 창조해 나가는 헌신이다. 이 공동체에서는 이 세상의 재화의 사적 소유자가 더 이상 복음의 소유권을 주장해서는 안 된다. 복음과 인간의 이데올로기를 동일시함으로 인간을 소외시키는 현실이 이 공동체에서는 일체 사라져야 한다. 두 번째는 착취당하는 자를 위해 정의 구현을 위한 투쟁에 헌신하는 것이다. 이러한 실천을 통해서 열려 있고, 예언자적이고, 끊임없이 현실에 구체적으로 적용될 수 있는 성서적 고찰이 가능하게 될 것이다. 그리고 이 고찰은 교회가 처해 있는 그 현장 속에서 자신을 갱신하도록 돕는 데 기여할 수 있을 것이다.'

둘째로는 주님이 맡기신 중대하고 고귀한 사명을 저버리는 것이다. 우리는 오랫동안 우리의 발목을 묶어 놓았던 족쇄를 과감히 벗어 버려야 한다. 왜곡된 이원론적 사고, 그릇된 정교분리 사상, 자의적인 성경해석, 그리고 기득권에 집착하는 집단 이기주의 요소에서 자신을 해방시켜야 한다. 그리고 기독교 세계관을 비롯하여 하나님, 예수님, 인간, 구원, 그리고 교회의 진정한 의미들을 되새겨야겠다. 이 신학적 진리들은 우리를 하나님의 정의를 추구하는 시민정치에로 강력히 초대하고 있다. 앞으로 기독인들이 더욱 적극적으로 시민운동과 시민정치에 참여하므로 하루 속히 세상의 빛과 소금으로서의 정체성을 확립할 수 있게 되기를 기원한다.

한국의 천민자본주의와 기독교

-1990년대 한국 체제의 윤리적 성격을 중심으로-

백 종 국 (경상대학교)

1. 서 론

　1997년 11월에 발생한 한국의 외환위기는 확실히 한국 전쟁 이후 최대의 국난으로서 다양한 차원의 분석을 요한다. 이 위기는 단순히 외환이라는 금융적 유동성의 위기이었을 뿐만 아니라 투자감소, 실업, 취업난, 가정파괴, 자살, 정권교체 등의 각종 정치, 경제, 사회, 문화적 문제들을 수반하고 있었다. 이 중에서 위기의 배경과 한국의 기독교가 어떤 연관을 가지고 있는가 하는 점은 한국의 기독교인들에게 의미 있는 질문이라고 할 수 있다.[1] 기독교적 세계관과 복음의 역사성이라는 관점에서 보면 더욱 그러하다.

본 논문은 필자가 1998년 『신앙과학문』 지에 게재한 에세이 "최근 한국 외환위기의 윤리적 성격과 한국 교회의 책임에 대하여"를 대폭 수정 보완한 것이다.

1) 이 논문에서 한국 기독교는 개신교를 의미하고 있다. 종교 세력에 있어서 로마 카톨릭보다는 개신교가 월등하며, 서로 다른 신학 체계를 가진 종파들을 한꺼번에 다루기가 힘들기 때문이다.

본 논문은 이 외환위기의 원인을 1990년대에 강화되어온 한국의 천민자본주의화에서 찾고 있다. 전두환의 쿠테타 이후로 한국 사회는 급속히 재벌을 중심으로 하는 정치·경제적 독점체제로 악화되었다. 이 독점세력들은 독점적 불로소득에 기반한 사치와 향락를 누렸고 이로 인한 부정부패의 악덕이 사회 전반에 만연하고 있었다. 문제는 기독교의 역할인데, 이 타락의 기간 동안 한국의 기독교는 종교가 마땅히 감당해야 할 윤리적 역할을 수행하기는커녕 도리어 이 천민자본주의 체제에 부화뇌동하였다는 점이 본 논문이 주장하고자 하는 바다.

물론 한국 기독교가 단일한 움직임만 보인 것은 아니다. 예컨대 외환위기를 보는 한국 기독교의 태도를 다음 세 가지로 정리할 수 있다. 첫째는 한국 교회 다수가 물들어 있는 이원론적 사고다. 외환위기를 세속의 문제로 간주하고 교회는 여전히 개인의 구원에 몰두해야한다고 생각하고 있었다. 이미 진행된 세속화를 벗어나는 일이 매우 고통스럽기 때문에 의도적으로 무감각을 가장하고 있었다고도 볼 수 있다. 마치 서서히 끓는 냄비 속에서 죽어 가는 개구리처럼 부패와 부정의 관행에 물든 채로 죽어가기를 원하는 사람들이 적지 않았다.

둘째는 외환위기를 한국민의 종교적 불신앙에 대한 하나님의 심판으로 판단하고 종교적 행위에의 몰입을 더욱 부추기는 태도다. 샤머니즘적 기복신앙에 물들어있는 설교자들이 이러한 경향을 가지고 있었다. 이들은 외환위기에 덜 노출된 성도들에게는 신의 은총에 대한 감사로서, 외환위기에 많이 노출된 성도들에게는 신의 저주를 피해가기 위한 방편으로 더 많은 헌금과 더 많은 기도와 더 많은 교회 봉사를 요구하고 있었다. 극단적인 자들은 이 위기를 세상의 종말에 대한 신의 예고라고 주장하고 신의 진노를 피하기 위해 세상의 모든 것을 팔아 특정 집단에 귀의하기를 설복하고 있었다.

셋째는 사회적 위기를 교회의 잘못에 대한 하나님의 경고로 파악하고 교회의 회개와 반성 그리고 교회와 사회의 개혁을 통해 하나님의 주권을 더욱 강하게 하려는 복음주의적 태도라고 말할 수 있다. 사회 참여의 방향과 강도에 있어서 차이가 있으나, 인류의 역사와 삶의 모든 영역이 그리스도의 주권 아래에 놓여있다고 믿고 교회 개혁과 시민운동을 함께 주도한 정통 칼빈주의자들이 이 태도의 대표적인 사례라고 볼 수 있다. 본 논문은 대체적으로 이 입장을 따르고 있다.

복음적 대응을 선택하였다고 해서 무지와 독단의 비극에서 자동적으로 벗어나는 것은 아니다. 무지와 독단에서 벗어나기 위해서는 무엇보다도 과학적이면서도 신학적인 분석이 필요하다.[2] 먼저 이 논문은 외환위기를 다루는 정치경제학적 시각들을 소개하고자 한다. 그런 다음 이 위기의 횡단면적 분석으로서 체제의 성격과 윤리적 상황을 연관시키는 작업을 진행하고자 한다. 막스 베버(Max Weber)의 천민자본주의론이 중요한 준거 틀로 활용될 것이다. 이와 동시에 한국의 교회들이 천민자본주의적 체제를 추종하는 모습을 본 논문은 한국 기독교의 세속화라는 주제로 다루고자 한다. 여기에서 한국 기독교의 세속화된 모습과 한국 사회의 천민자본주의적 특징을 대칭적으로 다룰 것이다.

2. 체제의 윤리적 성격과 위기

1) 1997년의 한국 외환위기에 대한 세 가지 설명

1997년 11월에 외환위기가 발생하자 이의 원인과 결과를 다루는 많은 연구들이 쏟아져 나왔다. 이러한 연구들을 다 포괄하는 요약을 제시하

---

2) 여기에서 과학이란 보다 신빙성있는 진실을 얻기 위해 역사적으로 용인된 방법과 절차를 활용하는 과정을 의미한다.

기는 불가능하지만 그들 가운데 나타난 주요 흐름을 보자면 자유주의적 설명과 막스주의적 설명, 그리고 현실주의적 설명 등 세 가지로 정리해 볼 수 있다.

자유주의적 설명은 주로 외환위기를 국가의 개입으로 인한 시장의 왜곡이 초래한 비극이라고 주장하고 있다. '예견론'과 '날벼락론'이 있는데 공통적으로 국제수지적자와 단기 외채 구조의 외채 누적, 재벌의 차입경영과 무리한 투자, 금융기관의 부실 등의 구조적 요인과 촉발요인으로 홍콩 증시의 대폭락과 외환보유고의 감소를 들고 있다. 간혹 경제적 행위자들 사이의 정보의 비대칭성과 이로 인한 "역선택"과 "도덕적 해이"를 강조하기도 한다(김상로 1998).

막스주의적 설명은 외환위기가 국제자본주의의 축적 구조가 발생시키는 필연적인 공황의 한 국면이라고 주장한다. 동아시아가 가장 먼저 공황국면을 맞이하게 된 원인은 이 지역에서 상대적으로 높은 수준의 과잉축적이 이루어졌다는 점이며 한국에서 특히 외환위기가 발생한 것은 한국이 이 과잉축적의 가장 약한 고리였기 때문이라고 한다(김세균 1998).

현실주의적 설명은 현재의 위기가 과거 수십년간 강화되어온 한국의 독특한 재벌구조에서 기인한다고 보고 있다(백종국 1998). 이 위기를 촉발한 국내적 요인들로서는 1980년대에 발생한 자본의 우위 현상으로 말미암은 투기적 이윤의 추구, 자본수요의 무분별한 증가, 금융기관의 부실화, 정부의 부패와 무능을 들 수 있고 국제적 요인들로는 미국 패권의 상대적 하락에 따른 국제금융체제의 변동이 불러일으킨 변동환율제와 국제금융시장의 사적 부문 증가, 자본공급의 폭발적 증가를 들고 있다. 이러한 구조적 요인들이 동남아의 외채위기라는 계기를 만나 외환위기로 전이되었다고 보고 있다.

이러한 설명들은 외환위기를 설명하는 요인들의 인과관계를 종단면적으로 구성한 것이며 서로 다른 분석과 정책대안으로 경쟁하는 패러다임들이라고 할 수 있다. 이와 동시에 이 사례를 횡단면적으로 분석하는 방법이 있을 수 있다. 예컨대, 먼저 어느 패러다임을 정한 후에 이 이론 구조에 맞추어 정치적 측면, 금융적 측면, 국제적 측면, 윤리적 측면 등을 살펴 볼 수 있다. 이러한 방식의 분석은 거대 이론적 설명이 자칫 간과하기 쉬운 부분들을 다루는 효용이 있다.

이 중에서 윤리적 측면은 가장 분석이 안된 부분에 해당하며, 그럼에도 불구하고, 기독교인들에게는 가장 유익한 분석이라고 할 수 있다. 다른 고등종교들과 마찬가지로 기독교는 일정한 윤리적 기준과 이의 실천을 주요 교리로 삼고 있다. 물론 때로 몰역사적, 몰윤리적 교리나 가르침이 기독교 내에서도 득세할 수가 있다.[3] 그러나, 성서는 특정한 체제의 윤리적 성격에 대해 지속적으로 관심을 가져왔다. 구약의 선지서들에서 나타난 체제의 윤리적 성격에 대한 관심은 대단히 크며 신약에 있어서도 이러한 관심의 형태는 보다 포괄적이고 궁극적인 형태로 정립되고 있다.

개혁주의 이론 중에서 특히 칼빈주의는 이러한 관점의 포괄성을 잘 표현하고 있다. "루터주의는 교회적 신학적 성격에 한정되어 있는 데 비해서, 칼빈주의는 그 특징을 교회 안팎으로, 즉 인간의 삶의 모든 영역에서 나타내고 있다"(정성구 1995, 189). 특히 화란의 칼빈주의자인 아브라함 카이퍼(Abraham Kuyper)는 정치적 영역에서조차도 신의 주권을 인정하는 "정치적 영성"이 존재한다고 믿고 있었다.(카이퍼 1987, 22) 그러한 점에서 볼 때 1997년의 외환위기는 단지 정치·경제적 혹은 국

---

[3] 예를 들면, 1973년 총선 직전에 『기독신보』는 "한국적 민주주의의 정초"라는 칼럼을 통해 박정희씨가 "10월 유신의 영단"을 통해 "새로운 정치기풍을 확립했다"고 주장했다. 거의 같은 시기인 1973년 3월에 발간된 『신학지남』에서 총회신학교의 김의환 교수는 기독교인이 민주주의적 정체만을 고집하지 말아야 하며 로마 정부와 같은 폭군적 권세에도 무조건 복종해야 한다고 주장했다(양낙홍 1994, 190-191).

제관계적 차원에서만 의미를 갖는 사건이 아니라 기독교가 관심을 가지는 체제의 윤리적 차원에서도 커다란 의미를 갖는다고 볼 수 있다.

2) 체제의 특성과 윤리적 상황의 관계

어떤 체제의 정치·경제적 특성을 다른 사회 현상과 연관시키는 연구들은 많이 있었다. 대표적으로 민주화와 경제성장의 관계를 다루는 연구들을 들 수 있다. 립셋(Lipset)이 주장하는 근대화론은 민주주의와 경제성장이 함께 간다는 것이었다. 여기에 비해 오돈넬(O' Donnell)의 관료적 권위주의론은 고도경제성장기에는 정치적 권위주의가 나타난다는 점을 강조하고 있다. 이에 대해 쉐보르스키(Przeworki)의 신근대화론은 기본적으로 경제성장과 체제의 특징과는 관계가 없다고 주장한다. 단지 경제성장이 일정한 단계에 이르면 민주주의 체제가 나타나는 경향이 있음을 덧붙이고 있다.

국제정치 분야에서 가장 흥미있게 다루는 주제 중 하나는 민주화와 전쟁의 관계다. 영국의 정치가인 콥덴(Cobden)은 독재체제가 전쟁을 선호한다고 주장했다. 전쟁이야말로 국민을 독재에 묶어두는 방편이기 때문이다. 이와는 대조적으로 러시아의 레닌(Lenin)은 자본주의 체제가 전쟁의 원인이라고 주장하였다. 자본주의 체제는 자신의 내부적 모순을 해소하는 방안으로 해외에 식민지를 개척하지 않을 수 없는데 이 때문에 제국주의 전쟁이 발생한다는 설명이었다. 이에 대해 미국의 니버(Niebuhr)나 월츠(Waltz)는 전쟁이란 국제적 무정부성 때문에 발생하므로 체제의 특성과는 관련이 없다는 점을 지적한 바 있다.

체제의 특성과 윤리적 상황은 비록 현대 정치경제학계의 관심을 끌지는 못하였으나 경제성장이나 전쟁에 비해 훨씬 오래 논의된 주제다. 아담 스미스(Adam Smith)는 스페인과 포르투갈의 쇠퇴가 독점 이윤으로 인한 사치향락 풍조와 관련이 있다고 지적하였다. 독점적 정치권력은 독점이윤을 낳고, 독점이윤은 사치와 낭비를 낳고, 이는 다시 독점의 강화를 불러오며, 빈곤의 심화와 산업의 쇠퇴, 즉 국력의 쇠퇴를 초래한다고 주장하였다.[4]

스미스(Smith) 보다 더 깊이 이 문제를 천착하였던 톨스타인 베블렌(Thorstein Veblen)은 그의 『유한계급론』에서 과시적 소비의 천박성을 다음과 같이 질타하였다. "술을 마음껏 마시고 주정을 하거나 병을 얻는 것은 그 술을 진탕 마실 수 있는 능력을 가진 우월한 자의 표지로서 명예로운 것이 된다 … 돈이 많이 드는 악덕의 증상이 우위자의 표지로서 널리 인정되고 또 미덕이 되고 나아가서는 사회적 존경까지 받게 되는 경향은 다만 비교적 초기문화단계에서나 볼 수 있다." (베블렌 1981, 85) 독점 이윤에 기초한 폭탄주 마시기나 고가의 룸살롱 출입이 사회적 특권층의 공범적 유대를 강화하고 이 유대를 기초로 부정과 부패의 연쇄를 창출해내는 한국 사회의 초기적 형태를 가장 잘 표현한 분석이라고 말할 수 있다.

물론 이러한 독점적 이윤 추구와 사치향락에 절은 퇴폐적 사회일지라도 이 사회를 정당화하는 이데올로기는 반드시 준비되어 있다. 라인홀드 니버(Reinhold Niebuhr)는 자유방임주의라는 학설이 바로 이러한 역할을 한다고 주장하고 있다. 그의 견해에 따르면 자유방임주의란 경제적 권력의 독점을 위한 이론으로서 "경제적 권력이 홀로 되기를 원할 때는 자유방임주의 철학을 사용하여 경제적 자유에 대한 정치적 제약을 제지한다." (Niebuhr 1960, 33) 그는 또한 이 학설이 존속하는 이유를 이 학설의 역할과 결과를 제대로 알지 못하는 사람들의 무지 때문이라고

---

4) "카디스와 리스본의 상인의 엄청난 이윤이 스페인과 포르투갈의 자본을 증가시켰는가? 그들이 그렇게 거지같은 두 나라의 빈곤을 완화하고 산업을 증진시켰던가? … 보통 낭비하는 풍조는 어떠한 곳에서나 돈을 쓰는 실력에 의한다기보다 오히려 쓸 돈이란 쉽게 획득되는 것이라고 생각하느냐 않느냐에 달려있다." (Smith 1976, 612)

주장하였다.

민주화와 경제성장의 관계와 달리 정치·경제적 독점체제와 퇴폐적인 사회윤리의 관계는 매우 설득적이고 명료하다. 전자의 인과관계는 여러 단계에서 차단 당하고 있으며 여러 변수들이 작용되었을지도 모르는 계량적 비교분석에만 그 유효성을 의존하고 있다. 반면에 후자의 인과관계는 여러 단계에서 명료하게 연결되고 있으며 인류 역사를 통털어 나타나는 공통적 현상으로 많은 사례들을 가지고 있다. 한국의 사회도 이에 크게 벗어나지 않는다. 한국의 외환위기와 퇴폐적 사회윤리의 등장은 한국에서 나타난 천민자본주의 체제의 특성 중 일부분이거나 그 결과라고 볼 수 있다.

3. 한국의 천민자본주의화에 대하여

1) 천민자본주의란 무엇인가

막스 베버(Max Weber)는 자본주의를 역사적으로 나타나는 특정한 제도 중 하나라고 생각하였다. 대체적으로 경제적 행위의 합리화를 구현하고 통합적인 성격을 지녔다는 점에서 긍정적인 체제라고 보았다. 그러나 자본주의는 장소와 시기에 따라 다양한 형태를 취한다고 생각하고 있다. 예컨대, 매우 발달된 자본주의로서 금융자본주의와 근대적 산업자본주의를 들 수 있으나, 아직 합리성이 개발되지 않은 시대에는 정치적 자본주의들(제국주의적 자본주의, 식민주의적 자본주의, 모험자본주의, 전리품자본주의)이 있었다고 보고 있다.(Gerth and Mills 1946, 66-67) 천민자본주의란 이 정치적 자본주의 중 하나로 간주되고 있다.

베버(Weber)에 있어서 천민자본주의란 역사상으로 나타난 고대 동방

유태 상인자본과 인도 파시교 상인자본을 일컫는 말로서 다음과 같은 세 가지 특징을 가지고 있다. 첫째는 상업적 행위를 통한 이윤의 추구다. 둘째는 정치적 종교적 제도화를 통한 독점구조 강화라는 특징을 가지고 있다. 셋째는 독점적 사회계층을 추구하고 있다. 천민자본주의란 용어의 한국에서의 용법이 자본주의의 부정적 측면을 모호하게 지적하는 것이라면 베버 식의 용법은 매우 명료하다.

만일 천민자본주의를 자본주의 체제의 한 형태로서 간주한다면 이 개념을 1990년대 한국 자본주의의 상황을 나타내는 도구로 매우 유익하게 사용할 수 있다. 이러한 경우 논의의 초점에 맞추어 천민자본주의의 특징을 다시 네 가지로 요약할 수 있다. 첫째는 정치적 상업적 독점의 추구와 계층화라고 할 수 있다. 이는 체제의 정치·경제적 형태를 의미한다. 둘째는 독점을 통한 불로소득의 추구다. 이 체제의 현실적 목표를 의미한다. 셋째는 독점을 가능하게 하는 부정부패의 범람을 들 수 있다. 이는 체제의 운영방식이다. 넷째는 불로소득의 과시적 소비다. 베블렌(Veblen)이 지적했던 것처럼 어떤 체제 내의 권위를 수립하는 방식으로 매우 중요하게 다루어져야 할 부분이다.

2) 신중상주의적 지배연합의 등장과 쇠퇴

해방 이후 한국의 체제는 몇 단계를 거쳐 변화되었다. 해방 직후의 미군정에서부터 박정희 통치기 이전까지는 원조경제체제라고 불리울 수 있다. 이 체제의 생존은 미국의 대폭적인 경제 원조와 군사적 보호에 달려있었다. 한국전쟁 시의 지원과 미군의 주둔을 제외하고라도 1945년부터 1985년까지 미국이 한국에 쏟아 부은 유무상원조의 총액은 150억 달러를 초과하고 있었다. 미국이 마샬플랜으로 유럽 전역에 쏟아 부었던 원조 총액이 170억 달러 정도였음을 고려하면 얼마나 집중적인 원조였는지를 잘 알 수 있다.

박정희 통치기 이후의 체제는 신중상주의적 국가자본주의라고 부른다. 물론, 신식민지국가독점자본주의론이나 관료적 권위주의론의 경쟁이 있지만 박정희 통치하의 한국 체제가 경제적 요인 보다는 정치적 요인에 의해 주도되었다는 점을 부인할 수 없다. 이 체제를 구현하는 주요 특징으로 정부주도, 수출대체산업화의 추구, 외자도입, 후발효과의 극대화, 강력한 노동통제, 지역감정의 활용, 국제적 냉전체제의 활용 등을 들 수 있다. 비록 자본주의라고 불리웠지만 자본축적의 논리가 국가체제를 형성하였다기보다는 국가가 자본축적을 주도하였다는 점이 분명하다.

이 체제가 변동하지 않을 수 없게된 데에는 체제 자신이 초래한 몇 가지 요인들이 있다. 우선 계층구조의 급격한 변동을 들 수 있다. 도시화와 산업화가 진행되면서 농촌이 급격히 해체되고 도시 노동자의 비율이 늘어나기 시작하였다. 과거에는 정부의 보호막을 즐기던 기업들이 경제력 집중현상을 배경으로 점차 자본의 위력을 보이기 시작하였다는 점도 주목해야 한다. 이 변화와 더불어 고도경제성장에 의한 정치의식의 향상, 과도한 해외시장 의존으로 인한 불안정 증가, 베트남 전쟁 이후 미국의 패권 하락으로 인한 신보호무역주의의 대두 등이 체제 변화를 초래하고 있었다.

체제의 구조적 변화는 정치 지형의 변화를 초래하고 있었다. 계층구조의 변화로 더 이상 농촌의 준봉투표 또는 동원투표가 불가능해지고 이로서 박정희 체제의 정당성을 보통선거로 인정받는 것이 불가능해지고 있었다. 정치의식의 향상으로 도시의 노동자들은 더 이상 자신들만 희생하지 않겠다는 각오를 단단히 하고 있었으며 중산층이 주도하는 시민운동들이 이를 지원하기 시작하였다. 제7대 대통령선거에서 경쟁자를 물리치기 위해 박정희가 동원하였던 지역감정은 역으로 중앙의 권력이 지리적 보편성을 획득하는 데 결정적인 장애를 초래하였다. 따라서 이 기득권 세력이 권력을 유지하기 위해서는 훨씬 더 강하고 피비린내 나는 군사독재가 요청되었는데 전두환 정권의 성립과 광주민중항쟁은 이러한 구조의 역사적 표현이라고 말할 수 있다.

3) 1990년대에 나타난 천민자본주의적 경향

정치체제가 피비린내 나는 군사독재로 악화되는 사이에 경제적 속성 또한 급속히 악화되고 있었다. 수출주도형 경제체제를 추구하기 위해 육성했던 재벌들은 일면적으로 군사독재에 적극 협력하는 대신에 정부의 간섭을 완화하면서 경제적 독점력을 발판 삼아 불로소득의 추구로 돌아서고 있었다. 아담 스미스(Adam Smith)의 지적처럼 불로소득의 축적은 부정부패의 일상화와 사치향락의 만연을 초래하고 있었다. 물론, 이러한 사치향락의 만연으로 독점적 계층은 더욱 많은 불로소득을 추구하기 위해 혈안이 되었다. 전형적인 천민자본주의가 전개되고 있었다.

(1) 정치·경제적 독점의 추구와 계층화

1980년대에 가장 대표적인 현상은 정치·경제적 독점을 추구하는 천민자본의 계층이 뚜렷이 나타나기 시작하였다는 점이다. 대마불사론(大馬不死論)을 신봉하는 기업확장과 거대화, 배타적 소유집중과 독과점화, 연줄망을 강화하는 독점적 사회계층의 추구, 및 이 모든 것을 정당화하려는 신자유주의의 적극적인 유포는 이 시기의 주요한 흐름이었다.

문어발식 기업확장과 거대화는 대마불사를 추구하는 재벌의 중요한 전략이었다. 1989년을 기준으로 보면 한국의 30대 재벌의 총 매출액은 106조 원, 총자산은 128조 원이었으며 804개의 계열사를 거느리고 갖가지 불공정 행위를 통해 연신 계열사 확장 경쟁을 벌이고 있었다. 이들의 독점력은 경제규모와 지배인력을 정부와 비교하면 잘 알 수 있다. 30대

재벌 중 상위 5대 재벌의 평균매출액은 13조 6천억 원, 평균 자산은 14조 4천억 원이었는데, 해당 년도의 정부예산이 22조 원이었다. 1987년을 기준으로 30대 재벌에 고용된 인원은 77만 명이었는데 정부 공무원의 총 수는 70만 명이었다. 뿐만 아니라 재벌은 47개 금융회사와 18개 주요 언론사를 소유하고 있으면서 금융과 언론을 비롯한 사회 전반의 흐름을 주도하기 시작하였다.

 한국 경제를 독과점한 재벌의 배타적 소유집중은 천민자본주의 체제를 공고화하는 가장 중요한 특징이었다. 1987년을 기준으로 한국의 30대 재벌이 차지하는 제조업의 출하율은 37.3%, 수출점유율은 41.3%, 국내시장의 독과점 품목 비율은 41.8%, 은행여신의 점유율은 20.96%, 제2금융권의 여신점유율은 36.5%이었다. 왜 대마불사론이 의미가 있는지를 잘 보여주는 통계라고 할 수 있다. 문제는 이처럼 국가경제를 좌우하는 재벌들이 극소수의 혈연 집단에 의해 통제되고 있다는 점이다. 1989년을 기준으로 30대 재벌의 534개 내국법인 중에서 72.2%가 주식시장에 공개되지 아니한 채로 창업자의 가족에 의해 장악되고 있었다. 삼성의 사례에서 보는 바처럼 이들은 온갖 부당한 방법으로 부를 자손에게 증여하려고 하였는데 1997년 말 현재 238명의 미성년자들이 78개 상장사의 주식 4백여만 주를 장악하고 있다는 사실에서도 잘 드러나고 있다(동아일보 98. 3.22.).

 재벌의 혈연적 승계는 이들을 중심으로 하는 독점적 사회계층을 형성하는 기초가 되었다. 혼인정책은 특히 중요하였다. 30대 재벌이 정관계의 고위 인사를 사돈으로 맞이하는 비율은 33.1%, 다른 재벌이나 대기업의 창업주 및 임원을 사돈으로 맞는 비율이 26.7%로서 30대 재벌의 약 60%가 사돈과 건너사돈의 혈연 동맹 상태에 접어들고 있었다. 박정희 체제가 지역감정을 주요 통치 수단으로 활용하였으나 천민자본주의 하에서 이는 훨씬 강화되었다. 제5공화국 체제 하에서 영남지역 출신자는 고위 행정엘리트의 40%, 50대 재벌 소유주의 45%, 69명의 일간신문 발행인 및 편집인의 33%, 주요 방송사 임원 62명 중 35%를 차지하고 있었다. 혈연과 지연의 착종으로 말미암은 지배계층의 공고화는 놀랄만 하였는데 예컨대 노태우 대통령이 주요 경제단체인사를 불러모았을 경우에 그 홀에 모인 자들은 거의 예외 없이 사돈지간이라는 상황을 연출하기도 하였다.

이러한 체제는 정당화를 위한 이데올로기를 필요로 하였다. 라인홀드 니버(Reinhold Niebuhr)의 지적처럼, 한국에서도 신자유주의라고 불리우는 시장 중심의 이데올로기가 이러한 역할을 수행하고 있었다. 이 이데올로기의 신봉자들은 시장의 자유와 규제완화라는 명분을 앞세워 재벌의 독점화와 시장질서 교란을 정당화하고 있었다. 이들의 논지가 너무도 명백하게 역사성을 망각한 오류임에도 불구하고 사회의 주류적 이데올로기로 나타난 이유는 첫째로 부정부패를 신중상주의의 결과로 보는 견해와 둘째로 미국적 신자유주의의 성공에 대한 동경 및 셋째로 신자유주의의 전파를 위한 재벌과 미국의 지원 때문이었다고 말할 수 있다.

(2) 독점을 통한 불로소득의 축적

정치권력과 경제력의 독점화에 성공한 집단이 불로소득을 추구하는 것은 어쩌면 당연한 현상이라고 할 수 있다. 신자유주의자들은 불로소득의 추구행위들 - 가장 대표적으로 부동산 투기를 들 수 있는데 - 조차도 시장의 합리성으로 정당화하려는 경향을 가지고 있으나 아담 스미스(Adam Smith) 이래로 새로운 가치의 창출 없이 단지 독점의 권리만으로 새로운 소득을 발생시키는 행위는 합리적 경제행위로 간주되지 않는다.

한국의 불로소득은 주로 토지투기 행위를 통해 발생하고 있었다. 이정우 교수가 분석한 바에 따르면 토지거래로 실현된 자본이득이 국민총생산에서 차지하는 비율은 1986년에 12.4%였으나, 1987년에는 15.6%,

1988년에는 31.9%, 1989년에는 37.7%로 급증하고 있었다. 계량화의 기준에서 차이가 나지만, 류준상 의원은 국회에서 제6공화국 4년 동안 땅값 상승에 의한 불로소득이 1,055조 원이며 이 기간 중의 국민총생산 합계의 1.4배에 해당한다고 주장할 정도였다.(동아일보 1992.10.22.) 이러한 부동산투기는 한국의 기업들이 주도하였다. 한국은행의 조사에 따르면 1986년에서 1989년에 이르는 기간 동안 주요 25,883개 기업이 이 기간에 올린 흑자 330억 달러의 26%가 토지매입에 사용되었다.

한국의 기업들이 생산성의 향상보다는 토지투기에 열을 올렸다는 사실과 불로소득을 추구하는 기업경영 방식은 왜 한국 기업들이 그토록 부채비율이 높은지를 잘 설명해 주고 있다. 외환위기 직후인 1998년 4월의 한국은행 『자금순환동향』을 보면 기업들의 총부채는 932조원이고 순금융부채는 810조원이었다. 많은 기업들이 자기자본을 이미 침식당해 있었고 한화, 아남, 해태, 뉴코아 등은 부채비율이 1,000%를 넘고 있었다. 그러면서도 재벌들은 자기자본이 아니라 외채를 사용하여 국내외에 대형 프로젝트들을 경쟁적으로 진행하고 있었다. 이 결과 1997년 한국의 외채잔고는 1,569억 달러로 급증하였는데 이 중에 대기업관련 외채는 1,200억 달러로서 76.4%를 차지하고 있었다. 1997년 11월의 외환위기는 "날벼락"이 아니었다는 사실을 잘 증명해 주고 있다.

(3) 부정부패의 일상화

능력이 아니라 연줄에 의해, 효율성이 아니라 독점에 의해 소득을 얻는 천민자본주의적 경제 구조는 사회에 부정부패의 풍조를 만연시키고 있었다. 부동산 투기로 인해 전세값이 상승하고 많은 사람들이 이를 비관하여 자살하고 있었지만 한국 사회는 이를 반성하기는 커녕 이 흐름에 더 빨리 더 많이 참여하기 위해 질주하고 있었다. 파렴치한 혐의가 드러나서 공직을 사퇴해야 하는 처지에 놓인 사람들은 자신만 재수가 없어서 당한다고 생각하고 있었다. 정작 피해당사자인 일반대중 조차도 능력이 없어서 못하지 기회만 닿으면 나도 하고 싶다는 생각을 공공연히 하는 상황이었다.

소위 무자료 거래의 범람이 부정직의 일상화를 증명하는 대표적인 사례이다. 최장원 박사의 조사에 따르면 한국에서 거래되는 품목의 최소한 25%가 탈세 상품이며 조사자 중 도매상의 30-70%, 소매상의 40-80%가 무자료에 해당한다고 응답하고 있었다. 대략 20-30조 원 규모이었다.(최장원 1992). 독점계층을 형성한 자들의 탈세가 대중 일반 보다 훨씬 더 심각한 형편이었다. 한국개발원이 발간한 1998년 4월 보고서 『경제위기극복과 구조조정을 위한 종합대책』을 보면 무자료 거래, 부동산투기자의 거래축소, 사채업자의 소득, 주식증여탈세, 고소득전문직종(변호사, 의사 등)의 음성 탈루 소득을 추산하면 100조 원이 넘었다. 이 보고서는 한국을 탈세 천국이라고 결론짓고 있다.

천민자본주의 체제 하에서 정경유착은 상식화되었다. 주요 사업들은 연줄과 뇌물에 의해 결정되었다. 한보와 삼성 등의 불법적인 특혜추구는 두말할 나위도 없으나 부정부패의 거국적 모범은 대통령들에 의해 수행되었다. 임기 후에 밝혀진 정치자금 수수액으로 보면 전두환은 6,779억 원, 노태우는 4,500억 원이었으며 사법부가 뇌물로 인정한 금액만 해도 각각 2,200억 원과 2,800억 원이었다. 이들로부터 정권을 인계받았던 김영삼도 "쓰고 남아 박태중이 관리해온 대선자금"만 해도 120억 원이었다. 이러한 상황은 마치 스페인이 식민지 총독직을 경매하고 조선이 수령직을 판매하던 광경과 흡사한 것이었다.

전두환씨와 노태우씨가 그토록 많은 뇌물을 긁어모은 이유 중 하나는 금권타락선거를 위한 정치자금의 확보 때문이었다. 비록 이 군사독재자들이 1979년의 쿠테타를 통해 정권을 장악하는 데는 성공하였으나 정권유지를 위해서는 선거를 통한 정당성 부여가 불가피한 상황이었다. 한국전쟁 이래의 냉전의식과 박정희씨가 개발한 지역감정 만으로는 점차 개명되어가고 있는 투표권자들의 다수를 장악하기가 어려웠다. 유권자들의 개명으로 더 이상 폭력의 행사도 어려운 형편이었다. 그러므로 투표의 금전적 매수는 이제 정권의 정당성을 유지하는 유일한 수단이 되었다. 1992년에 실시된 14대 총선에서 나타난 연기군수의 양심선언은 대통령과 대통령후보에서 일반유권자에 이르는 금권선거의 메카니즘을 너무나도 잘 보여주고 있었다.

(4) 과시적 소비와 사치향락의 만연

천민자본주의 체제가 산업자본주의 체제와 가장 뚜렷하게 대별되는 부문은 체제의 윤리성이라고 할 수 있다. 그 중에서도 과시적 소비와 사치향락의 만연이라는 차원은 천민자본주의의 악덕을 가장 잘 보여주고 있다. 이 체제의 독점계급은 부정부패와 투기를 통한 불로소득을 추구하고, 불로소득의 만연은 사치향락과 과시적 낭비를 부추기고, 사치향락과 과시적 낭비는 매춘업을 성행하게 하고, 매춘업의 성행은 유흥종사 여성의 수요를 촉발시키고, 유흥종사 여성의 과수요는 인신매매범을 증가시키고 있었다.[5]

독점적 이익의 강화를 위한 불법적 소득의 발생은, 스미스(Smith)나 베블렌(Veblen)의 주장처럼, 향락 산업을 번창하게 한다. 이 독점 계층이 이끄는 한국 기업들이 연구개발비보다 접대비를 더 많이 사용한다고 해서 하등 이상해할 것이 없다. 1991년 국세청의 발표에 따르면 1990년 한국 기업들이 접대비로 사용했다고 신고한 돈은 1조 1,368억 원인데 반하여 연구개발비로 사용했다고 신고한 돈은 1,722억 원이었다.(정사협 1993, 272) 국세청이 공식적으로 인정하는 접대비(매출액의 0.26%) 외에 기밀비, 판공비, 광고비 등의 대부분이 사적인 즐거움이나 불법적인

---

5) 『한계레21』 1994년 4월 7일자 특집을 참조.

사업 수주를 위해 사용된다는 점을 감안하면 이 전도된 지출 현상은 더욱 커질 것이라고 추정할 수 있다.

    1980년대 말과 1990년대 초의 향락산업 번창은 실로 기록적이라고 할 수 있다. 1988년 말 현재로 전국에 40만 6천여개소의 향락산업이 4조 원 이상의 매출을 기록하고 있었다. 1990년 현재로 보아 이 향락업소에 약 120만 명 정도의 젊은 여성들이 종사하고 있었는데 이 고용 규모는 당시의 15세 이상 29세 이하의 한국 여성 인구 620만의 1/5에 해당하고 있었다. 물론, 당시의 천민적 독점계층이 이끄는 이러한 풍조는 사회 전반에 깊숙이 자리 잡고 있었다. 1989년 서울의 직장인들에 대한 조사를 보면 80.2%가 향락업소를 출입한 경험이 있을 뿐 아니라 49.1% 이상이 월 1회 이상 출입하고 있었다. 문제는 이 사치향락의 규모 뿐만이 아니다. 『1993년 한국여성개발연구원 윤락여성 조사』를 보면 윤락여성의 11.8%가 본인의 의사에 반하여 윤락행위에 종사하고 있었다. 윤락여성 120만을 기준으로 하면 14만 2천 명이라는 엄청난 수의 젊은 여성들이 성적 노예상태에 빠져있는 셈이었다. 이 시기에 집중적으로 발생한 인신매매 사건들을 생각해보면 하등 이상한 일이 아니다.

    천민적 독점계층이 과시적 소비를 삶의 양식으로 삼는다는 사실 또한 잘 알려져 있다. 1996년 한 해에 외산 담배의 연기로 날아간 돈이 6천억 원이고 수입 양주로 흘러간 돈이 1천 7백억 원 정도이었다.(동아일보 1997.2.8.) 1996년에 수입한 냉동수산물이 4억 4천만 달러 어치인데 그 중에 바닷가재만 1억 달러 어치였다고 한다. 이 바닷가재로 만든 알래스카산 랍스터 요리는 1인분에 18만 원짜리라고 하는 데 가재 수입을 위해 쓴 돈 1억 달러를 벌려면 중형자동차 20만대를 수출해야할 정도이다.(동아일보 1996.11.23.) 또 어떤 중소기업대표는 13일간의 유럽여행을 다녀오면서 1만 달러 상당의 다이아몬드 1개를 비롯하여 화장품과 의류 등 모두 2만 2천 달러 어치를 선물로 구입하였다고 하였고, 대전의 모 백화점 부회장은 라스베이거스 카지노에서 11개월 동안 355만 달러를 탕진하여 관계기관이 조사에 나서기도 하였다. 땀 흘려 일하지 않고도 일반인은 도저히 상상하기 힘든 낭비를 마음대로 할 수 있다는 것은 천민적 독점 계층만이 누릴 수 있는 특권이었다.

4. 한국 교회의 세속화에 대하여

만일 성적 노예 상태에서 신음하고 있는 젊은 여성의 수가 14만 2천명이라는 추계치가 진실에 가깝다면 한국의 기독교는 그 한가지 사실만으로도 신의 무서운 책망을 받아 마땅하다. 상식적으로 보아 사회가 이처럼 타락하고 있었다면 그 사회 내에 안주하고 있던 교회도 분명히 타락하였다고 볼 수 있기 때문이다. 두 아이가 굴뚝 청소를 하러 굴뚝 안에 들어갔다 나왔다면 결코 어느 아이도 깨끗할 수 없다는 탈무드의 지적으로 쉽게 이해할 수 있다.

반면에 어떤 사회의 윤리와 도덕은 그 사회의 종교가 담당해야 할 사명이라고 할 수 있다. 만일 한국 사회가 윤리적으로 크게 타락하고 있었다면 그 책임의 상당 부분은 국민의 가장 개명된 인구 중 다수를 지배하고 있던 한국의 기독교가 져야 한다. 그러나 한국 교회는 사회의 윤리를 선도하기는 커녕 "신앙은 윤리가 아니다"는 해괴한 논지를 내세우면서 도리어 세속화를 더욱 가속화하였다.(이정석 2000)

1) 사제주의의 범람

한국 기독교의 주류를 형성하고 있는 개신교가 보여준 세속화의 첫 단계는 로마 카톨릭에 버금가는 사제주의를 범람시키고 있었다는 점이었다. 마치 한국의 천민자본주의가 재벌 중심의 독점 계층을 형성하듯이 한국의 기독교는 목사 중심의 지배계층 형성에 몰두하고 있었다.

개신교의 사제주의화는 성직자의 권위를 강화하려는 의도를 가진 신학적 왜곡을 기반으로 하고 있다. 한국의 목사들은 "교회는 민주주의가 아니다"라든지, "목사의 잘못은 하나님이 심판하시므로 성도들이 문제를 삼아서는 안 된다"든지, 심지어는 "목사는 하나님과 동격이다"이라는 개신교의 교리와 어긋나는 주장들을 거리낌없이 설교하고 있었다. 이러한 사제주의적 경향은 장로라는 직분을 종교적 계급으로 생각하고 이 계급적 권리를 보존하기 위해 목회자들과 타협하는 장로들에 의해 더욱 강화되고 있었다.

종교개혁으로 출발한 개신교회의 원리가 만인제사장설이라는 점은 이미 잘 알려져 있다. 모든 직분은 다 신령하고 동등하다는 원리는 매우 소중하다. 물론 각 직분의 독특성과 이 직분에게 적용되는 카리스마(신의 은총)는 당연히 다르고 구별된다. 그러나, 이 구별성의 지나친 강조가 사제주의로 빠지는 지름길이라는 점을 루터와 칼빈은 잘 지적하고 있다.[6] 성직자 우위의 직분관은 성서가 가르치는 바가 아니며 교회사적으로 볼 때 종교적 부패와 무력화의 중요한 원인일 뿐이다.(유해무 1997, 549)

개신교의 사제주의화가 세속화와 동일시된다는 점은 타당한 이유가

---

6) "교황, 주교들, 사제들 및 승려들을 '영적 계급'이라고 부르고 군주들, 영주들, 직공들 및 농부들을 '세속적 계급'이라고 부르는 것은 전혀 조작적인 것이다. 실로 이것은 순전한 거짓과 위선이다. 아무도 여기에 놀라서는 안 된다. 이것은 말하자면 모든 크리스챤은 참으로 '영적 계급'에 속하며 그들 가운데는 직무상의 차별 이외에 아무 것도 없다."(루터 1993, 23쪽). "그들은 일곱가지 신품 또는 성직계급에 이름을 붙여 놓았다 ... 그들(사제들)은 추첨으로, 혹은 주께로부터 말미암은 추첨으로 뽑혔기 때문에, 혹은 주님의 추첨 때문에, 혹은 하나님을 분배자로 모시고 있기 때문에, '성직자'라고 한다. 그러나 온 교회가 가져야 할 이 명칭을 자기들의 것이라고 하는 이들은 신성모독의 죄를 범했다. 그 유산을 그리스도의 것이며, 성부 하나님께서 주신 것이기 때문이다 ... 베드로는 신자들에 대해 '너희는 택하신 족속이요 왕 같은 제사장들이요 거룩한 나라요 그의 소유된 백성이니'라고 말한다. 나는 여기서 다시 그들이 거짓말한다고 밝힌다. 베드로는 온 교회에 대해 말하고 있지만, 이 사람들은 이 말을 소수의 사람들에게 짜맞춘다."(칼빈 1988, 302-304.)

있다. 김동호 목사의 지적처럼, 한국 목사의 사제주의화는 서구의 기독교에 유교적 사상과 접목됨으로써 더욱 강화되었다고도 볼 수 있다. 목사는 세속의 복을 빌어주는 무당(샤먼)으로 간주되었다. 장로는 교인들의 대의원이 아니라 유교적 어른으로 인식되었다. 이 결과 민주적인 의사결정이나 합법적 항의는 대단한 불경 혹은 체면을 깎는 행위로 간주되고 있었다. 그러나, 이러한 문화적 변용보다는 한국 사회의 군사독재가 미친 영향이 더 크다고 보아야 한다. 군사독재가 추구하는 독재체제와 급속한 경제성장을 통한 정당화라는 행태가 한국의 기독교 내에 성서 보다 훨씬 더 실질적인 영향을 미치고 있었다.

개신교의 사제주의화는 대형교회의 담임목사직 세습이라는 또 다른 부작용을 낳고 있었다. 이 경향은 재벌의 혈연적 승계와 매우 유사하다. 세습을 시도하는 이들은 대개 종교적 공동체인 교회를 사적 소유로 환원하는 태도를 보이고 있을 뿐 아니라 이를 구약적 사제주의로 정당화하고 있다.[7] 대개의 경우에 합법성을 가장하게 되지만 이러한 합법적 절차의 배후에는 사제주의적 권위를 행사하는 아버지 목사와 그를 추종하는 세력의 치열한 공작이 있기 마련이다. 점차 목사의 자녀들이 신학교를 가는 비율이 높아지는 추세에서 목사를 아버지로 둔 목사후보들이 유력한 교회를 맡게 될 가능성이 더 높아진다면 이는 중요한 구조적 의미를 지니고 있다. 전체 기독교세가 약화되고 목사의 과잉공급으로 신학교에서 배출된 목사들이 개 교회를 담임하기가 더욱 어려워지는 상황 하에서 이와 같은 행위는 혈연을 기초로 하는 항구적인 계급을 조성하

---

7) 금란교회의 김홍도 목사는 2002년 1월 14일 설교에서 다음과 같이 말했다고 한다. "세습이라고 비난하는 것도 마귀의 참소인 것입니다. 세습이란 왕의 아들에게 자격이 있던 없던 물려주는 것인데 목사 아들이 신앙을 전수 받아서 충분한 교육을 받아 합법적으로 후임자가 되는 것이 왜 불법입니까? 구약 시대에 제사장들은 대대로 물려받아 제사장이 된 것입니다. 더구나 세상 법을 어긴 것도 아닌데 세상 언론이 왜 교회를 비난하고 흠집을 냅니까?"
www.newsnjoy.co.kr/rnews/pastorate-1.asp?cnewDay=20010127

는 행위다.[8] 그럼에도 불구하고 한국의 기독교는 이미 1990년대에 이러한 길로 접어들고 있었다.

기독교의 계층화는 총회와 같은 조직 선거를 금권선거로 몰고 있었다. 교회의 세속화로 조직의 장악은 단지 명예뿐만 아니라 실질적인 권력을 의미하기 시작하였다. 과거의 관례를 보면 비록 민주적 절차를 거쳤지만 대체로 교단내의 존경받는 원로 목사가 총회장에 추대되곤 하였다. 그러나, 1990년대에 들어서면서 각 교단의 총회선거는 세속의 선거와 거의 다를 바 없는 금권선거로 얼룩지기 시작하였다. 호텔에 캠프를 차리고 총대들의 급에 알맞은 돈 봉투가 준비되고 목사와 장로와 강도사와 전도사들이 그 봉투를 비밀리에 전달하기 위해 군사작전을 방불케 하는 활동을 전개하고 있었다.[9] 한국의 기독교는 자신의 전통에서 이탈하여 조직을 구성하는 방법과 유지하는 방법조차도 천민자본주의자들에게서 배워왔다.

2) 물량주의의 지배

한국 사회에서와 마찬가지로 한국 기독교에서도 성공하면 그가 저지른 행위들이 정당화되는 성공제일주의가 득세하고 있었다.[10] 물론 성공의 통로는 여러 가지이며 그 통로의 윤리성도 다양하다. 그러나, 적어도 천민자본주의가 융성하던 시기에 한국의 교회들은 한국의 재벌이 닦아 놓은 통로를 따라 갔다는 사실을 부인할 수 없다.

---

8) 2001년 2월 기준으로 개신교파들이 정부 당국에 보고한 바에 따르면 총 73,678명의 목사들이 있는데 교회 수는 39,412개소에 불과하다. 만일 목사들이 모두 개 교회를 담임한다고 가정하였을 때 그 직을 얻지 못할 목사의 수는 34,266명이다.
9) 이 사례에 대하여 가장 뚜렷한 기록은 『복음과상황』 1998년 9월호에 게재된 "나는 고발한다- 어느 교단 금권선거에 대한 양심선언-"을 참조할 것.
10) 최근의 분위기는 많이 정돈되어있다. 간음에 따른 위증죄로 벌금형을 받은 어떤 대형교회 목사는 교단이 자신을 보호하기는커녕 도리어 징계를 논의하는 일에 분노하여 "꼽박받는 대형교회"라는 글을 쓰기도 하였다. http://www.newsnjoy.co.kr/rnews/ 2002년 4월 19일자 참조.

교회의 본질적 사명이 전도라는 신앙적 동기를 자본주의적 성공제일주의로 세속화시킨 데서 문제의 싹이 자라고 있었다고 손봉호 교수는 말하고 있다.(손봉호 외 1998, 177) 수단과 방법을 가리지 않고 전도하라는 메시지가 끊임없이 선포되었고 이를 강화하기 위한 축복의 약속과 재앙의 위협이 지속적으로 되풀이되었다. 감정적 흥분과 병 고치는 기적 혹은 남에게 보이기 위한 방언 등이 급속한 교회 성장의 수단으로 동원되었다. 무리한 차입을 해서라도 교회당을 건축하면 수평적으로 이동하는 교인들로 규모를 불릴 수 있다는 사고방식이 많은 목사들을 분발시키고 있었다. 이러한 수단들의 효용은 1990년대에 접어들면서 기독교인의 숫자는 정체하는 데 반하여 대형교회는 더욱 대형화되고 있다는 사실로 잘 드러나고 있다.[11]

황호찬 교수는 한국 경제와 한국 교회의 닮은 점을 아래의 표와 같이 잘 요약하고 있다.

	한 국 경 제	한 국 교 회
발전주체	재벌중심	대형교회중심
재무구조	차입경영 고정자산의 과대투자	차입경영 건물증축, 건물유지비 증대
발전모형	외형중심 문어발식 경영	외형중심 교인의 수평적 이동
핵심문제	기술낙후, software낙후 고비용/ 저효율	내실부족, software낙후 인건비 과다지출
상호협조	기업간 과다경쟁	교단간 과다경쟁 개교회 중심
효율성	중복투자로 비효율성	중복사업으로 비효율성
자립도	중소기업의 미자립	중소교회의 미자립

【 황호찬, "IMF와 한국교회의 대응방안", 『복음과 상황』, 1998년 2월 】

---

11) 개신교의 교파들이 각각 정부 당국에 보고한 교세통계를 보면 1995년의 개신교인 총계가 1,450만 명 정도였는데 비해 2001년 2월에는 1,282만 명 정도였다. 물론 이 숫자는 중복계산이나 부

한국 교회에 대한 재정분석의 결과는 더욱 우려할만 했다. 노치준 교수의 교회재정분석에 따르면, 대체적으로 경상비와 건축비가 과다하여 선교비와 구제비가 위축되는 상황이라고 한다.(손봉호 외 1998, 156) 점유율로 보면, 교회 내 경비가 88.0%, 선교비가 5.34%, 그리고 사회봉사비가 3.88%이었다. 문화체육부가 1994년 7월 24일에 국회에 제출한 자료를 보면 국내 10여개 주요 종교의 32개 법인이 지출한 "총재정 대 사회봉사활동비"는 대순진리회가 가장 높고, 원불교, 천주교, 불교, 개신교 순이었다고 한다. 교회 사업의 진정한 목표가 사회 내에 인애와 공평과 정직을 실천하는 것(예레미야 9:23-24), 혹은 선교와 구제라면 이러한 현상은 대단한 왜곡이라고 아니할 수 없다.

천민자본주의적 체제가 이끄는 물량주의가 종교 내부에 파고들었다면 재정상의 부도덕이 교회 내에서도 일반 사회와 다름없이 발생한다는 점도 그리 이상한 일이 아니다. "매관매직"하는 천민자본주의적 행위와 유사하게 교회 내에서도 장로와 집사의 직분을 금전적 수단과 거래하는 일이 비일비재하였다. 장로나 집사로 안수를 받으려면 일정액을 헌금하거나 귀중품을 헌납하는 것이 예사였고 심지어 안수를 주는 목사에게도 금품을 건네는 행위가 발생하곤 했다. 안수 받을 때만이 아니고 그 직분을 받은 후에도 본인의 의사나 능력과는 상관없이 금전적 부담을 지웠으며 이로 인해 적지 않은 비극들이 생겨났다.[12] 이외에 부정한 돈일지라도 헌금으로 내면 신성해진다는 식의 "자금세탁"이나, 친인척에게 교

풀리기가 많다. 1995년 통계청의 종교센서스 결과에 따르면 실제 개신교인은 총 809만 명이었다. 만일 1995년의 실질계수(실제 교인 수/명목 교인 수) 55.79%를 적용한다면 2001년 실제 개신교인 수는 715만 명이다.

12) 어떤 장로는 교회 건축 헌금을 하느라고 과다한 부채를 걸머지게 되었다. 채무자로부터 강력한 추심을 받게 되자 이를 견디다 못해 자신의 직장에 불을 지른 후 교도소로 가는 길을 택하였다.(백종국 1998) 매우 극단적인 경우이지만 부산의 어떤 교회에서 초신자에게 무리한 헌금을 강요하였다. 그가 고리대금업을 하는 사람을 살해하고 헌금을 확보하였다가 사직당국에 체포되어 복역 중이다. 그러나 그 교회 목사는 "그 형제가 주님의 일을 하다고 투옥되었으니 칭찬할 만하다"고 하였다고 한다.

회를 팔아 넘기는 "내부자거래", 봉급 이외에 다양한 항목으로 목사의 실질 급여를 분산시키는 "분식회계", 교회당 건축 등을 위해 과다하게 부채를 지고도 신앙적이라고 주장하는 "과도한 부채의존" 등이 교회 내에서도 빈번히 저질러지고 있었다.

3) 반지성주의의 득세

천민자본주의적 특징 중 하나는 합리성과 이성에 의존하기보다는 편견과 이데올로기로 체제를 합리화하려는 경향이다. 만일 합리적인 분석이 진행된다면 체제 자체가 생존할 수 없다는 극히 당연한 논리의 귀결인 것이다. 종교의 본질은 신앙이기 때문에 합리성을 강조하는 사회 상황과 비교할 수는 없다. 그러나 고등종교일수록 신앙과 세계의 일원성은 강조된다. 특히, 한국 기독교의 주류가 따르는 것으로 간주되는 칼빈주의는 인간 삶의 모든 영역이 신의 주권 하에 놓여진다고 주장하고 있다. 원칙적으로 이성의 영역조차도 일반은총인 것이다.(정성구 1995, 190) 그러나, 천민자본주의로의 세속화가 진행되면서 한국 기독교 내의 반지성주의는 놀랄만한 수준으로 높아지고 있었다.

한국 기독교의 반지성주의는 신앙과 과학, 신앙과 윤리 혹은 신앙과 삶을 서로 배타적인 것으로 간주하는 이원론적 세계관에 기초하고 있었다. 많은 과학철학자들은 과학을 보다 신빙성있는 진실을 얻기 위해 방법과 절차를 활용하는 과정으로 이해하고 있다. 진실을 발견해내려는 과학의 목표에 있어서 개신교적 신앙이 충돌할 이유는 없다.[13] 단지 특정한 과학의 방법과 절차 혹은 그 과학적 결과물에 대한 맹목적 믿음이

---

13) "기독자는 그리스도 안에서 하나님의 형상으로 재창조되어 영적 맹목과 경화가 제거된 마음을 가지는데, 이 마음에 자리잡은 중생된 이성은 피조세계에 있어서 분명히 나타난 하나님의 보이지 않는 선한 신성을 인정하며 창조자이신 하나님을 높이고 경배하는 것을 원칙적으로 가능하게 되었다."(정성구 1995, 190)

신앙과 충돌할 수 있다. 손봉호 교수가 지적하는 바처럼, 기독교는 기독교적 윤리를 신앙적 삶의 구현이라고 보기 때문에 이 둘은 분리할 수 없다.(백종국 외 1994, 27) 단지 윤리적 행위로 구원을 받는다고 주장할 때만 개신교적 신앙과 충돌하게 될 뿐이다. 그럼에도 불구하고 한국의 기독교인 다수는 이원론적 입장에 따른 반지성주의에 빠져 있었다.

한국의 기독교가 이러한 반지성주의라는 무지와 독단의 비극에 빠지게 된 역사적 이유가 있다. 첫째로는 신신학적 일탈에 대한 경계 때문이라고 할 수 있다. 이미 일제 치하에서부터 한국 기독교는 서구에서 발달한 신신학적 사조의 영향 하에 놓이고 있었다. 복음의 역사성을 부정하고 기독교를 삶의 주체로서가 아니라 삶을 위한 철학적 수단으로 간주하려는 이 경향은 일제하의 한반도처럼 초월적 존재에의 의지가 절실한 지역에서 환영받기 힘들었다. 특히, 한반도에 개신교를 전한 미국의 교파들이 신신학적 사조에 반대하는 근본주의로 무장함에 따라 한반도 내에서도 신앙적 지성을 경계하는 분위기가 조성되었다.[14]

두 번째로는 근본주의적 혹은 성령주의적 교파운동의 과도한 성공 때문이다. 실제로 한국 기독교는 근본주의적 경향 하에서 대단한 부흥기를 겪었다. 일제하의 부흥운동과 신사참배반대운동, 산업화 시기의 순복음운동 등의 성공이 이러한 경향의 정당성을 입증해주고 있었다. 이러한 역사적 증거와 성공제일주의라는 세속적 경향은 신속히 결합하여 한국 기독교 내에 무비판적 반지성주의의 주류를 형성하고 있었다.

반지성주의의 결과가 고등종교로서의 윤리성 상실과 불건전한 신비주의의 만연이라는 점은 이미 잘 알려져 있다. 조용기 목사의 삼박자축복론에서 보는 바처럼, 현세적 성공이 신앙의 정당성을 입증한다. 혹은

---

14) 스타트는 미국에서 복음주의가 사회적 책임을 등한히 한 이유로 1) 자유주의 신학에 대한 반동, 2) 사회복음(social gospel)에 대한 반발, 3) 1차세계대전으로 인한 환멸과 염세주의, 4) 구제불능을 설파하는 전천년설의 확장, 5) 기독교 문화의 중산층화를 들고 있다. 한국의 경우에도 거의 유사한 이유를 들 수 있다.(스타트 1985, 21-24)

현세적 이익을 신앙으로 정당화한다. 그러므로 현세적 이기심을 충족시키려는 정글의 논리가 사회에서뿐만 아니라 기독교계 내에서도 지배적인 사조가 되었다. 대교회로의 성장은 그 성장을 추구한 방법에 대한 하나님의 인증이며 축복이라고 주장한다. 따라서 성장의 비결 속에 숨어 있을지도 모르는 비윤리적 행동은 그 결과로 정당화되고 있다. 뿐만 아니라 개인의 직접 경험에 근거한 성서의 자의적 해석이 난무하기 시작하였다. 신비주의적 경험을 일반화하고 보다 높은 신앙적 경지를 얻기 위해 방언을 연습하는 자들도 생겨나게 되었다. 그리고 이러한 신비적 경험에 대한 추구를 높은 신앙의 기준으로 믿는 서적과 설교테이프들이 대중적 인기를 누리고 있었다.

5. 한국 기독교의 역사적 도전

이상에서 우리는 한국 기독교가 어떻게 천민자본주의적 체제에 부화뇌동하였는가를 살펴보았다. 사제주의, 물량주의, 반지성주의로 요약되는 한국 기독교의 성향은 그 내용을 놓고 볼 때 결코 기독교가 추구하는 바가 아니었다. 도리어 한국 사회의 천민자본주의적 경향과 훨씬 더 강한 유사성을 지니고 있었다. 이러한 경향이 한국 기독교의 성장을 정체시키는 원인이 되지나 않았는지는 앞으로 더 연구해 보아야할 주제다.

1997년의 외환위기는 한국 사회의 천민자본주의화를 저지시키는 중요한 계기로 작동하였다. 이 위기를 통해 사회적 각성이 급속히 증가하였을 뿐 아니라 실제로 그 해 11월에 있었던 대통령선거에서는 대한민국 역사상 최초의 정권교체가 발생하였다. 한국 사회의 천민자본주의화를 주도하였던 세력의 상당수가 정치 권력을 상실하게 된 셈이었다. 김대중 정권 하에서 실시된 각종 개혁조치들은 어느 정도 천민자본주의화를 저지하는 효과를 거두었을 것으로 추정된다.

사회적 각성과 더불어 기독교계 내에서도 반성의 목소리가 증가되기 시작하였다. 이미 군사독재 시절부터 활동해온 기독교윤리실천운동과 같은 기독교 시민단체들이 교회와 사회 개혁을 위해 더욱 활발하게 움직였고 각 교단에서는 교회 갱신을 주장하는 목회자 그룹들이 조직되기도 하였다. 각종 기독교 관련 언론들도 교회에 침투한 세속적 경향들을 찾아내어 복음적 원칙으로 되돌리려는 시도들을 경주하기 시작하였다.

그러나 개혁의 노력이 열매를 거두기도 전에 천민자본주의 체제를 그리워하는 수구세력들의 반격이 거세지고 있다. 이들은 자신들이 장악하고 있는 언론매체와 그들이 과거에 성공적으로 착근시켜 놓았던 한국인의 집단 히스테리-지역감정과 냉전의식-를 최대한 동원하여 개혁세력들이 추구해온 바를 원점으로 되돌리려는 정치적 시도에 열중하고 있다. 특히 김대중 정권의 실정과 부패 혐의를 절호의 기회로 삼아 개혁 자체를 역사의 웃음거리로 만드는 일에 거의 성공하는 것처럼 보인다.

한국 기독교 내에서도 천민자본주의적 세속화를 정당화하려는 노력들이 줄기차게 시도되고 있다. 이들은 사회의 수구세력들이 동원하고 있는 지역감정과 냉전의식을 기독교계 내에도 끌어들여 매우 유효하게 활용하고 있다. 예컨대 교회 개혁을 주장하는 자를 북한의 지령을 받는 공산주의자라고 부르짖는 자도 있다.[15] 확실히 이들의 역사인식은 분명하다. 누가 자신들의 우군인지를 명확하게 파악하고 있을 뿐 아니라 피차에 반개혁을 위한 전략까지 공유하고 있다. 물론 성서의 가르침과는 전혀 반대되는 상황이지만 이미 세속화에 깊이 빠진 이들에게 이 점은

---

15) 2001년 1월 14일에 금란교회 김홍도 목사는 "김정일의 책상 위에는 한국의 대형교회와 목사의 이름이 있고 교세까지 다 적혀 있다는 것입니다. 좌경분자들, 좌경운동권 사람들의 타도의 목표물은 보수정당, 보수언론, 보수재벌, 보수교회입니다."라고 설교하였다 한다.
www.newsnjoy.co.kr/rnews/pastorate-1.asp?cnewsDay=20010127.
해방 후 나타난 근본주의 교회와 반공이데올로기의 친화성에 관한 연구는 강인철 박사의 『한국기독교회와 국가』시민사회, 1945~1960』을 참조할 것.

관심의 대상이 되지 않고 있다.

　다른 어떤 역사와 마찬가지로 한국의 역사도 일정한 역사적 계기와 선택으로 구성되어 있다. 대한제국의 말기에 진행된 개혁의 실패와 수구의 성공이 어떤 결과를 초래하였는지는 이미 우리가 잘 알고 있다. 기독교인들은 종교적으로는 교회의 성도이지만 정치적으로는 대한민국의 시민임에 틀림없다. 그렇다면 과거 천민자본주의적 체제를 초래한 것도 이들이고 새로운 반성을 시도한 것도 이들이다. 또 앞으로 각종 역사의 계기에 역사적 선택을 수행할 자도 이들이다. 결국 이 체제의 수준은 이 체제를 담당한 주인들의 수준으로 환원되리라고 볼 수밖에 없다.

참 고 문 헌

강인철.
 1996.『한국기독교회와 국가·시민사회, 1945~1960』서울 : 한국기독교역사연구소.
김상로.
 1998. "우리나라의 금융위기와 정책과제."『조사월보』한국산업은행 (1월), 1-30.
김세균.
 1998. "IMF관리체제, 김대중 정권 그리고 노동운동."『현장에서 미래를』(3월), 26-57.
루터, 마틴(지원용 역).
 1993.『종교개혁 3대 논문?』서울 : 컨콜디아사.
백종국 외.
 1994.『한국 기독교인의 정치의식과 민주화』서울 : 생명의 말씀사.
백종국.
 1998. "한국외환위기의 원인과 구조."『국제정치논총』37집 : 249-271.
베블렌, 톨스타인(정수용 역). 1981.『유한계급론』서울 : 광민사.
서울YMCA. 1990.『향락문화추방 시민운동 보고서』서울 : YMCA.
손봉호 외.
 1998.『교회가 바로 서야 나라가 바로 선다』서울 : 기윤실.
스타트, 존(박영호 역).
 1985.『현대 사회문제와 기독교적 답변』서울 : 기독교문서선교회.

양낙홍.
  1994.『개혁주의 사회윤리와 한국장로교회』서울 : 개혁주의신행협회.
유해무. 1997.『개혁교의학』서울 : 크리스챤 다이제스트.
이문조 외. 1996.『부패의 현상과 진단』서울 : 아산사회복지재단.
이정석. 2000.『세속화 시대의 기독교』서울 : 이레서원.
임성빈 외.
  1997.『한국 교회와 사회적 책임』서울 : 장로회신학대학출판부.
임종철 외. 1994.『한국사회의 비리』서울 : 서울대 출판부.
정사협. 1993.『우리들의 부끄러운 자화상』서울 : 움직이는 책.
정성구. 1995.『칼빈주의 사상대계』서울 : 총신대학출판부.
최장원. 1992. "거대한 무자료 시장"『월간조선』7월.
카이퍼, 아브라함(서문강 역).
  1987.『삶의 체계로서의 기독교』서울 : 새순출판사.
칼빈, 요한(양낙홍 역).
  1988.『기독교강요 초판』서울 : 크리스챤 다이제스트.
황호찬. "IMF와 한국교회의 대응방안"『복음과상황』1998년 2월.

Gerth, H.H, and C. Wright Mills, eds.
  1946. *From Max Weber : Essays in Sociology.* New York : Oxford University Press.
Niebuhr, Reinhold.
  1960. *Moral Man and Immoral Society.* New York : Charles Scribner's Sons.
Smith, Adam.
  1976. *the Wealth of Nations.* Oxford : Clarendon Press.

한국교회와 정치윤리

편 저자 이 상 원
초판 1쇄 2002년 10월 1일
펴낸이 조 종 만
편집인 양 영 철
편집 SFC 출판부
표지디자인 유 영 옥
등록번호 제 22-1926호
총판 하늘유통
인쇄처 독일인쇄
연락처 #137-040 서울시 서초구 반포동 58-10 고신총회회관 별관 2층
전화 (02)596-8493 팩스 (02)537-9389
sfcpress@chollian.net
www.sfcbooks.com

ISBN 89-89002-16-8 03230

값 7,000원

*잘못된 책은 바꾸어 드립니다.